管理学原理

GUANLIXUE YUANLI

宋香云 陈建华 姜东旭 朱长春 编著

中国传媒大学出版社

总序

任何教材都是关于知识的认识和理解。不同的认识会有不同的知识体现,不同的理解也会有不同的知识追求。我们尝试编纂应用型本科系列教材,概括起来主要基于这样几点考虑和探索:

教材是一幅知识的蓝图,它标明知识的走向、知识的关系和知识的系统。然而,我们所强调的则是对知识走向的创新,知识关系的重构和知识系统的再建。

教材不该是对知识的按图索骥,而应该是对知识变化过程的引领。没有变化的知识不是真知识,不能运用的知识不是活知识。知识的生命在于知识的重组、知识的再生和知识的生产。知识是一个过程,了解和获得知识的真正目的,是掌握和运用知识。

教材要交给学生学什么,还要告诉学生什么如何学,更要指导学生什么如何应用。这里的应用不是指如何操作,而是指对基础知识和专业知识的巧妙融合和灵活处理。应用不是指做什么,而是指利用什么做什么。利用得好坏就是应用的方法。传授知识的方法是形式也是内容,根据对象选择内容,更应根据对象设定方法。

教育是一个永远值得探索的过程，因为知识永远都在变化。掌握知识变化的规律永远都需要探索——探索本身就是一种创建，一种辉煌。

一套教材的总序，就是一套教材的总的开头。开头的目的其实不在开头本身，开头的目的在于让人们急着往后看，看内容、看思路、看方法。所以，总序的文字就应该少到极致，而思考的空间却应该大到无穷……

丁海宴

2008年8月6日于南京方山

目录 CONTENTS

第一章
管理概论

本章学习提要：

- 管理的概念与含义
- 管理的基本特征、管理的性质
- 管理的环境及其特点、环境对管理的影响、管理环境的类型
- 管理方法分类

管理活动作为人类最重要的一项活动，广泛地存在于现实社会生活之中。凡是有一定活动目的的集体都离不开管理。

第一节　管理的概念

一、管理的概念与含义

（一）管理的概念

管理活动自古即有，但什么是“管理”，从不同的角度出发，可以有不同的理解。从字面上看，管理有“管辖”、“处理”、“管人”、“理事”等意，即对一定范围的

人员及事务进行安排和处理。但是这种字面的解释是不可能严格地表达出管理本身所具有的完整含义的。

长期以来,许多中外学者从不同的研究角度出发,对管理作出了不同的解释,其中比较有代表性的有:

美国管理学家赫伯特·A. 西蒙认为"管理就是决策"。①

美国、日本以及欧洲各国的一些管理学著作或管理学教科书中,也对管理有不同的定义,如:"管理就是由一个或者更多的人来协调他人的活动,以便收到个人单独活动所不能收到的效果而进行的活动。"②

"管理就是计划、组织、控制等活动的过程。"③

"管理是筹划、组织和控制一个组织或一组人的工作。"④

"给管理下一个广义而又切实可行的定义,可把它看成是这样的一种活动,即它发挥某些职能,以便有效地获取、分配和利用人的努力和物质资源,来实现某个目标。"⑤

"管理就是通过其他人来完成工作。"⑥

"管理是指同别人一起,或通过别人使活动完成得更有效的过程。"⑦

"管理就是设计并保持一种良好的环境,使人在群体里能够高效率地完成既定目标的过程。"⑧

我国的一些文献或教科书中也给管理下了一些定义,如:

"管理就是指由专门机构和人员进行的控制人和组织的行为使之趋向预定目标的技术、科学和活动。"⑨

"管理是管理者为使客观事物的存在和发展合乎一定的目的而采用相应的方式所进行的活动。"⑩

上述定义可以说是从不同的侧面、不同的角度揭示了管理的含义,或者是揭示管理某一方面的属性。本书认为对"管理"作如下定义能够全面概括这个概念

---

① [美]赫伯特·西蒙:《管理决策新科学》,中国社会科学出版社 1982 年版,第 33 页。
② [美]小詹姆斯·H. 唐纳利等:《管理学基础》,中国人民大学出版社 1982 年版,第 81 页。
③ [美] 弗里蒙特·E. 卡斯特等:《组织与管理》,中国社会科学出版社 1985 年版,第 8 页。
④ [美]托尼·布洛克特:《管理理论与原则》,四川社会科学出版社 1986 年版,第 2 页。
⑤ [美]丹尼尔·A. 雷恩:《管理思想的演变》,中国社会科学出版社 1986 年版,第 2 页。
⑥ [美]R. M. 霍德盖茨:《美国企业经营管理概论》,中国人民大学出版社 1985 年版。
⑦ [美] 斯蒂芬·P. 罗宾斯:《管理学》,中国人民大学出版社 1997 年 4 月版,第 6 页。
⑧ [美] 哈罗德·孔茨、海因茨·韦里克:《管理学》,经济科学出版社 1998 年 8 月版,第 2 页。
⑨ 张尚仁:《管理、管理学与管理哲学》,云南人民出版社 1987 年 1 月版,第 172 页。
⑩ 狱金珊:《东西方的不同管理艺术》,载《读书》,1985 年第 2 期。

的内涵和外延,即:管理是指一定组织中的管理者,通过实施计划、组织、领导、控制等职能来协调他人的活动,使别人同自己一起实现既定目标的活动过程。

(二)管理的含义

1. 管理的责任

既然管理是让别人和自己一道去实现既定的目标,管理者就要对管理的效果负主要责任。管理者的第一个责任是管理一个组织;第二个责任是管理管理者;第三个责任是管理工作和工人。

2. 管理的对象

一方面,管理的对象是各种组织资源与各种实现组织功能目标的职能活动;另一方面,人是管理的核心要素,所有的资源与活动都是以人为中心的。组织中的任何事都是由人来传达和处理的,所以主管人员既管人又管事,而管事实际上也是管人。管理活动自始至终,在每一个环节上都是与人打交道,因此说管理的核心是处理组织中的各种人际关系。需要注意的是,人际关系的内涵是随着社会制度的不同而不同的。

3. 管理的目的

管理是个过程,这个过程是有意识的、有目的的。不同的社会以及同一个社会形态中不同文化下的管理都是不同的。这种现象的存在必须具备两个条件:两个人以上的集体活动和一致认可的目标。所有的管理行为都是为实现目标服务的。有效地实现目标就是使各类组织的一切职能活动既有效率,又有效益。所谓有效,是指要能够准确无误地去干事情。一般来说,成功的管理都包含着效率和效益两层意思。

4. 管理的方法

管理既需要定性的理论和经验,也需要定量的专门技术。计算机的应用与管理信息系统的发展,将促使协调活动发生质的飞跃。

5. 管理的任务和本质

管理作为一项工作的任务就是设计和维持一种体系,使在这一体系中共同工作的人们能够用尽可能少的支出(包括人力、物力、财力等),去实现他们既定的目标。管理的本质是协调,协调就是使个人的努力与集体的预期目标相一致。

二、管理的性质

管理,从它最基本的意义来看,一是组织劳动,二是指挥、监督劳动,即具有同生产力、社会化生产相联系的自然属性和同生产关系、社会制度相联系的社会属性,这就是通常所说的管理的二重性。从管理活动过程的要求来看,既要遵循管理过程中客观规律的科学性要求,又要体现灵活协调的艺术性要求。这就是管理所具有的科学性和艺术性。随着事物的发展变化,管理又要具有动态性和创造性。

第二节 管理的环境

组织是一个动态的、开放的、有序的管理系统,和环境有着千丝万缕的联系,任何组织的生存和发展必然要受到其内外部环境因素的影响和制约。因此,要求每个组织认真了解自己所处的环境,并设法适应或改变这种环境,促使组织的管理环境、组织、组织内部结构和谐发展,成为一个有机的统一整体。

一、管理环境及其特点

管理环境是组织系统所处的环境,这种环境是相对于组织和组织活动而言的,只有相对于组织和组织活动之外的一切物质和条件才具有环境的意义。因此,组织管理环境的性质与内容都与组织和组织活动息息相关。总结概括各类组织管理环境的主要特征,则应具有以下三个方面:

1. 客观性

管理环境从根本上说是客观存在的,它不随着组织系统中人们的主观意志而转移,而且它的存在在一定程度上客观地对组织的管理活动施加影响。作为管理环境基础的内部和外部各种条件都是物质实体或物质关系,它们是组织系统赖以存在的物质条件,对组织系统来说便是一种客观存在的东西。而且管理环境有着自身发展变化的规律,组织无论是利用环境还是改造环境,都必须以正确认识环境、遵循环境的规律为前提。

2. 系统性

管理环境是由与组织相关的各种内外部事物和条件相互联系所组成的整体，它也是一个系统。组成这个系统的各种要素，如自然条件、社会条件、文化条件等相互关联，形成一定的层次结构，表现出管理环境的整体性。具体来说，组织系统所处的社会是一个大系统，组织系统的外部环境和内部环境构成了不同层次的子系统。任何子系统都要遵循它所处的大系统的运动规律，并不断进行协调和运转。组织的管理活动就是在这种整体性的环境背景中进行的。这种相互依存、合作共生、协作进化的关系则是管理生态系统的生动表现。

3. 动态性

管理环境的各种因素是不断变化的，各种管理环境因素又在不断地重新组合，不断形成新的管理环境。组织系统既要从管理环境中输入物质、能量和信息，又要向管理环境输出各种产品和服务，这种输入和输出的结果会使管理环境发生或多或少的变化，使得管理环境本身总是处于不断的运动和变化之中。这种环境自身的运动就是管理环境的动态性。管理环境处于经常的发展变化之中，使组织系统内部要素与各种环境因素的平衡经常被打破，往往形成了组织系统结构的变化。因此，组织系统必须及时修订自己的管理方案，以适应不断变化的环境，通过调整组织系统输入输出的结果，促使管理环境更加有序化，朝着有利于组织系统生存和发展的方向运动。

管理环境的客观性、系统性、动态性等特征说明了管理环境本身就是一个有着复杂结构的运动着的系统。正确分析组织系统所面临的环境中的各种组成要素与状况以及其发展趋势，是任何一个组织进行成功的管理活动所不可缺少的前提和条件。

二、环境对管理的影响

任何组织系统都存在于一定的环境之中，环境的特点及其变化必然会影响组织管理活动的方向、内容以及管理方式的选择。环境因素对组织管理的影响具体表现为以下几个方面：

1. 环境决定、限制与制约组织管理

环境是组织管理生存和发展的宏观形态，是组织管理生存和发展的土壤和行动的空间。有什么样的环境就有什么样的组织管理。自然地理、政治制度、经济制度、意识形态和人文环境都对组织管理起着不可忽视的影响作用。实际上，组织管理系统的活动方向和内容是由环境决定的，其价值观、目标、规模、结构与行为方式等都要受到环境的限制与制约。

2. 组织管理必须适应环境的现状

组织管理本身没有严格的好与坏的区分，唯有适应其现状才是最理想的。所谓适应环境现状，是指组织管理必须符合现实特定的管理环境向它提出的要求和条件。如果组织管理不适应环境的现状，也就是组织没有适应环境的能力，那么就无法进行有效的管理活动。可想而知，如果与其环境格格不入，即使再先进的组织管理也不可能有管理成效，必然会导致失败。

3. 环境的发展变化必然导致组织管理的发展变化

环境不是永远不变的，而是始终处于不断变化的动态过程之中。环境发生了变化，组织管理也必须适应环境的变化。组织管理正是在对环境不断变化的认识、把握和调整中才做到平衡和适应的。因此，环境的持续发展变化，迫使组织管理要有对环境科学预测的能力，要能在此基础上确立管理战略和规划。

组织管理与环境之间是一种相互依存、相互影响的动态的、互动的关系。一方面，环境对组织管理具有决定和制约作用；另一方面，组织管理要适应环境和对管理环境施加影响。一般说来，组织对管理环境的影响或反作用有两种方式：一种是被动或消极地适应环境，即完全按照环境的特点和要求来调整自己的行为内容和行为方式，利用自身条件去适应现实环境，而不对环境有任何影响和改变；另一种是主动积极地适应环境，即组织尽可能多地掌握环境的信息、资料，科学地分析和预测环境的特性及其动态变化的一般规律，并采取积极、主动的措施改善环境，使环境得到优化，同时通过对环境的控制，创造环境，甚至改变环境要素，使环境按照组织管理所希望与所要求的方向发展。应该说一定程度上，组织管理存在和发展的价值就在于它在适应环境的基础上，努力地促进其所赖以建立的环境要素的巩固与发展，在于它对环境的能动的改造。

三、管理环境的类型

组织所面对的管理环境是多种多样的，多层次、多结构的，因而是纷繁和复杂的。按照不同的标准，可以进行不同的分类。以层次为标准，可分宏观环境、中观环境和微观环境；以区域为标准，可以分为国际环境和国内环境；以内容为标准，可以分为政治环境、经济环境、文化环境、社会环境、自然环境等。没有一般的、绝对的环境，一切环境都是具体的，都是以一个具体的组织管理系统为中心的环境。在这里，主要针对组织管理系统的内外部环境进行具体分析。

（一）内部环境

组织的内部环境是存在于组织系统之内的，作为组织系统存在和发展的客观条件的总和。从总体上讲，组织内部环境一般包括组织文化和组织经营条件两大部分。组织文化是处于一定经济社会文化背景下的组织，在长期的实践活动过程中逐步生成和发展起来的日趋稳定的、独特的价值观念，并以此为核心形成的行为规范、群体意识、思维模式、风俗习惯等，以及由这些因素融汇而成的整体风貌。组织经营条件是指组织所拥有的各种资源的数量和质量情况，包括人员素质、物质设备、经费实力、科研力量、信息等。

（二）外部环境

管理环境除了组织内部环境以外，还包括组织外部环境。外部环境是存在于组织系统之外，并对组织系统的建立、存在和发展产生影响的外界客观情况和条件。按照其对组织的影响方式（即直接影响和间接影响）和作用力度或影响程度的大小，一般可分为两类，一类是一般环境，另一类是具体环境，其中每一类又都包含了若干环境因素。

1. 一般环境

一般环境是指对组织可能产生间接影响的某些不确定因素。通常，一般环境因素对组织的影响力度相对较弱。对于一般环境，还可以再细分为以下几个环境因素：

（1）政治环境。政治环境主要指一个国家的基本政治制度、政治秩序、政党制度、政府的方针政策以及国家制定的法律法规等。不同的国家有不同的政治制度，不同的政治制度对组织活动有着不同的限制和要求。符合政策、法律的行为会受到保护和鼓励，否则会受到制约甚至惩罚。

（2）经济环境。一个组织所处的经济环境，通常是指其所在国家的经济状况和经济体系的总和。它包括生产力发展水平、经济成分、经济体制等要素。

（3）社会环境。社会环境主要包括风俗习惯、文化传统、意识形态、价值观念、宗教信仰以及人口规模、居民受教育程度和文化水平等。社会环境因素具有整合为一、连绵不断、变迁积累、渗透于社会各个领域的特点，对组织的影响是潜移默化的，具有持久性和广泛性。

(4)自然环境。自然环境是组织所处的地理位置、组织存在和发展所拥有的自然条件以及自然资源等因素的总和，如地形地貌、气候特征、资源分布等情况。这些自然环境因素相互联系和作用，组成了整体性结构。

2.具体环境

所谓具体环境是指对某一组织产生的影响力相对较大，影响方式一般为直接影响的环境。对于大多数组织而言，其具体环境因素主要包括资源供应者、服务对象、竞争对手等。

(1)资源供应者是指为组织提供各种资源要素的供给者，这里所指的资源要素不仅包括设备、人力、原材料、资金，也包括信息、技术和其他各种服务。组织的资源供应者对资源供给的价格、服务方式等因素会直接影响到整个组织管理活动的成效。因此，资源供应者对组织的作用至关重要。

(2)服务对象是指组织产品的使用者或服务的接受者，如企业的客户、商店的购物者、医院的病人等都可以称为组织的服务对象。服务对象因素包括其数量、需求的强度、需求的发展趋势与变化规律等。任何组织的生存与发展都必须依赖于需要该组织的产品使用者和服务接受者。作为组织要设法争取更多的服务对象的支持。

(3)竞争对手是指与本组织存在资源和服务对象争夺关系的其他同类组织以及新加入或潜在的将要进入该行业的组织，包括竞争对手的数量、竞争对手的竞争能力以及竞争的强度与结构等。任何组织都不可避免地会有多个竞争对手，它们是组织的重要环境要素，由于它与组织存在资源和服务对象的争夺，因此作为组织必须时刻关注竞争对手的发展状况和发展趋势，对本行业竞争环境进行认真深入的分析，并及时作出反应，制定正确的应对策略。

对于组织所面对的一般环境和具体环境的划分不是绝对的，两者并没有非常明确的界限。不同类型的组织或同一组织在不同的时期其组织的性质、任务、规模以及组织的定位是不同的，或者说是不断变化的，因此，一般环境和具体环境对组织的影响要适时地作出动态分析。

第三节 管理的方法

管理方法是达成管理目标的必要手段，管理的发展历程也就是管理方法的发展历程。现代管理方法是一个多层次、多序列且内容丰富的体系。我们应通过对管理方法的学习，了解不同管理方法的优点及缺点，理解它们的适用条件和范围，以便在实际管理活动中选取恰当的方法来实现管理目标。

一、行政方法

行政方法是指在一定的组织内部，以组织的行政权力为依据，运用行政手段（如行政命令、指令、指示、规定、决议、决定、通知等），按照行政隶属关系来执行管理职能、对下属施加直接影响的管理方法。

命令是上级行政机构或行政主管根据职权对下级下达任务和宣布决定的一种形式；指令是上级行政机构或行政主管对下级发布的具有指示和规定性质的要求和措施；指示是上级行政机构或行政主管对下级报告的批示或对下级改进工作提出具体意见的一种形式；规定是上级行政机构针对某项特定事物所制定的、以书面形式正式公布的、要求下级必须执行的具体办法；决议是上级行政机构为处理重大问题或事件正式公布下达的具体意见；决定是上级行政机构针对具体问题或重大行动要求下级必须执行的意见；通知是行政机构用以传达上级部门批示或批转下级公文的一种文书形式。

二、法律方法

法律方法是指运用法律这个由国家机关制定或认可并由国家强制力保证实施的行为规范来进行管理的方法。法律方法的内容，不仅包括建立和健全各种法律、法规的立法工作，而且包括相应的司法工作和仲裁工作，这两个方面相辅相成、缺一不可。

管理中的法律方法所讲的法律是一个广义的法律概念。它既包括由全国人民代表大会通过并正式颁布的各种法律，也包括由各级政府出台的行政法规、条例，各个管理系统所制定的具有法律效力的各种社会规范，还包括各管理组织为拓展其内部运行所制定的各种规章制度。比如，政府在国民经济管理总体方面，有计划法、工业法、农业法、商业法等；在工交管理方面，有公司法、工业企业法、交通运输法等；在流通领域管理方面，有商标法、证券交易法、外汇管理法等；在经济活动方面，有经济合同法等；在资源环保方面，有能源法、环境保护法等；在劳动者及其权益保护方面，有劳动法、专利法、版权法等；在对外经贸管理方面，有对外贸易法、中外合资经营企业法、涉外金融法等。此外，公司、学校、医院等其他组织内部，也可以运用法律方法，通过制定并经职工代表大会通过的各种规章制度、纪律、准则等，实施依法管理，规范、约束、指导和控制组织成员的行为及各种管理活动，以保证企业目标的实现。

三、经济方法

经济方法是以人们对物质利益的需要为基础，按照客观经济规律的要求，运用各种经济手段来执行管理职能、实现管理目标的方法。

常用的经济手段主要包括价格、税收、信贷、利息、利润、工资、奖金、罚款等。其中，价格、税收、信贷和利息属于宏观管理中的经济手段，工资、奖金、罚款属于微观管理的经济手段。

四、教育方法

教育方法是通过在对被管理者的思想和行为了解和分析的基础上进行启发觉悟、说服教育，让其明白道理、提高认识、调动工作热情、自觉地按管理者的愿望和要求行动起来的一种主要是解决思想认识问题的管理方法。教育方法的主要形式有：感化教育、形象教育、对比教育、预防教育、养成教育及大众传播、组织传播、诱导、讨论、对话、说理、批评与自我批评、谈心、家访、工作竞赛、典型示范等。教育方法是实现管理目标的思想保证，是激发人们工作热情的重要手段，对其他管理方法的实施起积极作用。

五、数量分析方法

人们应用数学方法解决管理问题由来已久，但真正研究和应用数量分析方法，把它作为一个有别于其他方法的独立方法，并用来解决实际问题却是第二次世界大战期间。当时主要是由于战争的需要，数量分析被用来研究和解决实际的军事管理和决策问题，数学方法在这期间迅速地发展起来。战后，这种在战争期间发展起来的方法被迅速地应用于政府和企业的管理活动之中。此后，随着系统论、信息论、运筹学、电子计算机以及决策科学的成熟和发展，数量分析方法也日趋完善，应用的范围也越来越广泛。

在国内，关于数量分析方法并没有统一的定义。比较有代表性的定义如下：

"是一种运用数学方法对可以定量化的决策问题进行研究，解决决策中数量关系的决策分析方法。"①

"是以现代自然科学和技术科学的最新成果（如先进的数学方法、电子计算机技术、系统论、信息论和控制论等）为手段，运用数学模型，对管理领域中的人、财、物和信息资源进行系统的定量分析，并作出最优规划和决策的理论。"②

"是用数学的语言（数学表达式、图、表等）和数据（数字、符号、图片等）描述所研究对象系统的状态并分析其变化发展规律的研究活动或行为。"③

这三个定义并无实质性的区别，从中我们可以看出：数量分析方法是一种决策分析方法，它涵盖了数学、统计学、系统论、信息论、控制论、运筹学、电子计算机、管理科学等众多科学知识和手段，模型的运用是数量分析方法的一项重要内容。

综上所述，数量分析方法是以现代科学为基础的数量分析方法，是建立在系统论、信息论、控制论等科学基础上的一系列数量分析、决策方法，如排队论、投入产出、线形与非线形规划等。

思考题：

1. 简述管理的概念与含义。
2. 简述管理的基本特征。
3. 什么是管理的二重性？管理二重性原理对我国管理有何意义？
4. 环境因素对组织管理有何影响？
5. 简述几种常用的管理方法。

阅读导航：

[美]斯蒂芬·P. 罗宾斯、玛丽·库尔特著，孙健敏、黄卫伟、王凤彬、焦叔斌、杨军译：《管理学》，中国人民大学出版社 2004 年 1 月版。

杨文士、李晓光编著：《管理学原理》（第 2 版），中国人民大学出版社 2004 年 1 月版。

---

① 魏娜、张璋主编：《公共管理中的技术与方法》，中国人民大学版社 1999 年 12 月版，第 144 页。

② 周三多主编：《管理学》，高等教育出版社 2000 年 8 月版，第 29 页。

③ 张志勇：《管理决策中定量分析的基本作用及其研究方法》，载《中国流通经济》2004 年第 2 期，第 42 页。

第二章
管理学的形成与发展

本章学习提要：

· 我国古代管理思想的形成

· 西方古典管理理论的形成

· 西方现代管理理论的三个阶段

· 西方现代管理理论的新发展

管理学从形成到发展，经历了一百多年的历史，伴随着经济和社会的巨大发展，特别是科学技术的飞速进步，管理学的内容不断更新，体系不断扩大，日益成为人类有组织活动的行动指南。一百多年前，以泰罗为首的一批倡导科学管理的先驱者，以严谨的科学态度和积极的开拓精神，创建了科学管理理论体系，使管理原则和方法系统化，形成了独立的管理学科。

东西方的管理思想都是人类文明的结晶，其合理的内核都对人类社会的发展起着积极的作用。由于东西方文化的不同，其管理思想也有着很大的差异。东方管理思想相对于西方管理思想来讲，有着完全不同的体系和结构，它从另外不同的角度揭示了人类社会在发展过程中的管理规律。深入剖析和认真总结这一规律，有利于完善和丰富现代管理学理论。

第一节 我国古代管理理论的形成

在人类管理思想的发展史上，东西方的管理思想都很丰富，并各具特色。我国文化源远流长，我国古代的管理思想也十分丰富，主要表现为儒家、道家、法家和兵家各流派的管理思想。

一、儒家的管理思想

儒家管理思想在我国渊源已久，但作为一个独立的体系正式形成，是通过孔子完成的。

孔子主张积极入世的管理态度，提倡“礼治”。“仁”是孔子管理思想中的核心所在，把“仁爱”和“德治”作为管理方法，提出“己欲立而立人，己欲达而达人”，“己所不欲，勿施于人”，宣扬“爱人”的管理主张。无论是儒家的管理本质论还是管理天命观，或者是管理方式方法的探讨，都是围绕着维护统治阶级的地位而展开的，其中包含着深刻的儒学的理性因素和保守因素。正是因为二者的结合，能够为统治阶级管理社会所用，能够稳定生产力低下的社会秩序，以至于在我们漫长的封建社会中，儒学成为统治阶级的主导思想。

二、道家的管理思想

道家管理思想的代表人物主要是老子。老子主张“无为而无不为”，他的管理终极目标即是“小国寡民”，“使有什佰之器而不用，使民重死而不远徙；虽有舟舆，无所乘之；虽有甲兵，无所陈之。使民复结绳而用之。至治之极。甘其食，美其服，安其居，乐其俗。邻国相望，鸡犬之声相闻，民至老死，不相往来。”[①]老子主张无为的管理意识、消极的管理模式，最后达到“小国寡民”这种最原始的管理状态。

三、法家的管理思想

很久以前，我国就出现了法治的管理思想。周穆王统治时期命吕侯制定了《吕刑》，《禹刑》、《汤刑》、《九刑》、《吕刑》一脉相承，说明中国古代的法典早在五千

① 《道德经》。

年以前就已经出现。商朝的刑法比夏朝完整和严酷得多。西周的国家机构和法律规定比前代更趋完善,建立了一套远比商代完备、以宗法等级制和分封制结合为特征的管理体系,法律管理体系也不断得到发展。

第二节 西方古典管理理论的形成

在西方,管理学演变的过程大体经历了古典管理、行为科学管理和现代管理三个阶段。各管理学派分别从自己的学科优势出发,从不同的角度、用不同的方法对管理问题进行研究,不断发展和完善管理理论,使管理不仅成为一门艺术,同时也成为一门科学。随着现代社会经济的发展,管理学也出现新的研究思潮和特点。

早在18世纪,西方就产生了早期管理理论的萌芽,19世纪末泰罗科学管理出现,西方开始形成所谓的古典管理理论。古典管理理论的代表人物主要有泰罗、法约尔和韦伯。他们三人的理论分别反映了那个时代管理理论发展的三个重要方面,即科学管理理论、管理过程理论和管理组织理论。

一、泰罗的科学管理理论

弗雷德里克·温斯洛·泰罗,美国人,是世界公认的"科学管理之父"。他出生于美国费城的一个律师家庭,自幼爱好科学研究和实验。1875年因眼疾而中止了在哈佛大学法律系的课程。1878年进入费城的米德瓦尔钢厂当机工,并继续在夜校学习,获得工程学位后被提升为总工程师。主要著作有1895年发表的《计件工资制》、1903年发表的《工厂管理》,以及1912年发表的《科学管理原理》。

泰罗(1856~1915)

(一)科学管理理论的核心内容

泰罗"科学管理"的核心目的是提高工厂的工作效率。围绕这一目的,泰罗的科学管理理论的主要内容概括为以下八个方面:

(1)劳动定额。科学管理的中心问题是提高劳动生产率。泰罗经过长期观察,发现当时工人有"磨洋工"现象。他分析了这种现象,认为原因是多方面的。

首先，是由于人的天性趋向于轻松随便。其次，是由于人与人之间的关系造成的错综复杂的思想和顾虑引起的。要解决这一问题，就必须切合实际地为某种工作规定出一个完成它的公正标准，即要制定“合理的日工作量”，泰罗为此提出了工作定额原理。

(2)第一流工人制。泰罗认为，为了提高工作效率，就要为工作配备“第一流的工人”，要造就“第一流工人”，就需要对工人进行科学的教育、训练和培养。为了发掘工人们劳动生产率的潜力，首先应该进行时间和动作的研究。所谓时间研究，就是研究人们在工作期间各种活动的时间构成，它包括工作日写实与测时。所谓动作研究，是研究工人干活时动作的合理性，即研究工人在干活时，其身体各部位的动作，经过比较、分析之后，去掉多余的动作，改善必要的动作，从而减少人的疲劳，提高劳动生产率。所谓能力与工作相适应原理，即主张一改工人挑选工作的传统，而坚持以工作挑选工人，每一个岗位都挑选第一流的工人，以确保较高的工作效率。

(3)标准化管理。标准化原理是指工人在工作时要采用标准的操作方法，而且工人所使用的工具、机器、材料和所在工作现场环境等都应该标准化，以利于提高劳动生产率。采用科学方法来提高工作效率，除了研究制定科学的工作定额以外，泰罗认为还应该对工人使用的工具、机器及材料等进行改革，要使工人掌握标准化的操作方法，使用标准化的工具、机器和材料，并使作业环境标准化。这就是标准化管理。

(4)实行差别计件工资制。泰罗认为，不合理的分配制度也是造成“磨洋工”的原因。为了鼓励工人努力工作，完成工作定额，泰罗提出了一种刺激性的工资制度——差别计件工资制，以此来督促和鼓励工人完成或超过定额。这是一种按照工人在一定时间内所生产的产品数量或完成的作业量和预先规定的计件单价来计算其劳动报酬的工资形式，是一种与劳动成果紧密结合的较好的按劳分配制度。

(5)思想革命。泰罗认为科学管理的实质是一切企业或机构中的工人们的一次完全的思想革命，也就是这些工人在对待他们的工作责任、对待他们的同事、对待他们的雇主的一次完全的思想革命。同时，也是管理方面的工长、厂长、雇主、董事会，在对他们的同事、他们的工人，和对所有日常问题、责任上的一次完全的思想革命。没有工人和管理人员双方思想上的一次完全革命，科学管理就不会存在。

(6)实行职能工长制。为了有效地进行管理，就要把管理工作分成几部分，使所有的管理人员都尽可能少地实施管理职能，如果有可能，一个管理人员只负责某一特定的管理职能。这样工人必须接受几个不同职能的上级从各个不同方面发出的指示和命令。而每个具有特定管理职能的管理人员，在其职能范围内，对所有的作业人员都有指示和命令权。这就是职能工长制。这种思想为以后职能部门的建立和管理专业化提供了基础。

(7)计划与执行分离原则。根据这一原则，计划部门的首要任务是进行调查研究，把工人掌握的传统知识、技能集中起来并使之系统化，以便为定额和操作方法提供科学依据。其次是在调查研究的基础上制定出有科学依据的定额和标准化的操作方法、工具，拟订出计划，发布指示和命令，并对执行情况进行有效的监督与控制。这样一来，就把计划职能和执行职能分离开，从而实现了专业化管理，有利于提高工作效率。

(8)管理控制上的例外原则。实行例外原则就是指工厂的高层管理者只集中精力处理生产经营中的重大决策问题，而把那些经常性的、重复出现的问题交给工厂中的下级人员去处理，并将解决方法制度化和标准化。这种管理控制上的例外原则为以后管理上的分权化原则和实行事业部制等管理体制提供了依据。

(二)泰罗科学管理理论的贡献及其局限性

1. 泰罗的科学管理理论对管理学的早期发展意义重大

(1)泰罗改变了历史上沿袭下来的传统落后的经验管理办法，在历史上第一次将科学引入管理领域，从经验上升为科学，并且创立了一套具体的科学管理方法。

(2)讲求效率的优化思想和调查研究等科学方法的应用，大大地提高了生产效率，推动了生产的发展，适应了资本主义经济在这个时期的发展需要。

2. 泰罗科学管理理论的局限性

(1)泰罗对工人的看法是错误的。他把人看做是纯粹的“经济人”，认为工人的主要动机是经济的，工人最关心的是提高自己的金钱收入，即坚持“经济人”假设，忽视企业成员之间的交往及工人的感情、态度等社会因素对生产效率的影响。

(2)泰罗的科学管理仅重视技术因素，没有重视人的社会因素。他把工人看做是会说话的机器，只能按照管理人员的决定、指示、命令进行劳动，在体力和技能上受到最大限度的压榨。

(3)泰罗制定的“标准作业法”、“标准作业时间”、“标准工作量”，都是以身体最强壮、技术最熟练的工人进行最紧张的劳动时所测定的时间定额为基础的，是大多数工人无法忍受和坚持的。这些方法仅仅是解决了个别具体工作的作业效率问题，而没有解决企业作为一个整体如何经营和管理的问题。

(三)科学管理理论的其他代表人物

1.卡尔·乔治·巴思，美籍数学家。其研究的许多数学方法和公式，为泰罗的工时研究、动作研究、金属切削试验等研究工作提供了理论依据。

2.亨利·甘特，美国管理学家、机械工程师。甘特是泰罗在创建和推广科学管理时的亲密合作者，他与泰罗密切配合，使科学管理理论得到了进一步的发展。

3.吉尔布雷斯夫妇，在动作研究和工作简化方面作出了特殊贡献。

4.哈林顿·埃默森，美国早期的科学管理研究工作者，独立地发展了科学管理的许多原理，如他对效率问题作了较多的研究和实践，提出了提高效率的12条原则。

二、法约尔的管理过程理论

亨利·法约尔，法国人，被称为“管理过程之父”。他确定了企业的职能和管理职能，他在1925年出版的代表作《工业管理与一般管理》一书奠定了古典组织理论的基础，他的管理过程理论也被称为一般管理理论。

(一)管理过程理论的主要内容

法约尔(1841～1925)

法约尔的管理过程理论确定了企业的职能和管理的职能，并对如何履行这些职能提出了14条管理原则。

法约尔指出，管理是一种普遍存在于各种组织的活动，这些活动包括计划、组织、指挥、协调、控制。

(二)法约尔的14条原则

1.劳动分工。类似亚当·斯密的劳动分工原则，其核心在于专业化可以提高生产率，从而增加产出。

2. 权力与责任。管理者有发布命令并使人服从的力量，而此权力的前提是管理者遵从职权对等的管理思想。

3. 纪律。全体员工服从和遵守组织运作中的规则。

4. 统一指挥。任何一位员工只接受一位上级的指挥。

5. 统一领导。为达成同一目标而从事的各种活动，只能在一个领导和一个计划下进行。

6. 个人利益服从集体利益。

7. 员工报酬。报酬合理，能够奖励有益的工作成果和激发全体员工的工作热情。

8. 集权化。必须根据组织的客观情况，确定适度的决策权力的分配与集中的结构。

9. 等级链，即组织机构由最高层到最基层所形成的层次结构。这一结构实际上是一条权力线，它是自上而下和自下而上确保信息传递的必要途径。在一定条件下，允许跨越权力线而直接进行的横向沟通，可以克服由于统一指挥而产生的信息传递延误，这一原则称为“跳板原则”。

10. 秩序。每位员工都必须各就其位，各得其所。

11. 公平。管理者应该以其忠诚和热心来对待下属。

12. 员工的稳定。人员的高度流动会造成效率流失，因此，管理应该提供合理的人事计划以保证工作的完成。

13. 创造性。在尽力完成工作目标的前提下，鼓励员工的首创精神。

14. 集体精神。鼓励团队精神，以实现组织内部成员之间的协调与合作。

法约尔比较系统地提出并阐述了管理的一般原理，并倡导领导者和管理者在科学管理中正确运用各管理原则，进而有效地完成管理目标。

(三)法约尔过程管理理论的贡献及其局限性

虽然法约尔的管理思想与泰勒的管理思想都是古典管理思想的代表，但法约尔管理思想的系统性和理论性更强，后人根据他建立的构架，建立了管理学并把它引入了课堂。法约尔提出的管理原则，经过多年的研究和实践证明，总的来说仍然是正确的，这些原则过去曾经给实际管理人员巨大的帮助，现在仍然为许多人所推崇。

法约尔过程管理理论也具有一定的局限性，主要的不足之处是他的管理原则缺乏弹性，以至于有时实际管理工作者无法完全遵守。

三、韦伯的行政组织理论

韦伯(1864～1920)

马克斯·韦伯，德国社会科学家，他的主要著作有《新教伦理和资本主义精神》、《社会和经济组织的理论》。

韦伯研究了工业化对组织结构的影响，他不仅研究组织的行政管理，而且广泛地分析了社会、经济和政治的结构，他在组织管理方面有关行政组织的观点是他对社会和历史因素引起复杂组织的发展的研究结果，也是其社会学理论的组成部分，因而在管理思想发展史上被称为“组织理论之父”。韦伯提出的行政组织理论代表了工业化发展的普遍要求。

(一)韦伯的行政管理思想

韦伯在管理思想上的最大贡献是提出了理想的行政组织模式——科层制。科层制又称官僚制，是指符合现代社会发展的具有专业化、综合化的设层分职能的行政组织制度。

科层制理论是建立在对统治类型的研究之上的，韦伯运用社会科学的方法论将统治分为三类，即传统型统治、魅力型统治、合法型统治。这种对统治的划分，依据的是人们服从的动机。

(二)韦伯行政组织理论的特点

1. 合理、明确的分工。组织内存在明确的分工，每个职位的权力和责任都应有明确的规定。

2. 自上而下的等级系统。组织内的每个职位，按照等级原则进行法定安排，形成自上而下的等级系统。

3. 人员的考评和教育。人员的任用完全根据职务的要求，通过正式考评和教育训练来进行。

4. 职业管理人员。管理人员有固定的薪金和明文规定的升迁制度，是一种职业管理人员。

5. 遵守规则和纪律。管理人员必须严格遵守组织规定的规则和纪律。

6. 组织中人员之间的关系。组织中人员之间的关系完全以理性准则为指导，不受个人情感的影响。

韦伯认为，高度结构的、正式的、非人格化的理想行政组织体系是人们进行强制控制的合理手段，是达到目标、提高效率的最有效形式。这种组织形式在精确性、稳定性、纪律性和可靠性方面都优于其他组织形式，能适用于所有的各种管理工作及当时日益增多的各种大型组织，如教会、国家机构、军队、政党、经济企业和各种团体。韦伯的这一理论，是对泰罗、法约尔理论的一种补充，对后来的管理学家，尤其是组织理论学家有很大的影响。

第三节 西方现代管理理论

现代管理理论的演变经历了行为科学理论、管理科学理论和现代管理理论三个阶段。

一、行为科学理论

(一)梅奥的人际关系理论

梅奥(1880～1949)

乔治·埃尔顿·梅奥，是原籍澳大利亚的美国行为科学家。1924～1932年间，美国国家研究委员会和西方电气公司合作，由梅奥负责进行了著名的霍桑试验(Hawthorne Experiment)，即在西方电气公司所属的霍桑工厂，为测定各种有关因素对生产效率的影响程度而进行的一系列试验，由此产生了人际关系学说。

1.梅奥与霍桑试验

霍桑试验经历了四个阶段：

(1)工场照明试验。试验情况是，抽调12名女工分成两组，一组为“控制组”，工人在照明条件始终不变的情况下工作；另一组为“实验组”，其工作的照明条件随时可变。两组工人的工作都是安装电话继电器。实验的目的是希望得出照明度对生产率的影响。实验结果表明，照明度的变化对生产率几乎没有什么影响。这一实验得出两个结论，一是工场的照明只是影响工人生产效率的一个微不足道的因素；二是由于牵涉的因素太多，难以控制，而且其中任何一个因素都足以影响试验结果，所以无法准确测量出照明度对产量的影响。

(2)继电器装配室试验。这一试验的目的在于发现工资报酬、休息时间、工作日长度和每周工作时间等因素对生产率的影响,从而可以对这些影响工作效果的因素加以控制。在进行实验时,先取消了原来对工人的各种高压手段和单方面的命令及监督等,然后再改变各种工作条件。实验的结果表明,无论各个因素如何变化,产量始终是增加的。其他因素对生产率也没有什么特别影响。

(3)大规模的访问与调查。研究人员先后对 2.1 万多名工人进行了访问和交谈。开始时,研究人员依照事先拟好的题目进行访谈,发现难以合作。后来他们改变方式,让工人畅所欲言,甚至可以发泄不满情绪。实验结果表明,工人各自都有个人需要解决的问题,对工作也各有不同的意见,而这些不满情绪都不是孤立地仅仅对某个具体事件的不满,而是有其深刻的心理原因和社会原因。这也更加证明了社会和心理因素在管理中所起的重要作用。

(4)对接线板接线工作室的研究。这个试验只是对职工的工作情况进行观察和分析,而不去改变任何工作条件。14 名男工参加了试验,其中 9 人是绕线工,3 人是焊工,2 人是检验工。他们平均分成 3 个小组,2 个检验工共同担负 3 个小组的检验工作。工资是按小组的总产量付给每一个工人。在半年多的观察中,研究人员发现以下现象:一是工人们之间似乎有一个"合理的日工作量标准",这一标准一般低于管理当局规定的标准,但又不至于引起管理当局的不满。二是如果某个工人表现得过于突出或落后,就会有一种团体压力,促使他以"过得去"为行为标准,从而维持在团体中的地位。三是在工人中形成一些非正式团体,有时不受分工和地理位置的限制,而常因感情、爱好、兴趣等的相同而在一起活动,从而逐渐形成一些小集团。

通过四个阶段的试验,梅奥等人认识到,人们的生产效率不仅要受到生理方面、物理方面等因素的影响,更重要的是受到社会环境、社会心理等方面的影响。由此,梅奥提出了他的人际关系学说。

2.人际关系学说的主要论点

(1)员工是"社会人"。古典管理理论把人视为"经济人",认为金钱是刺激积极性的唯一动力,生产效率主要受工作方法和工作条件的制约。霍桑试验说明,员工还会受到社会和心理影响,生产效率主要取决于员工的积极性,取决于员工的家庭和社会生活以及企业中人与人的关系。

(2)企业中存在着"非正式组织"。古典管理理论只注意管理组织机构、职权划分、规章制度等,霍桑试验说明,除正式团体外,企业中存在非正式的小团体,小团体通过不成文的规范左右着成员的感情倾向和行为。

(3)新型的领导能力在于提高员工的满意度。管理者不仅要具有解决技术、经济问题的能力,而且要具有与被管理者建立良好的人际关系的能力。应对各级主管人员进行训练,使他们学会了解人们的逻辑行为和非逻辑行为,学会通过同工人交谈来了解其感情的技巧,使正式组织的经济需要与非正式组织的社会需要取得平衡。

(二)行为科学理论的贡献和局限性

受工业心理学的影响,行为科学理论主要论及组织内个人的行为,它逐渐取代了科学管理理论的地位,成为研究管理的主要方法。行为科学理论的贡献在于改变了人们对管理的思考方法。管理人员更加意识到行为过程的重要性,也更意识到应把人看做是宝贵的资源,确定了工人是有价值的资源,并把重点放在管理实践上。然而,行为科学所预见的东西还不很清楚,管理人员对其许多方面的论述还不能理解和接受,对其所用的许多术语也感到陌生。由于个人行为的复杂性所以导致对行为分析和预言的困难,还因为许多管理者不愿意采用这种理论,所以该理论尚有许多概念并未用于管理实践,最新研究成果未能与管理实践相结合。

二、管理科学理论

现代化管理理论的另一重要学派是管理科学学派。这一学派的理论与泰罗的科学管理理论实际上属于同一思想体系,但它又不是泰罗理论的简单延续,而是在它的基础上有新的发展。管理科学学派将近年来的最新科学技术成果应用到管理工作的各个方面,形成了许多新的管理思想和管理技术,使管理工作的科学性达到了新的高度。为了区别于泰罗的科学管理理论,将新出现的一系列的管理思想与管理技术称为管理科学。管理科学理论主要有以下几种:

(一)数理理论

数理理论的主要观点有:

(1)依靠建立一套决策程序和数学模型以增加决策的科学性,力求减少决策的个人成分。在管理决策中利用数学工具建立数量模型,研究各因素之间的相互关系,决策的过程就是建立和运用数学模型的过程。

(2)强调用数字说话。寻求将众多方案中的各种变数或因素加以数量化,用数量表示最优化的答案，各种可行方案要以经济效果作为评价的依据。

(3)广泛使用电子计算机。现代组织管理涉及的信息量不断加大，使处理信息的工作量加大。充分利用电子计算机等现代科学技术可使决策建立在准确、及时和充分的基础之上。

数学模型有：盈亏平衡点模型、库存模型、线性规划模型、目标规划、整数规划、动态规划、决策模型、网络模型、排队模型、模拟模型、马尔柯夫过程、对策论等。

(二)系统管理理论

系统管理理论把管理对象看做是一个整体，是一个有机联系的系统。研究企业管理的任何个别事物，都要从系统的整体出发，既要研究此事物与系统内各组成部分之间的关系，又要研究此事物同系统外部环境的相互联系。系统管理理论的主要观点是：

(1)一个企业，在研究计划、生产、质量、人事、销售、财务等各个部门的工作时，应该依据系统管理思想把内部因素和外部环境结合起来进行全面分析，研究各个部门之间的相互促进和制约关系，以求各个部门的工作能保证整个企业获得最优的效果。

(2)企业作为一个系统，一方面包括了物的生产和为了进行物的生产所需要的技术手段；另一方面，包括了经营管理部门、服务部门、情报部门等所采用的各种管理方法。前者可以称为“硬件”，后者可以称为“软件”，二者结合构成了企业系统，具体来说，可以分为人力、物资、设备、财务、任务、信息六个要素。

(3)企业的具体组织是各式各样的，但可按系统理论将上述六个要素分为许多子系统，如技术子系统、财务子系统、情报子系统、生产子系统等。由于企业系统总是处于不断变化当中，所以研究系统管理，不仅要考虑系统的静态结构，更要研究系统的动态变化。系统管理离不开数学方法、模型理论和计算机手段以及行为观点，所以，也可以说系统管理理论是对现代管理科学的综合。

(三)运筹管理理论

运筹管理是指对一个组织所有各项活动的管理，包括生产和其他方面的活动。

在现代的管理工作中，由于组织中的管理工作对象有各种各样不同的情况，运用数学或其他的科学方法也随之不同，这就产生了各种不同的管理方法和技术，形成了运筹学的许多新的分支。例如规划论，主要用来研究如何统筹安排，合理地调度人员、设备、材料、资金、时间等。规划论又可分为线性规划、非线性规划和动态规划。库存论，用来研究在什么时间、以什么数量、从什么地方供应各种资源的问题，从而来满足需要，保证组织有效地运转，使各种资源的库存和补充的总费用达到最少。网络分析，是利用网络图对各项工作进行计划和控制的理论研究，它包括运用于一次性工作的“计划评审技术”（简称 PZRT）和适用于有现成有效资料可供利用的项目的“关键途径法”（简称 CPM）。其他还有排队论、对策论等分支，这些方法在现代管理中起着极其重要的作用。

（四）管理科学理论的贡献与局限

管理科学理论主要论及如何对制定和运用数学模式和程序的系统进行管理，就是运用数学符号和公式进行计划决策和解决管理中的问题，求出最佳解决方案，实现企业的目标。运筹管理是管理科学在管理中的运用。信息情报系统就是计算机控制的向管理者提供信息情报的系统。管理科学理论的主要贡献是运用复杂的管理科学技术计划、决策、组织、领导和控制。运用数学模型和程序求得决策和解决问题的最佳方案，运用最新的信息情报系统，可以大大促进管理效率的提高，也有利于了解管理职能的环境的复杂性。管理科学的局限性是不能很好地解释和预见组织内成员的行为；由于数学模型太复杂，其功能可能影响其技能的发挥；模型有时可能不切合实际，因而无法实现。

三、现代管理理论

第二次世界大战以后，随着现代自然科学和技术日新月异的发展，生产和组织规模急剧扩大，生产力迅速发展，生产社会化程度不断提高，引起了人们对管理理论的普遍重视，形成了多种管理学派。人们通常所说的西方现代管理理论不是一种管理理论，而是对各种不同管理学派理论的统称。这些学派相互补充，从不同角度，带着各自学科的特点阐明现代管理的有关问题。

哈罗德·孔茨(1908～1984)

西方现代管理理论形成的标志是美国管理学家哈罗德·孔茨 1961 年 12 月发表于美国《管理学杂志》上的文章，题为《管理理论的丛林》。哈罗德·孔茨是美国洛杉矶加州大学教授，曾任美国和世界管理科学院院士、美国管理科学院院长。他把管理理论的各个流派称之为“管理理论丛林”。孔茨认为，20 世纪五六十年代最大的学派有六个，即管理过程学派、经验主义学派、社会系统学派、决策理论学派、数量分析学派。至 1980 年，孔茨认为，这一“丛林”又枝叶繁生，至少可以划分十个学派。尽管各种学派彼此相互独立，但它们的基本目的是相同的。

(一)菲德勒的“权变领导”理论

弗雷德·E. 菲德勒，美国当代著名的管理学家，权变领导理论的奠基人，领导科学和管理绩效问题的研究权威。他提出了“权变领导”理论，开创了西方领导科学理论研究的新阶段，对领导科学和管理学的发展产生了重要影响。

菲德勒认为，领导是一种人际关系，它是指某一个人指挥、协调和监督其他人完成一项共同的任务。他假设了两种主要的领导方式类型：一种是任务导向型，即明确指令下属做什么和怎样去做。这种类型的领导者追求工作任务的完成，并从中获得满足。另一种是人际关系型，即与组织的成员共同分担领导工作和责任，吸收他们一起规划并实施组织目标。这种类型的领导者追求良好的人际关系，并从中获得满足。

菲德勒认为，没有什么固定最优的领导方式，应当根据领导者的个性及其所面临的组织环境采取不同的领导方式。以上两种领导方式分别适用于不同的工作环境条件，领导者可以采用两种方法使其领导风格与工作环境相吻合。一是先确定在某个工作环境中，哪种风格的领导者工作起来更有效，然后选择具有这种风格者担任领导者，或是通过培训使现有领导者具备工作环境所要求的风格；二是先确定针对某个领导者而言，采用何种领导风格最为有效，然后对组织环境加以改变，使新环境适合领导者固有的风格。

(二)西蒙的“决策”理论

赫伯特·西蒙，美国管理学家和社会学家，美国卡内基—梅隆大学教授。他长期讲授计算机和心理学等课程，还从事过经济计量学的研究。由于他在决策理论研究中有重要贡献，1978 年他获得了诺贝尔经济学奖。他的主要著作有：《管理行为》、《组织》、《经济学和行为科学中的决策理论》、《管理决策的新科学》等。现在，决策理论已经成为当代西方管理学中具有较大影响的重要理论。

决策理论是以统计学和行为科学作为基础的，吸收了行为科学、运筹学和计算机科学等研究成果而发展起来的。

西蒙十分强调决策的重要作用，突出决策在管理中的地位。他认为管理的关键就在于决策，决策贯穿于管理的全过程，决定了整个管理活动的成败。如果决策失误，组织的资源再丰富，技术再先进，也是无济于事的。所以，管理的实质就是决策。因此，管理学要研究科学的决策方法以及合理的决策程序等问题。

（三）卡斯特的“系统管理”理论

弗里蒙特·卡斯特，美国管理学家，他在《系统理论和管理》(1963)和《组织与管理——一种系统学说》(1970)两本书中，比较全面地论述了系统管理理论。

系统管理理论是应用系统理论的范畴、原理，全面分析和研究组织的管理活动和管理过程的理论，它重视对组织结构和模式的分析，并建立起系统模型以便于分析。

（四）德鲁克的“经验主义”理论

德鲁克是现代最著名的经验主义管理学家。他在广泛的实践经验基础上著书40余部，对管理的性质、管理的任务和职责、管理的组织结构以及目标管理等方面阐述了自己独到的见解，对管理学的发展作出了卓越贡献并产生了深远影响，从而奠定了其现代管理学开创者的地位，被尊为“大师中的大师”、“现代管理之父”。

经验主义学派又称为经理主义学派，这一学派主张管理学就是研究管理经验，从企业管理的实际出发，以大企业的管理经验为主要研究对象，对经验加以概括和理论化来研究管理。其目标是向大企业的经理提供管理企业的成功经验和科学方法。

第四节　现代管理理论的新发展

一、管理理论发展的时代背景

进入20世纪80年代以后，知识经济的迅速发展、新时期组织管理的实践，促成了管理新思想的不断涌现，各个管理学派互相渗透，互相融合，企业管理有趋向全面管理、综合管理的势头，因此有人得出结论，认为这预示着企业管理进入了一个新的发展阶段。在管理理论的发展过程中，出现这样一种动向并非偶然，它有着深刻的历史背景和原因。

一是西方资本主义国家在经历了20世纪70年代由石油危机导致的经济危机之后，经济刚有所回升，80年代初期又面临着一场新的经济危机，这使得企业的经营环境更加恶劣，竞争愈演愈烈，许多中小企业纷纷破产，甚至一些资本雄厚的大企业也濒临绝境。面对这种复杂多变的恶劣环境，企业要想保持长远发展，仅靠定量的管理技术、"理性模式"、"矩阵管理制"等显然难以奏效，唯有依靠人的因素，充分调动全体员工的积极性和创造性，集中大家的智慧，形成统一的价值观念、行为准则，企业才能获得技术、质量、服务、生产效率等方面的优势。

二是在科学管理的发源地、现代管理科学发达并形成众多学派的工业强国美国，20世纪70年代以后经济发展和产品竞争力受到日本的有力挑战。日本战后向美国学习了科学管理，并与其民族文化相结合，形成了"日本式"的管理，这是日本20世纪60～70年代经济高速增长的一个重要原因。70年代至80年代初期，日本产品在世界市场上横冲直撞，无孔不入，甚至挤入工业发达的西欧和美国市场。日本的国民生产总值(GNP)跃居世界第三，大有取代俗称为"工业王国"的美国之势。而美国面对日本的挑战却反击无力，在世界市场上不断败退，生产率和利润率不断下降，长期陷入经济衰退、货币贬值、石油危机、大量失业、通货膨胀、巨额赤字的危机之中。这种鲜明的对比，使美国人感到震惊，引起普遍关注。

三是20世纪70年代以后，科学技术领域正在酝酿着一系列的重大突破。新的科学技术成果不断被应用到企业中去，产品更新换代周期大大缩短；新产品不断出现，花样翻新；电子计算机趋向高速化、多功能化、微型化以及在各个方面广泛普及。这一切不仅使企业内部条件发生了变化，也使得整个社会的生产方式、工作方式、管理方式、生活方式以及人们的需求结构和观念都发生了一系列变化。管理所面对的客观条件更加复杂和捉摸不定，管理人员的任务也越来越艰巨，他们依据已有的管理理论和方法去解决变化了的实际所提出的管理问题，往往只有事倍功半的结果。实践提出了新的问题和任务，推动着管理理论的研究朝着一个新方向发展。正是在这样的背景条件下，20世纪80年代出现了新的管理理论和思想。

二、西方现代管理理论的新发展

20世纪80年代以后，世界政治、经济形势发生了深刻变化。适应新形势的需要，管理理论也有了很大的发展，又涌现出一大批新的管理理论和管理模式，为管理实践提供了丰富的理论指导和可供使用的工具。

(一)威廉·大内的"Z 理论"

威廉·大内,美籍日裔管理学家,他从 1973 年开始研究日本企业的管理方式,并且经过实地调查和研究比较日美两国企业管理的经验,提出了著名的"Z 理论"。这一理论是大内在其 1981 年出版的《Z 理论——美国企业界怎样迎接日本的挑战》一书中提出来的,其阐述的主要内容是人与企业以及人与工作的关系。

大内选择了日美两国的一些典型企业进行了比较研究,这些企业的共同特点是,都在本国及对方国家中设有子公司或分工厂,并且采取不同类型的管理方式。研究的结果表明,日本企业经营管理的效率一般来说要比美国企业的高。大内因此提出,美国的企业为了迎接日本企业的挑战,应该结合本国的特点,向日本企业的管理方式和管理经验学习,以形成自己独特的管理方式。他把这种管理方式归结为 Z 型管理方式,Z 理论就是对这种新型管理方式所进行的理论上的概括。

大内在 Z 理论中指出,一切企业的成功都离不开信任、敏感与亲密,而它们与生产率又是密切相连的,因此,大内主张以坦白、开放、沟通作为基本原则在企业中实行民主管理。但是,美国从其整个的社会文化环境超系统到其企业文化系统,都缺乏这种至关重要的信任、敏感与亲密,因此,美国企业需要学习。大内认为他当时研究的绝大多数美国企业都是 A 型组织,而日本企业则是 J 型组织。大内对 A 型组织和 J 型组织做了详细的比较,如表 2－1 所示。

表 2－1　A 型与 J 型组织对比

A 型组织	J 型组织
短期雇佣制	终身雇佣制
迅速的评价和升级	缓慢的评价和升级
专业化的经历道路	非专业化的经历道路
A 型组织	J 型组织
明确的控制	含蓄的控制
个体决策过程	集体决策过程
个体负责	集体负责
局部关系	整体关系

大内不仅比较了A型组织和J型组织的不同特点，而且还分析了美国和日本各自不同的文化传统对其组织类型的影响，从而明确了日本企业的管理经验虽然有效，但并不能简单地照搬到美国去。为此，他提出了“Z型组织”的概念，认为美国企业要向Z型组织转化，Z型组织既符合美国本土的文化传统背景，又吸收了日本企业管理方式的长处，是一种既有高效生产率又有高度职工满足感的新型组织，这种组织形式是适合美国的成功模式。

与A型组织和J型组织相比，Z型组织实行长期的、终身的雇佣制，而不是短期的雇佣制，能够使职工在职业有保障的前提下，更加关心与自身前途关系重大的本企业的长远利益；实行相对缓慢的长期考核和逐步提升制度；对人才的培养采取“非专业”的方式，以使他们能够适应各种各样的工作；在管理控制的含蓄与明确之间保持一种平衡；采取集体研究与个人决策相结合的“统一思想式”的决策方式；在职工中贯彻平等主义原则，使他们在不受监督的情况下可以自主地酌情处理问题。

大内认为，美国企业要想从A型组织转化到Z型组织是非常困难的，为此，他给出了明确的转化步骤。同时他认为，这个转化的过程要经常重复，而且需要相当长的时间，比如10～15年。这些步骤包括：

(1)使每一个参与变革的管理人员学习理解Z理论的基本原理，发挥自己良好的作用；

(2)分析企业原有的管理指导思想和经营方针，检查本企业的宗旨，即目标；

(3)企业的领导者和各级管理人员共同研讨制定新的管理战略，明确管理宗旨；

(4)通过创立高效合作、协调的组织结构和提供激励措施来贯彻管理宗旨；

(5)培养管理人员掌握弹性的人际关系技能；

(6)检查每个人对将要执行的Z型管理理论是否完全理解，并设法加以提高；

(7)把工会包含在变革计划之内，取得工会的参与和支持；

(8)确立稳定的雇佣制度；

(9)制定一种缓慢的长期评价和提升的制度；

(10)经常轮换工作，以培养人的多种才能，扩大雇员职业发展的道路；

(11)认真做好基层一线雇员的发动工作，为基层的改革做好准备；

(12)找出可以让基层雇员参与管理的领域，实行参与管理；

(13)建立员工个人和组织的全面整体关系，使企业内的整体关系得到发展。

(二)波特的"竞争战略"理论

迈克尔·波特,美国哈佛大学商学院教授,他提出了企业竞争战略理论并引发了美国乃至全世界有关竞争力问题的大讨论。

波特在其《竞争战略》一书中提出了三种基本战略,他认为,企业的其他战略都是在这三种基本战略的基础上制定的,因此有必要对这三种基本战略进行深入的分析。这三种基本的战略分别是成本领先战略、差异化战略和专一化战略。而这些基本战略的共同目标就是确立企业在竞争中的优势。

迈克尔·波特

(1)成本领先战略。这是三种战略中最明确的一种,主要是通过追求规模经济、专有技术、优惠的原材料以及其他一些因素,使企业生产经营的总成本处于行业的平均水平之下,从而获得较大的利润和市场份额。

(2)差异化战略。这种战略主要是通过生产出该产业中其他企业所没有的独特产品,以形成独家经营的市场优势。它依赖于基础产品本身、销售交货体系、营销渠道以及一系列其他因素。实现差异化战略可以有许多方式,如设计品牌形象、独特的技术、独特的技能、独特的顾客服务、商业网络及其他方面。当然,最理想的情况是企业在多个方面都有其差异化的特点。

(3)专一化战略。波特认为,这种战略是着眼于在行业内的一个狭小空间内作出选择,主要是将企业的经营目标集中到某个特定的顾客群或者一个细分的市场,在那里建立起自己的产品在成本或产品差异上的优势地位。

波特还对三种基本战略的实施要求进行了详细的分析。他认为,这三种基本战略是每一个企业都必须明确的。差异化战略实施的必要条件是放弃对低成本的努力,而采用专一化战略,在更加有限的范围内建立起差异化或低成本优势,也会有同样的问题。徘徊其间的公司几乎注定是低利润的,所以它必须作出根本性战略决策,向三种通用战略靠拢。一旦公司处于徘徊状况,摆脱这种状态就往往要花费一定的时间并经过持续的努力,而相继采用三个战略,波特认为注定会失败,因为它们要求的条件是不一致的。

波特的竞争战略理论开创了企业经营战略思想的崭新领域,对全球企业的发展和管理理论研究的进步,都作出了重要的贡献。波特的竞争战略思想对西方在 20 世纪 80 年代的企业竞争方面提供了有力的思想武器,现在已经成为竞争战略方面的经典管理理论。

(三)沙因的"组织文化"理论

艾德加·沙因,在组织文化领域中,他率先提出了组织文化本质的概念,对组织文化的构成因素进行了系统分析,并对组织文化的形成与演化过程提出了独到的见解。

沙因认为,组织文化是一个特定组织在处理外部适应和内部融合问题中所学习到的,由组织自身所发明创造并且发展起来的一些基本的假定类型,这些基本的假定类型能够发挥很好的作用,并被认为是有效的,由此被其成员所接受。

(四)哈默和钱皮的"企业再造"理论

企业再造理论是美国麻省理工学院的教授迈克·哈默与詹姆斯·钱皮提出的关于企业经营管理方式的理论和方法。他们对"再造"的定义是:将组织的作业流程做根本的重新思考与彻底翻新,以便在成本、品质、服务与速度上获得戏剧化的改善。其中新思想是强调组织流程必须采取激烈的手段,彻底改变工作方法。强调组织流程要"一切重新开始",摆脱以往陈旧的流程框架。

(五)彼得·圣吉的"学习型组织"理论

美国麻省理工学院教授彼得·圣吉是学习型组织理论的倡导者,学习型组织理论是他在 1990 年出版的代表作《第五项修炼——学习型组织的艺术与实务》一书中提出的。该书出版后,受到管理学界和企业家们的广泛关注,并于 1992 年荣获世界企业学会最高荣誉的开拓者奖。

所谓学习型组织,是指通过培养弥漫于整个组织的学习气氛、充分发挥员工的创造性思维能力而建立起来的一种有机的、高度柔性的、扁平的、符合人性的、能够持续发展的组织。这种组织具有持续学习的能力,具有高于个人绩效总和的综合绩效。

学习型组织理论是以五项修炼为基础的,这五项修炼包括:

(1)自我超越。这是五项修炼的精神基础,强调组织成员应能不断认识自己,认识外界的变化,不断给予自己新的奋斗目标。做事要精益求精,集中精力,培养耐心,并客观地观察现实,永远努力发展自我,超越自我。

(2)改善心智模式。要求组织成员要善于改变传统的认识问题的方式和方法,要用新的眼光看世界,不断适应内外的变化,改变自己的思维定式以及由此决定的假设、成见甚至图像、印象。

(3)建立共同愿景。进行这一项修炼的目的是强调把企业建设成为一个生命共同体。它包括远景(企业将来要实现的蓝图)、价值观(实现蓝图应该遵循的一些基本原则)、目的和使命(组织存在的理由)、目标(在短期内达到的里程碑)等内容。要使组织拥有一种能够凝聚全体成员,并坚持实现的共有的目标、价值观与使命。

(4)团体学习。其目的是为了使组织成员学会集体思考,以激发群体的智慧。开展团队学习后,由于团队成员理解彼此的感觉和想法,因此,能凭借完善的协调一体感,提高综合效率。当团体在真正学习的时候,不仅团体整体能产生出色的成果,个别成员成长的速度也比其他的学习方式要快。

(5)系统思考。这是五项修炼的核心,是指树立系统观念,要善于运用完整的知识体系和实用的工具,认清整个变化形态,并了解如何有效地掌握变化,开创新局面。强调要把企业看成一个系统,并将它融入社会这个大系统中,考虑问题既要看到局部,又要看到整体;既要看到当前,又要看到长远。要把系统原则融入行为之中,必须能用广角镜观察世界。

圣吉认为,以上五项修炼是一个有机的整体,每一项修炼都与其他几项修炼密切相关。其中最关键也是最困难的修炼是系统思考的修炼,所以,圣吉将其著作命名为《第五项修炼》,就是要突出系统思考修炼的重要意义。

(六)萨维奇的"虚拟型组织"理论

查尔斯·M. 萨维奇,美国管理学家。1991 年,他出版了《第五代管理》一书,1996 年,他对该书进行了修订再版,书中明确提出通过建立虚拟组织、动态协作团队和知识联盟来创造财富的观点。所谓虚拟组织,就是不仅把公司成员,而且把供应商、公司顾客以及顾客的顾客都看成是一个共同体,倾听他们的意见,充分调动内外各种资源。建立虚拟组织,要更多地依靠人员的知识和才干,而不是他们的职能。

三、管理理论的发展趋势

进入 20 世纪 90 年代,现代管理进入又一个崭新的发展阶段,即创新管理阶段。就像 19 世纪末 20 世纪初美国首创科学管理时代一样,创新管理又是在美国兴起的,其发展速度甚快,很快遍布欧亚大陆。像前几次管理理论的发展一样,创新管理时代的到来,仍然是生产力高速发展的产物。当社会生产力的发展进入到智力发展阶段，即原先由劳动者、劳动工具和劳动对象构成的生产力要素，逐步由信息、技术和管理等智力生产要素所取代，社会便进入高技术竞争时代，市场进入品牌战略时代，企业的无形资产就成为企业制胜的关键。信息资源的占有量不仅将重新区分发达国家和后进国家，企业也将由此形成不同的竞争力度。市场重构、世界经济一体化、极快化发展趋势，使所有国家和企业都必须根据市场需求调整自己的战略目标。由此而来，管理进入一个全新的时代，即20世纪90年代的创新管理阶段。

创新管理，主要由四部分内容构成，即CIS企业形象设计、信息管理、工艺创新以及企业知识管理。CIS，意为企业识别系统或企业认可系统。CI具体由MI、BI、VI和AI构成。MI即Mind Identity，为理念识别，具体由企业精神、企业宗旨、经营理念、经营作风和行为规范等内容构成，它是CI的核心内容。BI即Behavior Identity，为行为识别，具体由生产行为、服务行为、促销行为、公关行为、组织行为、人员培训等内容构成，实际上是企业的行为规范。VI即Vision Identity，为视觉识别，具体为公司的识别标志，包括色彩、图形、文字、广告符号等，是市场和消费者识别公司产品和服务的主要标志。AI即Audio Identity，为听觉识别，如广告语、口号、格言、训词、主题歌曲、音乐氛围等。在这四大识别系统中，MI为内部系统，VI、AI皆为外部识别系统，BI兼有内外两层关系。由此可见，企业识别系统，即企业形象识别系统，包括理念识别、行为识别、视觉识别、听觉识别四个组成部分，将企业精神、企业经营理念融于其中，通过形象的外部传递而形成一种社会的认同效应，从而促进市场的营销活动。

由于现代经济已经进入信息经济时代和信用经济时代，因此，企业的商誉便成了企业生命力的集中表现。商品的价格、品质只能表示商品的单项指数，而商标则将这两个消费者最关心的指数进行综合，同时还包含了商品(企业)的其他诸多内容，并将它们抽象为一种高度民主、强化的视觉符号。正是这种综合所树立起来的信誉，为消费者在商品极大丰富、商品科技含量大大加深的当代提供了选择的便利，节省了消费者的比较和选择费用。所以，商标作为直接指向消费者的商品(企业)信誉的标志，就成了企业争夺消费者最锐利的武器。

进入21世纪，知识管理则成为向知识经济时代迫近的管理，它预示着一个全新管理时代的到来。知识管理就是对一个组织所拥有的和所能接触到的知识资源，进行识别、获取、评价，从而充分有效地发挥作用的管理过程。它要求管理模式由层次式的监督与控制转变为引导与激励的扁平式管理，要求组织建立起良好的关系，鼓励员工进行知识的共享和传递，运用集体的智慧提高组织创新能力和应变能力，对市场需求的变化作出快速反应，并运用知识资源预测市场的变化和发展方向。

对于知识管理，许多世界驰名的公司，如可口可乐、通用电气、惠普等，已经率先展开，并建立起较为完善的知识管理体系。具体做法是：设立“知识主管”管理知识资产，也称智力主管、学习主管；加强无形资产管理；以顾客为中心开展知识管理，建立顾客信息管理系统；建立企业培训体系，开发人力资源等。

21 世纪企业管理变革大趋势：知识管理，将是一个全新的课题；敏捷性管理，是时代要求；全方位满意管理，是全新的理念；创新管理，它将激起时代的主旋律；人本管理，是全新的内涵。

企业组织的发展趋势：扁平化，减少管理层次和规模以降低成本；多极化，从集权走向分权；网络化，信息渠道四通八达；智能化，使知识量剧增，未来企业是学习型组织；虚拟化，是依靠信息技术而结成的临时网络；国际化，实现全球经济一体化。

思考题：

1. 试对我国古代管理思想进行评述。
2. 试述西方古典管理理论的三个代表人物以及他们的主要观点。
3. 简述现代管理理论发展演变的三个阶段。
4. 简述西方现代管理理论的新发展。

阅读导航：

[美]哈罗德·孔茨著，黄砥石等译：《管理学》，中国社会科学出版社 2002 年版。

[美]斯蒂芬·P. 罗宾斯、玛丽·库尔特著，孙健敏、黄卫伟、王凤彬、焦叔斌、杨军译：《管理学》，中国人民大学出版社 2004 年 1 月版。

[美]理查德·L. 达夫特著，韩经纶、韦福祥等译：《管理学》，机械工业出版社 2003 年版。

李景平：《现代管理学》，西安交通大学出版社 2001 年版。

第三章
计 划

本章学习提要：

- 计划的含义和内容
- 计划的特征和类型
- 计划的程序与制订
- 计划的组织与实施
- 决策的原理和方法

计划是管理四大职能的首要职能，是管理工作的开端，是现实通向未来的桥梁。本章主要阐述计划的含义、内容、特征、类型，计划的编制方法、实施步骤以及计划与决策之间的关系，决策的概念以及决策的方法等。

第一节 计划的含义和内容

一、计划的含义

计划是未来行动的蓝图，是为实现组织目标而对未来行动所作的综合的统筹安排。它是未来组织活动的指导性文件，提供从目前通向未来目标的道路和桥梁。

计划有广义和狭义之分。狭义的计划是计划工作中计划编制的结果。它告诉人们为实现既定目标需要在什么时间、由什么人、采取什么方法、去开展什么活动。一般情况下计划在制订出来后多数是不变的。这样有助于计划执行者“依计而行”，去开展卓有成效的工作，同时也有助于发挥计划的激励作用。但是在某些情况下，当制订计划的条件和情况发生变化以后，就必须调整计划，尤其是在“计划跟不上变化”的情况下，计划已失去了指导作用，此时就必须修订原计划。因此，计划具有两种特性，其一是它的严肃性，即一旦计划出台后，在条件不变或变化不大的情况下，必须严格执行计划；其二是它的灵活性，即当计划的条件发生较大变化时，必须调整计划，以适应变化了的条件。所以计划是一种人们对未来行动与工作的可能变化也可能不变化的安排方案。

广义的计划是指人们编制、执行计划，以及检查计划执行情况等一系列计划管理工作。确切地说，计划工作包括从分析预测未来的情况与条件确定目标，决定行动方针与行动方案，并依据计划去配置各种资源，进而执行任务，最终实现既定目标的整个管理过程。计划工作是一项既广泛又复杂的管理工作，它涉及组织的每一项活动，需要深入细致的分析研究和非常高的技术技能。

计划还可以从动词和名词上分别解释。动词性的计划指为了实现确定的目标，预先进行的活动安排。

在管理的各项职能中，计划是首要的和关键的一项职能，管理者通过计划工作，合理运用其权限范围内的可用资源，协调组织各方面的力量，从而达到预期的目的。

二、计划的内容

一般来说，一项完整的计划应由以下要素构成：

(1)目标。由一系列计划期内要实现的具体指标给出；

(2)任务。组织在计划期内要开展的具体活动内容；

(3)方针措施。组织在计划期内开展活动时所要采取的方针政策、行动方案以及各种应急措施与备选方案；

(4)实施者。计划的具体执行者，即完成计划任务的部门或个人；

(5)步骤。计划期内各种组织活动的阶段性划分，是组织各项活动的开始与结束时间的给定及其衔接关系的说明；

(6)预算。计划期内组织的各种资源的配置方案，是对组织各部门或个人有权支配的人、财、物等资源量的具体规定。

以上要素对于一切计划来说，是缺一不可的。一旦出现计划前提与事实不一致时，依据目的来确定放弃计划还是创造条件实施计划。

三、计划书的构成

不同种类、不同类别的计划书结构不同。但是，计划书的构成与计划过程的顺序应该是一致的。一般来说，企业的计划书大致有以下 8 个部分、共计 11 项内容构成，如表 3—1：

表 3—1 计划书的构成

部 分	内 容	说 明
1. 计划导入	(1)封面	计划书的脸面，应充满魅力
	(2)前言	表明计划者的动机及计划者的态度
	(3)目录	计划书的目录
2. 计划概要	(4)计划概要	概述计划书的整体思路与内容
3. 计划背景	(5)现状分析	明确计划的出发点，说明计划的必要性及前提
4. 计划意图	(6)目的、目标设定	确定计划的目的、目标，说明计划的意义
5. 计划方针	(7)概念的形成	明确计划的方向、原则，规定计划的内容
6. 计划构想	(8)确定实施策略的结构	明确计划实施的结构及其组织保证，提高计划的效果
	(9)具体实施计划	计划的具体内容，将实现目标的方法具体化
7. 计划设计	(10)确定实施计划	实施计划所需时间、费用、售货员及其他资源，预测计划可能获得的效果
8. 附录	(11)参考资料	附加的与计划相关的资料，增加计划的可信度

计划书的构成样例：

“美味”饮食店商业环境调查计划书

封面

目录

结论概要

开设饮食店的场所、条件；营销战略观点；实际运营观点；开店后的计划。

1. 前言

前提条件和条件设定;调查分析方法;本报告构成概要。

2. 物品概要

3. 都市条件

位置、区域规定;人口迁移;收入水平;城市规模;饮食市场;市场前景。

4. 开设条件

场所条件、位置、环境、道路及交通。

5. 商业环境条件

商业范围设定;商业范围人口;商业范围内商业设施;竞争状况;未来状况;商业环境条件概要。

6. 结论

各条件的概念;对所有条件的判定;店铺提案;潜在月销售额测算。

7. 资料集

周边环境图示;周边竞争图示;城市关系图示;商业范围内人口资料。

第二节　计划的特征和类型

一、计划的特征

计划工作是管理的首要职能,需要准确地把握其特点。

1. 计划的首要性

计划的性质决定着计划必须设定一个目标,必须在管理工作中居于领先地位。

一方面,一切管理活动都是为支持和保障计划目标的实现而展开的;另一方面,计划工作又是一切管理活动的前提,只有有了计划以后,人们才能开展其他的管理活动。例如,一个企业如果没有生产经营计划,那么它的任何组织管理、资产管理、控制管理等都会成为盲无目的的行为,无法称为管理。

2. 计划的普遍性

一切有组织的活动,不管大小,重要与不重要,全局性的或是局部性的,都必须有计划。计划工作是渗透到组织各种活动中的普遍性管理工作。另外,各级管理人员实际上都要担负或多或少的计划工作，是管理人员参与最普遍的管理工作。各级管理人员所制订的计划因范围、内容不同而异。高层管理人员制订组织的总体计划，把握全局方向和目标；中层管理人员制订部门计划，诸如财务计划、市场计划、人事计划等，确定在整体目标实现过程中，各部门自身的具体目标；而基层管理人员则要制订具体的作业计划，以配合生产计划的最终实现。在某些情况下，计划工作实际上是唯一需要开展的管理工作，像许多投资项目在计划的可行性分析阶段或许多行动在计划的可行性论证阶段，当发现计划不可行时，就会放弃下一步的行动，这样实际上计划工作就成了该活动中唯一的管理活动了。

3. 计划的重要性

决策是最重要的管理工作，而实际上计划工作就是决策工作。计划工作中的目标确定、任务分配、时间安排、资源配置、行动方案选择等都是不同层次的决策工作。其中目标的确定是高层次的决策，而其他的则是常规性的决策。

4. 计划的目的性

计划要起到激励人们士气和指导人们行动的作用就必须具有突出的目的性，即计划中必须首先明确地指出计划要达到什么样的目标，要解决什么样的问题，最终要获得什么样的成果等。一项计划若只有任务安排，没有目标描述，不但不能起到激励作用，而且会引起思想混乱。因此，为了突出计划的目的性，一般要求在计划编制中首先要详细给出由一系列指标表示的计划目标。

5. 计划的主导性

计划既然是人们行动的依据，它就必须明确、肯定地告诉人们何时、何地、由何人去如何完成什么事，从而真正成为指导人们行动的“妙计”。计划要能够具有明确的指导性的要求，就必须做到目标明确、任务明确、时间明确、措施明确、责任明确、权限明确、行动方案明确、重点明确。这就要求计划有可度量的目标、可考核的任务、可采取的措施、可奖惩的责权、可遵循的行动方案与方针政策等。

计划目标和如何实现目标需要解决以下问题：什么样的组织结构，需要什么样的职工，何时需要，怎样最有效地指导和领导职工，需要什么样的控制标准，这些正是管理的其他三个职能所需要解决的问题，所以说计划的要求对于管理工作具有主导性。

二、计划的作用

通常，经过科学而周密的分析研究制订出的计划具有下述几方面的作用：

1. 计划是管理者进行指挥的依据

管理者在计划制订出来之后就可以依据计划进行指挥了。这种指挥包括依据计划向组织中的部门或人员分配任务，进行授权和定责，组织人们开展按计划的行动等。在这一过程中，管理者都是依照计划进行指挥与协调的。

2. 计划是管理者实施控制的标准

管理者在计划的实施过程中必须按照计划规定的时间和要求指标，去对照、检查实际活动结果与计划规定目标是否一致，如果存在偏差，管理者就必须采取控制措施去消除差距，从而保证能够按时、按质、按量地完成计划。没有计划，控制便无从谈起。

3. 计划是降低未来不确定性的手段

未来的情况是不断变化的，尤其是在当今信息时代，世界正处在急剧变化之中，社会在变革，技术在进步，观念在更新，一切都处在变化之中，而计划就是面向未来的。因此在计划编制的过程中，人们就必须预测各种变化以及各种变化带来的影响。计划的编制者在编制计划时通常要依据历史和现状信息对未来的变化作出预测与推断，并根据这些预测与推断制订出符合未来发展变化的计划。计划编制中的这些工作能够大大地降低未来不确定性所带来的风险。

4. 计划是提高效率与效益的工具

在计划编制过程中，有一项很重要的工作是进行综合平衡。这项工作的目的是要使未来组织活动中的各个部门或个人的工作负荷与资源占有都能够实现均衡或基本均衡。这种计划综合平衡工作可以消除未来活动中的重复、等待、冲突等各种无效活动，从而消除这些无效活动所带来的浪费。同时这种综合平衡工作还会带来资源的有效配置、活动的合理安排，从而提高组织的工作效率。计划可以从增产与节约两方面给组织带来效率和效益。

5. 计划是激励人员士气的武器

计划通常包含有目标、任务、时间安排、行动方案等。由于计划中的目标具有激励人员士气的作用，所以包含目标在内的计划同样具有激励人员士气的作用。不管是长期、中期，还是短期计划，也不管是年度、季度，还是月度计划，甚至每日、每时的计划都有这种激励作用。例如，有的研究发现，当人们在接近完成任务的时候会出现一种"终末激发"效应，即在人们已经出现疲劳的情况下，当人们看到计划将要完成时会受到一种激励，使人们的工作效率又重新上升，并一直会坚持到完成计划，达成目标。

三、计划的类型

计划涉及上至国家下至个体各种组织的活动，因此计划是多种多样的。为充分认识计划的共性与个性，人们将计划分成许多种类，现介绍几种普遍使用的计划分类结果。

表 3－2 计划的类型

分类标志	类 型
时间跨度	长期计划、中期计划和短期计划
活动范围	战略计划、战术计划和作业计划
活动内容	综合计划、专业计划和项目计划
约束力大小	指令性计划和指导性计划
形式	宗旨、目标、战略、政策、规则、程序、规划和预算

1. 长期计划、中期计划和短期计划

计划可以按照时间期限的长短分成长期计划、中期计划和短期计划。现有的习惯做法是将 1 年及其以内的计划称为短期计划；1 年以上到 5 年以内的计划称为中期计划；5 年以上的计划称为长期计划。但是对一些环境条件变化很快，本身节奏很快的组织活动，其计划分类也可能一年的计划就是长期计划，季度计划就是中期计划，而月度计划就是短期计划。

在这三种计划中，长期计划主要是方向性和长远性的计划，它主要回答的是组织的长远目标与发展方向以及大政方针方面的问题，通常以工作纲领的形式出现。中期计划是根据长远计划制订的，它比长期计划要详细具体，是考虑了组

织内部与外部的条件与环境变化情况后制订的可执行计划。短期计划则比中期计划更加详细具体,它是指导组织具体活动的行动计划,一般是中期计划的分解与落实。

在管理实践中,长期、中期和短期计划必须有机地衔接起来,长期的计划要对中、短期计划具有指导作用,而中、短期计划的实施要有助于长期计划的实现。如果不考虑长期计划目标,仅局限于短期任务的完成,管理工作实际上也属于一种无目的的行为。在这方面,滚动计划方法对促进长、中、短期计划的衔接是十分有效的。

2. 战略计划、战术计划和作业计划

计划可以按照所涉及的组织活动范围分为战略计划、战术计划和作业计划。在这三种计划中,战略计划是对组织全部活动所作的战略安排,具有长远性、方向性和较大的弹性,需要通盘考虑各种确定性与不确定性的情况,谨慎制订以指导组织的全面活动。战术计划一般是一种局部性的、阶段性的计划,多用于指导组织内部某些部门的共同行动,以完成某些具体的任务,实现某些具体的阶段性目标。作业计划则是给定部门或个人的具体行动计划。作业计划通常具有个体性、可重复性和较大的刚性,一般情况下是必须执行的命令性计划。

战略计划、战术计划和作业计划强调的是组织纵向层次的指导和衔接。具体来说,战略计划往往由高层管理人员负责,战术和作业计划往往由中、基层管理人员甚至是具体作业人员负责,战略计划对战术、作业计划具有指导作用,而战术和作业计划要确保战略计划的实施。见图 3—1 的举例。

3. 综合计划、专业计划和项目计划

计划也可以按照其所涉及的活动内容分成综合计划、专业计划与项目计划。其中综合计划一般会涉及组织内部的许多部门和许多方面的活动,是一种总体性的计划。专业计划则是涉及组织内部某个方面或某些方面活动的计划,如企业的生产计划、销售计划、财务计划等,是一种单方面的职能性计划。项目计划通常是组织针对某个特定课题所制订的计划,如某种新产品的开发计划、某项工程的建设计划、某项具体组织活动的计划等,是针对某项具体任务的事务性计划。

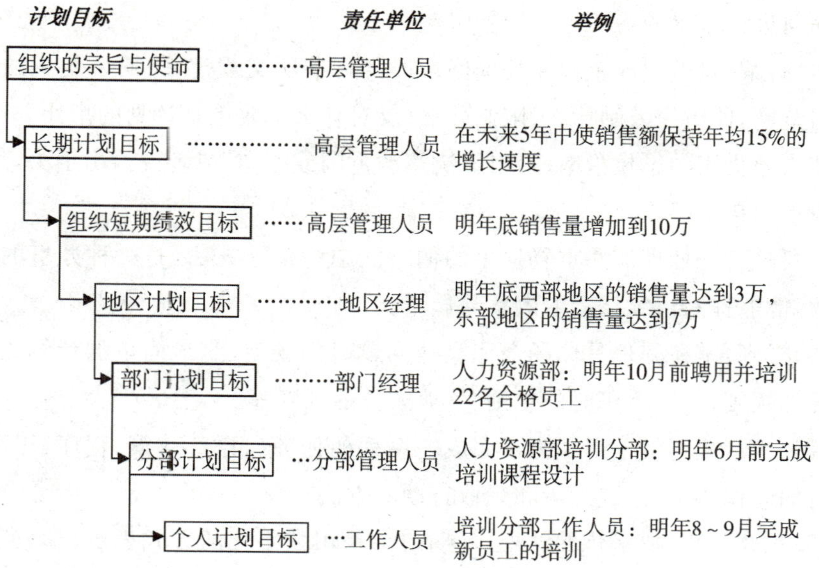

图 3—1 不同层次计划目标关联示例

4. 指令性计划和指导性计划

计划按照其对执行者的约束力大小可以分为指令性计划和指导性计划两大类。其中指令性计划一般是由上级主管部门向下级下达的具有严格约束力的计划。指令性计划一经下达，计划的执行者就必须遵照计划开展活动，并且要尽一切努力去完成计划。指导性计划可以是上级主管部门下达的，也可以是同级部门编制的，它对计划执行者不具有严格的约束力，是一种参考性的计划。对于这种计划，计划执行部门可以根据本部门的具体情况，决定是执行计划还是对计划进行必要的修改。

5. 宗旨、目标、战略、政策、规则、程序、规划和预算

按计划的表现形式分类，可以把计划分为宗旨、目标、战略、政策、规则、程序、规划和预算等形式。

(1)宗旨(使命)：是指社会对组织或企业最基本的要求。

(2)目标：是在宗旨指导下，组织在一定时期要达到的具体成果，是宗旨的具体体现。

(3)战略：是一个组织为实现目标而采取的总体纲要，如对主攻方向和资源

都是如何进行布置的。

(4)政策:是组织或企业在处理问题时的一些明文规定,指明了组织的活动方向与范围,即组织鼓励什么、限制什么、反对什么。政策是计划的指导方针,是指导和沟通决策的思想指南,给出了决策的范围或方向,或者说给出了决策者在一定范围的自主权。

(5)程序:是处理那些重复发生的例行问题的标准方法,是一种办事的顺序或手续,能够提高组织活动的效率与质量。

(6)规则:是在处理具体场合和具体问题时的规定,是最简单的计划。如体育比赛的规则、干部上班时的规则、营业人员的规则等。

(7)方案(规划):是组织为了完成一系列的任务(目标、政策、程序、规则等)所进行的总体协调、系统思考和采取行动的方法。

(8)预算:一种数字化的计划,预期的结果用数字化的方式表示出来就形成了预算。一般说来,财务预算是组织最重要的预算。

第三节　计划的程序与制订

一、计划的程序

计划工作必须紧紧围绕着两个基本问题:(1)拟实现哪些目标;(2)如何实现所制定的目标。围绕这两个问题,完整的计划工作程序可展开为如图 3—2 所示的过程。

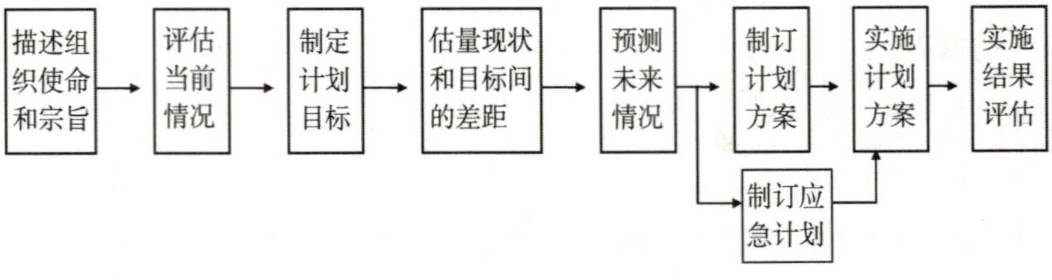

图 3—2　计划工作的一般过程

1. 描述、理解、沟通组织的使命和宗旨

计划工作过程起源于组织的使命和宗旨。这里存在两种情况:一是组织并

不存在明确的使命和宗旨，界定并描述组织的使命和宗旨便成为计划工作的重要内容。新创办的组织、处于重大变革时期的组织往往属于这种情况。二是存在明确的组织使命和宗旨，需要正确地理解组织的使命和宗旨，并将其贯彻到计划的制订与实施工作中。在正确理解组织的使命和宗旨的基础上，还要把组织的使命和宗旨传播给组织成员、顾客及各种各样的相关利益群体，让与计划的制订与实施工作有关的人们了解并接受组织的使命和宗旨，这将十分有利于计划的快速实施和竞争优势的形成。

2. 评估组织的当前状况

计划工作的一个重要的工作环节是对组织的当前状况作出评估，这是制订和实施计划工作方案的前提。从大的方面看，当前状况的评估工作要对组织自身的优势和劣势、外部环境的机会和威胁进行综合分析，即 SWOT（Strength Weakness Opportunity Threat）分析。当然，对于那些局部的作业性质的计划工作，往往并不需要特别复杂和综合的内外部环境分析。但即使如此，也要对内部的资源与外部关系作出基本的判断。

分析内部资源，主要应考虑组织的财务状况、员工技能、技术水平，以及那些能反映组织当前工作状况的信息资料。分析内部资源可以了解组织目前的优势和劣势。如果组织在内部资源上优于竞争对手，那将意味着组织的计划工作有强有力的资源保障；反之，将意味着组织只能制定较低的目标或正常目标在实施过程中可能会面临各种困难。

与此同时，还应分析组织的外部关系，如与供应者之间的关系、与顾客之间的关系、与银行等公共群体之间的关系等。分析外部关系可显现出计划工作必须予以关注的潜在机会和限制因素。

3. 制定计划目标

分析了组织的现状之后，就要回答“往何处去”这一问题，即要确定目标。目标是组织期望达到的最终结果。一个组织在同一时期可能有多个目标，但任何一个目标都应包括以下内容：

（1）明确的主题，是扩大利润，提高顾客的满意度，还是改进产品质量？

（2）期望达到的数量或水平，如销售数量、管理培训的内容等。

（3）可用于测量计划实施情况的指标，如销售额、接受管理培训的人数等。

（4）明确的时间期限，即要求在什么样的时间范围内完成目标任务。

从表面上看，目标的制定并不难，但事实上，有很多因素限制了目标制定的科学性。

首先，人们对目标的认识和理解可能会存在很大的差异。目标只有在被人们普遍认同并接受的情况下才容易付诸实施，而这是非常困难的。所以，在目标制定过程中，鼓励人们参与，多沟通、多讨论是必要的。

其次，环境的快速变化使得计划跟不上变化。这是客观事实，但以此否定计划的作用是绝对错误的。一方面，可以利用滚动计划方法把长期计划与短期计划衔接起来；另一方面，对于一些作业计划，可以制定短期目标，然后经常检查目标的实施情况，不断修正计划目标，使之适应环境的变化。

最后，计划制订者的错误认识干扰。如短期行为倾向、过于强调避免风险而缺乏把握机会的能力等。

4. 估量现状与目标之间的差距

组织的将来状况与现状之间必然存在着差距，客观地度量这种差距，并设法缩小这种差距，是计划工作的重要任务。

一般来说，缩小现状与目标之间的差距，可采取两类措施：一类是不打破现状，在现状的基础上力求改进，随着时间的推移不断地逼近目标。例如，针对市场占有率低的现状，可以通过加大广告开支和营销力度，降低产品价格等措施，实现企业扩大市场占有率的目标。这类措施风险相对较小。另一类是变革现状，有时甚至是对组织进行根本性的调整，如调整产品品种、大幅度精简人员等。这类措施风险相对较大，但如果成功，组织绩效将会得到明显的改进。具体采用哪一类措施，需要对现状与目标之间的差距作出客观而准确的分析。

5. 预测未来情况

在计划的实施过程中，组织内外部环境都可能发生变化。如果能够及时预测内外部环境的可能变化，对制订和实施计划来说将十分有利。所以，计划工作人员应设法预见计划在未来实施时所处的环境，对影响既定计划实施的诸环境要素进行预测。在此基础上，设计可行的计划方案。所谓预测，就是根据过去和现在的资料，运用各种方法和技术，对影响组织工作活动的未来环境作出正确的估计和判断。预测有两种，一种预测是计划工作的前提，比如对未来经营条件、销售量和环境变化所进行的预测，这是制订计划的依据和先决条件；另一种预测是从既定的现行计划发展而来的对将来的期望，如对一项新投资所做的关于支出和收入的预测，这是对计划工作结果的预期。

预测的方法是多种多样的。概括地讲，可归纳为两大类：一是定性预测方法，主要靠人们的经验和分析判断能力进行预测，如德尔菲法等；二是定量预测方法，就是根据已有的数据和资料，通过数学计算和运用计量模型进行预测，如时间序列分析、回归分析等。这些方法往往具有较强的专业技术特征，每一种方法都需要各自的情况、资料和数据。而且各种方法的复杂程度不同，应用条件和范围亦不尽相同，所以应当有选择地加以运用。

6. 制订计划方案

在上述各阶段任务完成之后，接下来应制订具体的计划方案。计划方案类似于行动路线图，是指挥和协调组织活动的工作文件，要清楚地告诉人们做什么(What)、何时做(When)、由谁做(Who)、何处做(Where)以及如何做(How)等问题。制订计划方案包括提出方案、比较方案、选择方案等工作。

5W2H 法由美国陆军兵器修理部首创，诞生于第二次世界大战中，由于易记、应用方便，曾被广泛用于企业管理和各项工作中。5W2H 都是英文的第一个字母，即通过设问来诱发人们的创造性设想，发问的具体内容可根据具体对象灵活应用：

(1)Why(为什么)：为什么需要改革？为什么非这样做不可？

(2)What(什么)：目的是什么？做哪一部分工作？

(3)Where(何处)：从何入手？何处最适宜？

(4)When(何时)：何时完成？何时最适宜？

(5)Who(谁)：谁来承担？谁去完成？谁最适合？

(6)How(怎样)：怎样去做？怎样做效率最高？怎样实施？

(7)How much(多少)：要完成多少数量？成本多少？利润多少？

计划是面向未来的管理活动，未来是不确定的，不管计划多么周密，在实施过程中都可能因为内外部环境的变化而无法顺利开展，有的情况下甚至需要对预先制订的计划予以调整。僵化的计划有时比没有计划还糟。因此，在制订计划方案的同时，还应该制订应急计划(或称权变计划)，即事先估计计划实施过程中可能出现的问题，预先制订备选方案(有时甚至是几套备选方案)，这样可以加大计划工作的弹性，使之更好地适应未来环境。

制订应急计划是计划工作的组成部分，应急方案所需要的费用应一并纳入整体预算中。在环境多变、竞争日趋激烈的时代，每位管理人员都必须牢牢地树立起权变的意识，争取主动，而不是等到出现问题后再予以补救。

7. 实施和总结计划方案

选择确定出计划方案之后，很多人认为计划工作就完成了。但是，如果不能转化为实际行动和业绩，再好的计划也没有用处。因此，实施全面计划管理的组织，应把实施计划包含在计划工作中。组织中的计划部门应参与计划的实施过程，了解和检查计划的实施情况，与计划实施部门共同分析问题，采取对策，确保计划目标的顺利实施。当然，大部分组织的计划部门并不承担具体实施计划的任务，但是，参与实施计划，及时获取有关计划实施情况的信息，总结和积累经验，将有助于计划的实施和计划工作科学化水平的提高。

二、计划方案的制订

在完成了对目标的确认以后，还要对实现各种目标的活动及其所采取的方式和所使用的资源等作出安排。不同类型的行动方案形成不同种类的计划。

以企业为例，各种战略计划和战术计划的构成、关系及其制订的逻辑可以用图 3—3 表示：

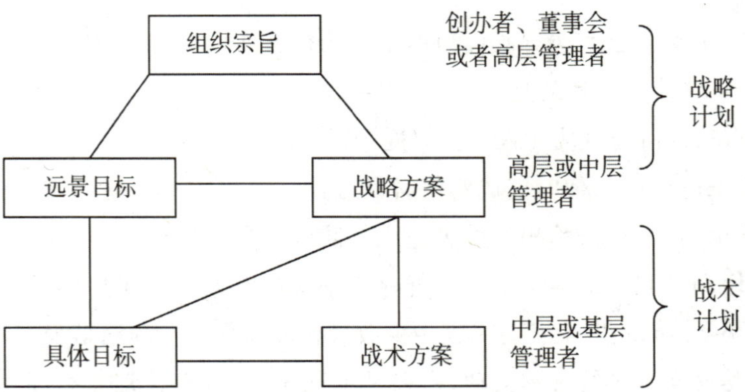

图 3—3 战略计划和战术计划的关系

(一)组织的宗旨

组织的宗旨规定组织生存的目的和使命，反映社会对该组织的基本要求。宗旨包括：经营理念，使命或经营范围。

1. 经营理念

亦称经营哲学，它为企业的经营方式规定出价值观、信念和指导原则。企业经营哲学的确定，一方面取决于企业创办者的意图，另一方面也与整个社会的商业伦理有关。“LG”的经营理念“为顾客创造价值”和“尊重人类的经营”体现了企业活动的目的和公司的经营原则。

科龙的三大理念变革

广东科龙集团于2000年3月开始踏上了二次创业的征途，实现了三大理念突破。

一是科龙敏锐地觉察到知识经济的内在要求，求证了企业主流声音后，作出及时调整，树立了“诚信经营”的理念，企业口号也从“开拓、拼搏、求实、创新”变成了“诚信、合作、学习、创新”。在“诚信经营”的大旗下，一年半以来，科龙花费了数亿元树立了商业合作伙伴对科龙的信心和信任感。

二是树立了与“诚信经营”相对应的“员工满意、顾客满意、经销商满意、合作伙伴满意、社会满意和股东满意”的“六满意”理念。由于这六个方面的努力，2001年12月，容声、科龙在全国消费者协会与中央电视台《生活》栏目共同进行的“全国售后服务调查”中名列前茅。

三是在运作层上科龙的理念变革主要体现在“从产品导向向市场导向”的转变。企业的方方面面都是为了市场，营销队伍进行了调整，市场部改革为整合传播部，一改科龙多品牌混战的局面。2001年，科龙空调、容声冰箱被评为中国名牌产品，科龙和容声两个品牌价值合计超过150亿。

2. 使命或经营范围

即规定这家企业究竟从事的是什么事业，经营业务的范围有多大。一般而言，在企业创设之初，或者在内外条件变化使企业有必要改变或拓宽经营领域时，合理界定企业使命具有重要的意义。比如，有不少学者指出，西方的铁路公司之所以在民航业、长途汽车运输业等竞争中一蹶不振，就是因为它们错误地界定了其所从事的事业领域。这些铁路公司一直将自己的使命定义为铁路事业。如果早在20世纪30年代至40年代期间，它们就认识到其从事的应是运输事业而不仅仅是铁路运输，那它们的命运也许就会完全不同。

确定企业的使命或经营范围并不是简单地说明这家企业是干什么的，而是应当明确而仔细地规定出这一企业应该干什么和不应该干什么。应该做和不应该做的事都需要尽可能在使命说明书中得到明确阐述。例如，有一家中型企业将它的使命表述为："我们的业务是在世界范围内向非家用空调市场提供空调系统的部件和维修服务。"从该企业的使命陈述中可以看出，这家企业并不供应空调系统，也不介入家用的空调器市场。任何一个企业，无论是所拥有的资源还是利用资源的能力，都或多或少有一定的限度，只有"有所不为"，才可能"有所为"。因此，企业使命或经营范围的确定需要综合考虑各产业领域的潜力与前景，尤其是顾客需求变化产生的市场容量和结构的变化，以及在有关领域中成功经营所需要的条件，以及成功的关键要素与企业自身拥有的资源、实力状况的匹配程度等各方面因素。

(二)组织的远景目标和战略方案

1. 远景目标

远景目标指明企业的经营方向，是企业活动要实现或达到的目的。远景目标应该描述一个企业及其经营活动的主要方面在未来一段较长时间(通常为五年或更长时间)内所要达到的状态。好的远景目标至少能经受住两种检验：一是适用性检验，二是可行性检验。

2. 战略

是指企业为实现其宗旨和目标而确定的组织行动方向和资源配置纲要。合理的战略应能够使组织获得最有利的竞争优势，并使这种优势能够长期地保持下去。在规模较大的组织中，由于存在着不同的管理层次，战略又分为公司层战略、事业层战略和职能层战略三类，如图 3－4。

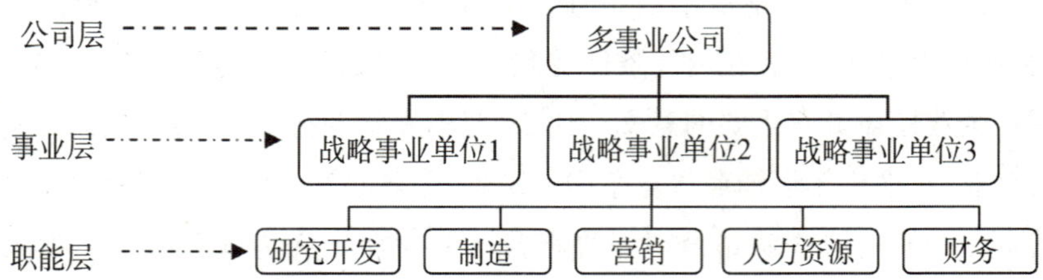

图 3－4　不同的战略管理层次

(三)组织的具体目标和战术方案

具体目标是对组织目标更精确的甚至量化的描述。具体目标需要根据组织的总目标和战略方案来制定,这样企业就形成了由多层次目标构成的目标网络或目标体系。举例来说,某企业的总目标是“成为全国低成本高产量的自行车制造商”,依此订立的战略目标和方案为:“下一个五年,公司要集中资源在各方面经营活动中全面提高效率,同时建立新的零售网去销售低成本的自行车。”基于此,规定了各项职能工作的具体目标,如生产部门“必须将每部自行车的生产成本降低 12 元,将生产能力提高到年产 10 万部自行车”,销售部门“必须有至少 500 个新零售商销售低成本自行车,并进行有力的广告宣传”,行政管理部门要负责“将人事成本削减 10%”等。为了实现这样的目标,制订了各部门相应采取的行动,如生产部门“要添置 8 台新的制造自行车车架的机器,安装 2 条新的自行车装配线,设计新的电子计算机存货控制系统”,销售部门“要减少各地现有的销售力量,将销售队伍集中到争取 A、B、C、D、E 五大低价自行车零售商为我们推销低成本的自行车”,行政管理部门“要从降低成本出发,减少 5 个内部联系人,更多地利用外部的雇佣经纪人来搞好广告宣传和补充办事人员”,等等。这些支持具体目标实现的行动方案就是通常所说的“战术”。

与战略是总体、长期的规划不同,战术往往是局部、短期的安排。企业必须在战略指导下,围绕所要实现的目标制订出指导各方面行动的切实可行的、具体明确的战术计划,否则,一切的战略都只会落空。比如,企业的新产品战略需要通过产品研发或改进的计划以及市场导入计划来实现;改进产品质量的战略可以转化为技术改造、员工培训等行动计划;一个要发展特殊领域技能的战略可能涉及企业兼并、合并或联合以及重金聘请所需人才等多方面的计划。

战术应该是对战略方案的支持和体现。因此,战术的制定必须服从和服务于战略实施的需要。战术方案的工具性或手段性决定了任何战术都不可能脱离战略来制定。更明确地说,战术往往是从既定的战略中演绎出来的。如果说战略的制定是一个分析归纳过程,此间需要广泛收集企业内外的各方面情况,提出企业生存发展的基本问题,并根据对问题的理解而对可选择的方案进行检验和完善,然后确定合适的战略;那么,依据战略来制定战术则更多地是一个推理演绎过程,也就是从所需达到的结果出发,确定必要的步骤、日程安排和涉及的费用。战术制定过程的这种演绎性实际上与战术作为落实战略和目标的工具的特有性质相联系。

第四节　计划的组织与实施

一、目标管理

据说，日本人在总结战后经济腾飞的原因时，重点强调了两位外国学者的贡献。一位是德鲁克，他把目标管理介绍给了日本；另一位是全面质量管理理论的创造者戴明，他的全面质量管理理论在日本经济腾飞中作出了巨大的贡献。由此可见目标管理理论和方法的重要性。

目标管理，简称 MBO，是英文 Management By Objectives 的缩写，它是由德鲁克在 20 世纪 50 年代提出的。目标管理的重点是让组织中的各层管理人员都与各自的下属围绕着下属的工作目标以及如何完成这些目标进行充分的沟通。目标管理的基本假设是组织中的全体人员都必须而且能够亲自参与制定目标和实施计划，在工作中实施“自我控制”，并努力完成各自的工作目标。由于它特别适合管理各级管理人员，所以被称为“管理中的管理”。

目标管理之所以能行之有效，主要在于它有科学的理论依据。从德鲁克的著作中可以看出目标管理的理论依据主要有三个方面：一是组织及其管理工作必须有目标。“组织的目的和任务必须转化成目标”，“一个领域没有特定的目标，这个领域必然会被忽视”。二是组织中的各种目标的方向性必须高度一致。“没有方向一致的分目标来指导每一个人的工作，则组织的规模越大，人员越多时，发生冲突和浪费的可能性就越大。每个管理人员和职工的分目标就是组织总体目标对他的要求，同时也是每个管理人员和职工对组织总目标的贡献。”三是组织总体目标的达成取决于自下而上的层层保证。“只有每个管理人员和职工都完成了自己的分目标，整个组织的总目标才有可能完成的希望。组织中的管理人员对下级进行考核和奖惩也是根据这些分目标。”目标管理体系见图 3—5。

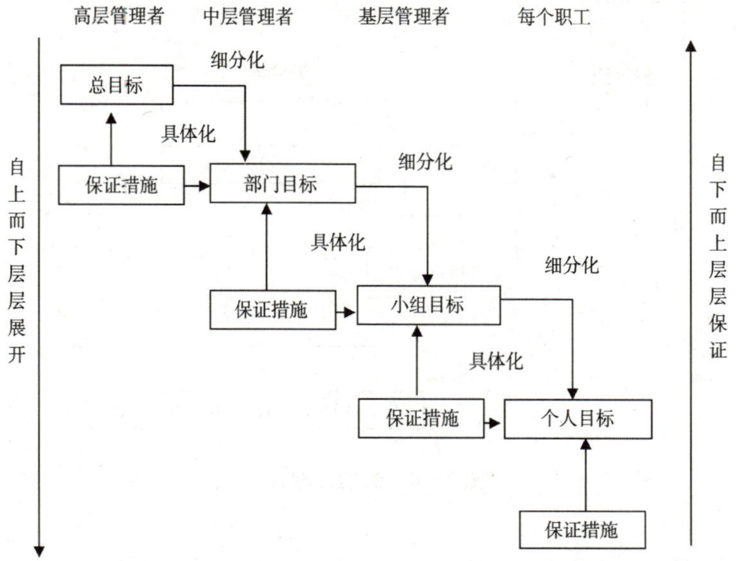

图 3—5 目标管理体系示意图

二、制订计划的方法

(一)滚动计划法

这种方法是在每次编制、修订计划时,根据前期计划执行情况和客观条件变化,将计划期向未来延伸一段时间,使计划不断向前滚动、延伸,故称滚动计划法。

滚动计划法的特点:

(1)计划期分为若干个执行期,近期计划内容一般制订得详细、具体,是计划的具体实施部分,具有指令性;远期的内容则较笼统,是计划的准备实施部分,具有指导性。

(2)计划在执行一段时间后,要对以后各期计划内容作适当修改、调整,并向未来延续一个新的执行期。

例如:某电子公司在 2005 年制订了 2006 年至 2010 年的五年计划,采用滚动计划法。到 2006 年底,该公司的管理者就要根据 2006 年计划的实际完成情况和客观条件的变化,对原定的五年计划进行必要的调整和修订,据此编制 2007 年至 2011 年的五年计划,以此类推。如图 3—6 所示。

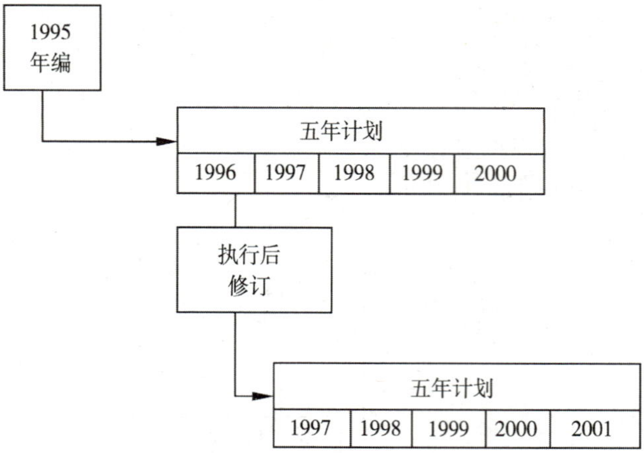

图 3—6　滚动计划法

滚动计划法的优点:(1)可使计划与实际紧密结合,提高计划的准确性,更好地发挥计划的指导作用;(2)使长期计划、中期计划、短期计划有机结合,从而使计划与不断变化的环境因素相协调,使各期计划在调整中保持一致;(3)具有相当的弹性,可以有效规避风险,适应竞争需要,提高组织应变力。

(二)作业计划法

1. 甘特图法

甘特图是项目计划管理的另一种非常有用的工具,经常与计划评审技术同时使用。甘特图是由科学管理运动的先驱者之一亨利·甘特在第一次世界大战中提出来的。这种工具不能清楚地反映各种行动间的逻辑关系,但能在图上反映每种行动的起止时间,更重要的是,借助甘特图,可以清楚地看到项目的实际进展情况。

甘特图可直观地表明任务计划定在什么时候进行和完成,并可对实际进展与计划要求作对比检查。这种方法虽然简单却是一种重要的作业计划与管理工具。它能使管理者很容易搞清一项任务或项目还剩下哪些工作要做,并评估出某项工作是提前了还是拖后了或者按计划进行着。

甘特图上与每项工作对应的横道表示该工作所需要的时间,横道上实体部分表示工作的实际完成情况,空白的部分表示没有进行的部分。这样,可以在任何时点上检查工作的实际进展。假设图 3—7 反映的是项目进展到第 30 天的实

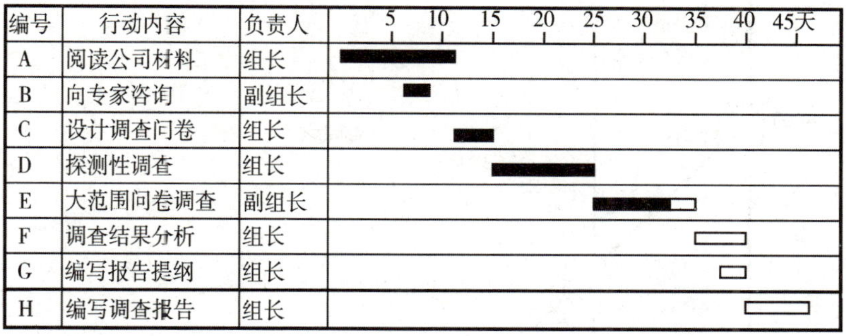

图 3—7　甘特图

际情况，此时 A、B、C、D 四项工作均已经按计划顺利完成，E 这项工作比计划提前了 1 天多的时间。

将项目工作层层分解，最终落实到网络图和甘特图上，项目的计划便具有很强的可操作性。上述项目计划所体现出的工作思路，在所有的计划工作中都值得借鉴。

2. 线性规划法

线性规划方法所解决的问题是，如何在有限的资源条件下，对实现目标的多种可行性方案进行选择，以使某项既定的目标达到最优化。这种计划方法要求有关变量间必须具有线性的关系，否则，在非线性关系的情况下，就需要借助非线性规划来解决相应问题。

例如：某厂主要生产纸杯和纸饭盒两种产品，其售价分别为每只 2 元和每个 3 元。生产一只纸杯或一个纸饭盒各需要 1 单位硬板纸，现已购得 4000 单位硬板纸，根据调查市场上最多需要 2000 只纸杯。企业应如何安排生产使销售收入最多？

〔解〕设生产纸杯 X_1 个，饭盒 X_2 个，则有目标：

销售收入 $Z = 2X_1 + 3X_2$ 最大

企业受到的约束是：

$$\begin{cases} X_1 + X_2 \leqslant 4000 \\ X_1 \qquad \leqslant 2000 \\ X_1,\ X_2 \geqslant 0 \end{cases}$$

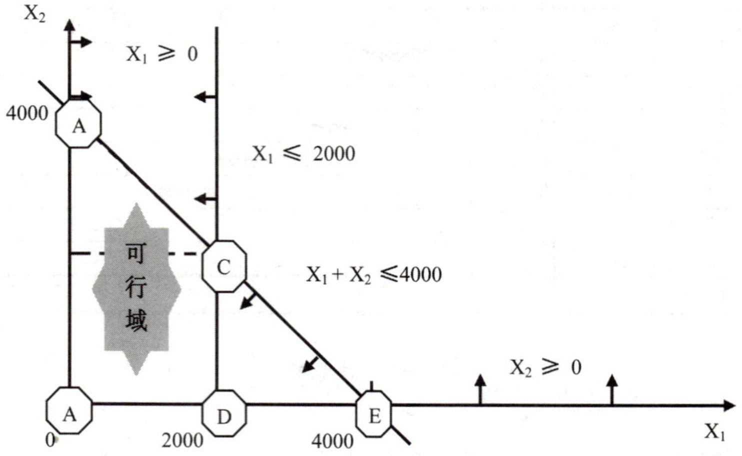

图 3—8 线性规划的图解法

(三)网络计划技术

网络计划技术又称为 PERT 或 PERT 网络分析技术。通过网络形式表达某个项目计划中各项具体活动的逻辑关系。

把一项工作或项目分成各种作业,然后根据作业顺序进行排列,通过网络图对整个工作或项目进行统筹规划和控制,以便用最少的人力、物力、财力资源,最快的速度完成工作。

网络图是由若干个圆圈和箭线组成的网状图,它能表示一项工程或一项生产任务中各个工作环节或各道工序的先后关系和所需时间。活动,指一项需消耗时间、资源和人力才能完成的工作,通常用一条箭线表示。对于实际发生的活动用实箭线表示,对于逻辑上发生但实际没有发生的活动用虚箭线表示。发生在一件活动之前的最近的活动称为紧前活动,紧随其后的称为紧后活动。关键路线指作业时间之和最长的那条路线。

例如:

表 3—3 建筑房屋活动描述

活动代号	活动描述	活动所需时间(周)	紧前活动
A	审查设计和批准动工	10	
B	挖地基	6	A
C	立屋架和砌墙	14	B

续表

活动代号	活动描述	活动所需时间(周)	紧前活动
D	建造楼板	6	C
E	安装窗户	3	C
F	搭屋顶	3	C
G	室内布线	5	D、E、F
H	安装电梯	5	G
I	铺地板和嵌墙板	4	D
J	安装门和内部装饰	3	I、H
K	验收和交接	1	J

根据表3—3制作网络计划图如下：

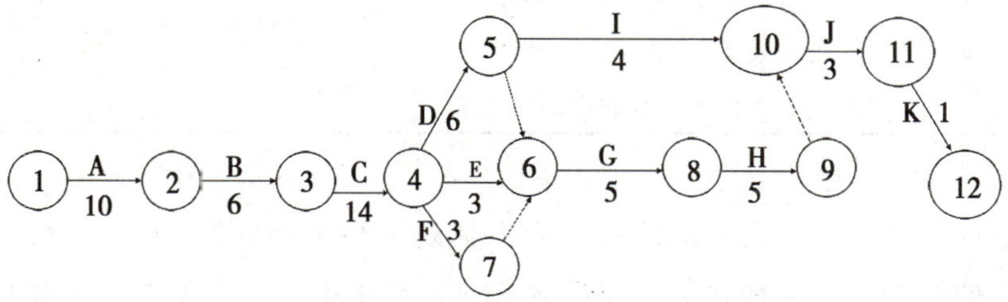

图3—9　网络计划图

由上图可以看出关键路线为：A—B—C—D—G—H—J—K。

完成任务所需时间为：10＋6＋14＋6＋5＋5＋3＋1＝50周。

网络图使每个项目成员都能看到自己对于整个项目的成功所起的关键性作用，不切实际的时间安排能够在项目计划阶段被发现并及时调整，所有成员能够将注意力以及资源集中在真正关键的任务上。

(四)预测计划法

预测是对结果的预计，环境扫描建立了预测的基础。

预测技术可以划分为定量预测技术和定性预测技术两种类型。

定量预测是运用数学模型(如时间序列分析模型、回归模型、系统动力学模型等)来预测某些重要变量的未来状况，如市场需求量、价格水平等。在某些领域，当有足够数量的准确数据支持预测模型时，定量预测技术可得到相当令人满意的结果。

表 3—4　定量预测方法

技术	描述	应用
时间序列分析	用数学方程拟合某个趋势线，然后根据此方程预测未来	依据前四年的销售数据预测下一个季度的销售额
回归模型	根据已知的或假设的变量预测另一个变量	找出能够预测特定销售水平的因子（如价格、广告支出等）
经济计量模型	采用一组回归模型模拟经济的某个部分	当税法修改后轿车销售量的变化
经济指标	采用一个或多个经济指标预测经济的未来状态	运用 GNP 的变化预测可支配收入的变化
替代效应	采用数学公式预测一种新产品或新技术怎样、何时、在什么情况下将替代原有的产品和技术	预测 DVD 播放机对磁带录像机销售量的影响

定性预测是以个人的知识和经验为基础进行推理和判断，由此得出一些趋势性的结论。如某地在某期间的旅游业是趋于兴旺还是萎缩？在某种政策刺激下居民投资意愿是增强还是减弱？定性预测技术一般用于缺乏或难以获得精确数据的场合，或者缺乏可靠的数据来处理定量模型的场合，常常依据专家组的意见、销售人员的估计、顾客评价等。不同的定性预测方法的区别如表 3—5 所示。

表 3—5　定性预测方法

技术	描述	应用
评审小组意见	综合和平均专家意见	召集公司人力资源管理者预测下年度院校毕业生的招聘需求
销售人员意见构成	综合某个领域销售人员的估计，以确定顾客期望的购买意向	预测下年度 IBM 笔记本的销量
顾客评价	综合现有的顾客购买情况所做的估计	调查奇瑞 QQ 的主要经销商以决定市场期望的产品品种和数量

第五节　决策的原理和方法

决策是管理工作的基本要素之一。有人曾对高层管理者做过一项调查，要他们回答三个问题："你每天花时间最多的是哪些方面？""你认为你每天最重要的事情是什么？""你在履行你的职责时感到最困难的工作是什么？"结果，绝大多数人的答案只有两个字："决策。"

决策是管理的核心。可以认为，整个管理过程都是围绕着决策的制定和实施而展开的。诺贝尔经济学奖获得者西蒙甚至强调性地指出，"管理就是决策"，决策贯穿于管理过程的始终。决策在管理中的重要地位在计划职能中得到了最好的体现。

一、决策概述

1. 决策的基本概念

"决策"一词通常有名词和动词两种含义。从名词角度来理解，所谓决策就是指人们作出的决定、选择或抉择。从这个概念推演开来，动词意义上的决策很容易被理解为人们在不同方案中所进行的抉择。这样理解决策概念未免有些简单，也无益于切实提高人们的决策水平。因此在管理学研究中，决策是作为"决策制定过程"来理解的，而不仅仅指选择方案，即作出决定、抉择的那一刻的行为。

任何个人在一生中都需要作出许许多多的决策，组织的决策也是经常发生的。组织决策与个人决策一样，都要着眼于实现某种或某些特定的目标。所谓组织决策，就是为了实现组织的目标，由组织整体或组织的某个部分作出的对组织未来一定时期内有关活动的方向、内容及方式的选择过程。组织决策所要解决的问题既可以是对组织活动的选定，亦可以是对这种活动的调整；决策选择或调整的对象既可以是活动的方向和内容，亦可以是在特定方向下从事某种活动的方式、方法；而决策涉及的时限既可以是未来一段较长的时期，也可仅涉及某个较短的时段。

组织决策与个人决策相区别的地方并不在于其决策的主体是否是个体，而在于从此项决策行为的目的来看，它是"为了组织的决策"，即使这种决策只是由组织中的某一或某些个人作出。无疑,同组织中的其他活动一样,组织决策也需要进行工作分工,并将决策权限落实到有关的个体或群体上,但是为了保证这些个体或群体能真正从组织目标的角度作出决策,就必须采取相应的影响和控制措施。比如在公司制企业中,企业所有者将法人财产支配权授予公司董事会或高层管理者来行使。在所有权与经营权分离的情况下,所有者还必须对经营者的行为进行监督、制衡和约束,使其决策不致背离企业长期生存和发展的目标。同样,企业基层人员作出的决策也需要受到一定的影响和控制,以使这些个人从自我变成组织的成员,也即实现从自身人格向组织人格的转变。

2.决策的构成要素

虽然决策活动形形色色,但不论哪种决策,都有几项共同的构成要素:

(1)决策者:可以是单独的个人或组成群体的机构(如委员会);

(2)决策目标:决策行动所期望达到的成果和价值;

(3)自然状态:不以决策者主观意志为转移的情况和条件;

(4)备选方案:可供选择的各种可行方案;

(5)决策后果:决策行动所引起的变化或结果;

(6)决策准则:选择方案所依据的原则和对待风险的态度。

决策的上述构成要素之间是密切关联的。例如,决策准则会影响到决策者对决策后果的评价,而决策后果又与自然状态和备选方案之间是对应的关系。

3.决策的有效性标准

一项决策是好是坏、效果如何,必须得到及时准确的评价,以便改进决策工作。评价决策工作有效性的主要标准有:

(1)决策的质量或合理性,即所作出的决策在何种程度上有益于实现组织的目标;

(2)决策的可接受性,即所作出的决策在何种程度上是下属乐于接受并付诸实施的;

(3)决策的时效性,即制定与执行决策所需要的时间和周期长短;

(4)决策的经济性,即制定与执行决策所需要的投入是否在经济上是合理的。

以上四个方面的要求必须在决策效果评价中得到综合考虑。有时,一项决策的质量确实很高,但花费了很长时间才制定出来,而且不易得到实施,或者实施的成本过高，这样的决策并不会给组织带来好的效果。

二、决策的特点

概括地说，组织中进行的决策具有下述几个主要特点：

1. 目标性

任何决策都必须根据一定的目标来制定。目标是组织在未来特定时限内完成任务所预期要达到的水平。没有目标，人们就难以拟订未来的活动方案，评价和比较这些方案也就没有了标准，对未来活动效果的检查更是失去了依据。旨在选择或调整组织在未来一定时间内的活动方向、内容或方式的组织决策比纯粹的个人决策，更具有明确的目的性或目标性。也正是从这种目标性角度出发，我们说组织决策是一种理性的决策。

2. 可行性

组织决策的目的是为了指导组织未来的活动。组织的任何活动都需要利用一定资源，缺少必要的人力、物力和技术条件的支持，理论上非常完善的决策方案也只会是空中楼阁。因此，决策方案的拟订和选择不仅要考察采取某种行动的必要性，而且要注意实施条件的限制。组织决策应该在外部环境与内部条件结合研究和寻求动态平衡的基础上来制定。

3. 选择性

决策的实质是选择，或者说“从中择一”。没有选择就没有决策。而要能有所选择，就必须提供可以相互替代的多种方案。事实上，为了实现相同的目标，组织总是可以从事多种不同的活动，这些活动在资源需求、可能结果及风险程度等方面均有所不同。因此，组织决策时不仅要具有选择的可能，即提出多种备选方案，而且还要有选择的依据，即提供选择的标准和准则。从本质上说，决策目标与决策方案两者都是经由“选择”确定的。

4. 满意性

选择组织活动的方案，通常根据的是满意化准则，而不是最优化准则。最优决策往往只是理论上的幻想，因为它要求：(1)决策者了解与组织活动有关的全部信息；(2)决策者能正确地辨识全部信息的有用性，了解其价值，并能据此制订出没有疏漏的行动方案;(3)决策者能够准确地计算每个方案在未来的执行结果;(4)决策者对组织在某段时间内所要达到的结果具有一致而明确的认识。

然而在现实中,以上这些条件往往是难以具备的,这是因为:第一,从广义上说,外部存在的一切对组织目前或未来均会产生或多或少、或直接或间接的影响,然而组织很难收集到反映外界全部情况的所有信息;第二,对于收集到的有限信息,决策者的利用能力也是有限的,这种双重有限性决定了企业只能制订有限数量的行动方案;第三,任何方案都需要在未来付诸实施,而人们对未来的认识能力和影响能力是有限度的,目前预测的未来状况与未来的实际状况可能有着非常显著的差别,这样根据目前的认识确定未来的行动总是有一定的风险性,也就是说,各行动方案在未来的实施结果通常是不确定的;最后,即便决策方案的实施带来了原来预期的结果,这种结果也不一定就是组织实现其最终目标所需要的。在方案数量有限、执行结果不确定和结果判定不明确的条件下,人们就势必难以作出真正最优的决策,而只能是根据已知的全部条件,加上人们的主观判断,作出相对满意的选择。所以,组织决策通常只是有限理性的决策。

5. 过程性

决策是一个过程,而非瞬间行动。决策的过程性特点可以从两个方面去考察:

首先,组织决策不是一项决策,而是一系列决策的综合。通过决策,组织不仅要选择业务活动的内容和方向,决定如何具体展开组织的业务活动,同时还要决定资源如何筹措、组织结构如何调整及人事如何安排。只有当这一系列的具体决策已经制定,相互协调,并与组织目标相一致时,才能认为组织的决策已经形成。

其次,这一系列决策中的每一项决策本身就是一个包含了许多工作、由众多人员参与的过程,从决策目标的确定,到决策方案的拟订、评价和选择,再到决策方案执行结果的评价,诸多步骤构成了一项完整的决策。决策不是指作出选择或抉择的那一瞬间,而是一个“全过程”的概念。如果说决策工作的重点是对拟采用的方案作出抉择,但抉择要有可选择的余地,就必须事先拟订出多个备选的方案,只有在分析、评价和比较各备选方案优劣的基础上才可能有选择的行为。而要拟订备选方案,首先要判断调整组织活动、改变原先决策的必要性,制定调整后应达到的组织目标。因此,决策过程实际上包括了许多步骤的工作。关于这方面的内容,我们将在后面详加分析。

6.动态性

决策的动态性，首先与其过程性相联系。决策不仅是一个过程，而且是一个不断循环的过程。作为过程，决策是动态的，没有真正的起点，也没有真正的终点。其次，决策的主要目的之一是使组织的活动适应外部环境的变化。然而，外部环境是在不断发生变化的，决策者必须不断监视和研究这些变化，从中找到组织可以利用的机会，并在必要时作出新的决策，以便及时调整组织的活动，从而更好地实现组织与环境的动态平衡。

三、决策的类型

组织决策可以依照各种不同的角度进行分类。

1.战略决策与战术决策

从决策调整的对象和涉及的时限来看，组织的决策可分为战略决策和战术决策。“战略”与“战术”是从军事学中借用过来的术语。前者涉及对整个战争的总体布局和战役安排，后者则与每一场具体战斗的进行有关，指战斗开始前的作战方案制订或者战斗进行之中采取的基本作战策略。将这一对军事概念应用到企业的经营活动中，战略决策与战术决策两个概念的区别可概括为以下几点：

第一，从调整对象看，战略决策调整组织的活动方向和内容，战术决策调整在既定方向和内容下的活动方式；战略决策解决的是“做什么”的问题，战术决策解决的是“如何做”的问题。前者是根本性决策，后者是执行性决策。

第二，从涉及的时间范围来看，战略决策面对的是组织整体在未来较长一段时间内的活动，战术决策需要解决的是组织的某个或某些具体部门在未来各个较短时间内的行动方案。组织整体的长期活动目标需要靠具体部门在作业的各阶段通过实施战术决策来实现。因此，战略决策是战术决策的依据，战术决策是在战略决策的指导下制定的，是对战略决策的落实。

第三，从作用和影响上看，战略决策的实施是组织活动能力的形成与创造过程，战术决策的实施则是对已形成能力的应用。因此，战略决策的实施效果影响组织的效益与发展，战术决策的实施效果则主要影响组织的效率与生存。

2.程序性决策与非程序性决策

按决策问题的重复程度和有无既定程序可循，组织决策有程序性决策与非程序性决策两种。程序性决策是按预先规定的程序、处理方法和标准来解决管理中经常重复出现的问题,又称重复性决策、定型化决策或常规决策。例如,物资订货、日常生产技术管理等,这类决策总是可以通过规则和标准操作程序来简化决策工作。在一般组织中,约有80%的决策可以成为程序性决策。非程序性决策则是为解决不经常重复出现的、非例行的新问题所进行的决策。这类决策又称为一次性决策、非定型化决策或非常规决策,它通常是有关重大战略问题的决策,如新产品开发、组织结构调整、企业合并或分立等。由于非程序性决策无先例可循,因此更多地依赖于决策者个人的知识、经验、直觉判断能力和解决问题的创造力等。

3. 个体决策与群体决策

从决策主体来看,组织的决策可以区分为个体决策与群体决策。个体决策的决策者是单个人,所以也称为个人决策。群体决策的决策者可以是几个人、一群人,甚至扩大到整个组织的所有成员。从广义上说,当决策全过程的活动涉及两个或两个以上的人时,不论这些人是一般性地参与决策,还是真正在作出决策,这时的决策就是一种群体决策。但狭义上的群体决策仅局限于若干人参加"抉择"活动的情形。比如某项决策可能由一些人负责收集信息并进行初步的加工整理,另一些人负责拟订备选方案,而最后由某一个主管人员选定一个方案,这时的决策过程尽管也需要多人参与工作,但主要活动(即抉择或决定)仍由单个人来完成,所以在严格意义上仍是一种个体决策。"厂长负责制"企业中的决策主要是由厂长个人作出方案抉择,尽管其决策过程中可能接受"工厂管理委员会"这类智囊机构的咨询意见。相比之下,"董事会制"下的决策则是一种群体决策,由集体作出对决策方案的选择。

个体决策与群体决策各有优缺点,两者都不可能适用于所有的情况。相对来说,群体决策的一个主要优点是,群体通常能比个体作出质量更高的决策。其原因在于,由群体来制定决策有利于提供更完整的信息,能产生更多的备选方案,并从更广泛的角度对方案进行评价和论证,从而作出更准确、更富有创造性的决策。其次,以群体方式作出决策也易于增加有关人员对决策方案的接受度。许多决策在作出最终决定后之所以没有被付诸实施,经常是因为人们并没有接受所决定的方案。但是如果让受到决策影响或负责实施决策的人们参与了决策制定,人们将更可能接受制定出的决策,并鼓励他人也接受。群体成员不愿违背他们自己制定的决策。当然,群体决策的效果如何也受到群体大小、成员从众现象等的影响。要是决策群体成员不能真正地集思广益，都以一个声音说话，那么决策的质量就难以得到提高。

再者，从决策群体的规模来看，参与制定决策的人员越多，提出不同意见的可能性虽然增大，但群体要达成相对一致的意见就需要花更多的时间和精力来协调。这样，群体决策的效率就比较低。因此，组织在决定是否采用群体决策方式时，必须考虑其决策质量和可接受性的提高是否足以抵消其决策效率方面的损失。

在现代组织中，由于经营环境的日益复杂多变和组织成员素质的普遍提高，群体决策方式较之个体决策方式已越来越受到重视，但群体决策方式是否能广泛推广和应用并取得预期的效果，实际上与组织文化特征有密切的关系。在东方文化中，组织生活被看做是个人生活中不可缺少的部分，个人与同事、与上级的关系不仅是单纯的工作和服从，而且还带有很深的情感联系，他们倾向于以集体方式开展活动，并崇尚个人对组织目标的认同。日本企业大多数的决策是以自上而下和自下而上相结合的方式，依靠集体力量作出的。相对而言，西方文化崇尚自我独立意识和个人能力至上观念，这些根深蒂固的价值观导致在日本等国家中较自然实现的民主管理和集体决策方式，却在美国等西方国家的实际推行中遇到阻碍。由于这个原因，美国等国家的企业中许多重大经营问题的决策通常都由高层管理人员制定，决策时即便采取群体择案的方式，参加者中也往往没有低层次的管理人员和一般员工。

4.经验决策与科学决策

决策的方法实际上多种多样。根据决策者是基于经验还是基于科学分析作出决策的，可以将决策方法区分为经验决策和科学决策两大类。所谓经验决策，是指决策者主要根据其个人或群体的阅历、知识、智慧、洞察力和直觉判断等人的素质因素作出决策。古往今来，纵然有许多的成功事例是借助于一般经验决策取得的，但这种决策方法的主要缺陷表现为：决策优劣过于依赖决策者的个人因素，组织兴衰成败都与少数决策者紧密相连，“其人存，则其政举；其人亡，则其政息”。在决策问题越来越复杂、越来越不确定，决策影响越来越深远的今天，单纯凭个人经验办事已经很不适用，于是科学决策法便应运而生。

所谓科学决策，是指以科学预测、科学思考和科学计算为根据来作出决策。美国耗资300多亿美元的“阿波罗”登月计划的成功，就是运用科学决策的范例。科学决策离不开定量分析方法的开发和应用，但过分地追求决策问题的数学化、模型化和计算机化这些“硬”的决策技术，将使科学决策走进“死胡同”。在决策问题存在不确定性的条件下，依靠“软”专家的直觉判断和定性分析，可能比定量方法更有助于形成正确的决策。美国著名的兰德咨询公司在20世纪50年代接受美国空军委托的“如果苏联对美国发动核袭击，其袭击目标会在什么地点及后果如何”的课题（因为该课题为绝密，故以古希腊阿波罗神殿所在地“德尔菲”来命名）时，发现使用数学模型很难准确计算出结果，遂改用专家估计的办法，依靠其独创的行为集结法成功地综合了众多专家的智慧和直觉判断。从此以后，这种定性决策技术就被冠以“德尔菲法”而广泛地应用于复杂问题的决策过程中。注意到现代科学决策中“软”技术上的智囊化倾向，西方国家近年来正致力于将电子计算机技术应用于建立“专家系统”，以提高直觉判断的准确程度。现代意义上的定性决策方法已不再是传统的一般经验决策。

5. 初始决策与追踪决策

从决策解决问题的性质来看，可以将决策分成初始决策与追踪决策两种。

初始决策是指组织对从事某种活动或从事某种活动的方案所进行的初次选择；追踪决策则是在初始决策的基础上对组织活动方向、内容或方式的重新调整。如果说初始决策是在对组织内外环境的某种认识的基础上作出的，追踪决策则是由于这种环境条件发生了变化，或是由于组织对环境特点的认识发生了变化引起的。显然，组织中的大部分决策都属于追踪决策。

四、决策的过程

如上所述，决策是个“全过程”的概念。决策过程包括了如下阶段的工作：

1. 发现问题

决策是为了解决一定的问题而制定的。没有发现组织运行中存在的问题，就没有必要制定新的决策来使组织活动作出调整和改变。因此，决策者首先要研究组织的现状，发现存在的问题。

所谓问题，是应有状况与实际状况之间的差距。有差距就表明组织存在某种问题，需要作出决策来予以解决。这里，差距或问题可以是消极的，即组织被迫要去应对的，如来自外界不可预料事件的一次威胁，或者组织内部出现的一个故障或麻烦；但更重要的是，需要组织通过新的决策去处理的“问题”还常常应该从积极的意义上去理解，如组织内部条件改善后要力求把握的发展机会，或者外部环境中出现的有利于组织的变化。面对这些积极的或消极的问题，决策者不能等闲视之，不闻不问，而应该及时地发现问题，采取对策。

2. 确定目标

分析了改变组织活动的必要性以后，还要研究针对所存在的问题将要采取的措施需要符合哪些要求，必须达到何种效果。这也就是说，决策者要明确决策的目标。

明确决策目标不仅为方案的制订和选择提供了依据，而且为决策的实施和控制、为组织资源的分配和各种力量的协调提供了标准。

明确决策目标，要注意以下几方面要求：

(1)提出目标的最低和理想水平。即明确组织改变活动方向和内容至少应该达到的状况和水平，以及希望实现的理想目标水平。决策不仅要保证实现最低限度的要求，还要力争达到既定约束条件下所能达到的最好状态。

(2)明确多元目标间的关系。任何组织在任何时候都不可能只有一种目标，而是具有多元或多重目标。多元目标之间本身就存在既相互关联又相互排斥的关系；而且在不同时期，随着组织活动重点的转移，这些目标的相对重要性也不一样。诚然，在特定时期，决策只能选择其中一项为主要目标。可是，考虑到多元目标之间的关系，决策者在选择了主要目标后，还必须在决策中尽可能地兼顾其他的目标，并明确主要目标与非主要目标的关系，以避免在决策实施中将组织的主要资源和精力投放到非主要目标的活动上。

(3)限定目标的正负面效果。既定目标的执行既可能给组织带来有利的影响，也可能产生不利的影响。限定目标的正负面效果就是要把目标执行的有利结果和不利结果加以界定和权衡，规定不利结果在何种水平范围内是允许的。一旦超过这个水平，组织就应当停止原目标活动的执行，以控制决策的不利影响。

(4)保持目标的可操作性。不论是明确组织必须达到的最低目标还是希望实现的理想目标，也不论是确定组织的总体目标还是各职能部门的分目标，都必须符合三个特征：可以计量或衡量；规定有时间期限；可确定责任者。只有符合这些基本特征，所制定的目标才可以作为决策和行动的依据。

3. 拟订方案

决策需要进行正确的选择，这就必须提供多种备选方案。可以认为，在决策过程中，拟订可替代的方案要比从既定方案中进行选择更为重要。如果备选方案存有缺陷，那么，决策就很难达到优化或者满意化。

数量不止一个的可行方案的拟订，奠定了选择或抉择的基础，所以，它们常被称为“备选”方案。为了使在所拟订方案基础上进行的选择具有实质意义，这些备选的不同方案必须是能够相互替代、相互排斥的，而不能是相互包容的。因为，如果某个方案需要采取的行动包容在另一个方案中，那么这种交叉就导致方案之间的比较和选择难以公正地进行。

备选或替代方案产生的过程可大致分为以下步骤：首先，在研究环境和发现不平衡的基础上，根据组织的宗旨、使命、任务和消除不平衡的目标，提出改变的初步设想；然后，对提出的各种改进设想加以集中、整理和归类，形成内容比较具体的若干个可以考虑的初步方案；接着，在对这些初步方案进行筛选、修改和补充以后，对留下的可行方案做进一步完善处理，并预计其执行的各种结果，如此便形成了有一定数量的可替代的决策方案。

可供选择的替代方案数量越多，备选方案的相对满意程度就越高，决策质量就越有保障。为此，在拟订备选方案阶段，组织要广泛发动群众，充分利用组织内外的专家，发动他们献计献策，以尽可能多地改变设想和形成尽可能多的可行方案。

4. 比较和选择方案

在实际决策工作中，方案的拟订、比较和选择往往交织在一起，因为方案的拟订不是一次性完成，而是需要渐进地、不断地加以补充和完善。某一个较好的方案通常都是在与其他方案的比较中，在受到其他方案的启发下形成的。这个过程说明了决策步骤的不可分割性。

决策者要进行选择，首先要了解各种方案的优点和缺点。为此，需要对不同方案进行评价和比较。评价和比较的主要内容有以下几个方面：

(1)方案实施所需的条件是否已经具备，建立和利用这些条件需要组织付出何种成本。

(2)方案实施能给组织带来哪些长期和短期的利益。

(3)方案实施中可能遇到的风险及活动失败的可能性。

根据上述方面的比较，就可辨别出各方案的差异和相对优劣。在此基础上进行决策时，要从能产生综合优势的角度来选择方案，并且要准备好环境发生预料中的变化时可以启用的备用方案。制订备用方案的目的是对可预测到的未来变化准备充分的必要措施，以避免临时仓促应变可能造成的混乱。

在方案比较和选择过程中，决策者以及决策的组织者要注意处理好下述几个方面的问题：

(1)要统筹兼顾。不仅要注意决策方案中各项活动之间的协调，而且要尽可能地保持组织与外部结合方式的连续性，要充分利用组织现有的结构和人员条件，为实现新的目标服务。

(2)要注意反对意见。一种观点或一种方案要想取得完全一致的意见，几乎是不可能的。再好的方案也可能有反对者，决策过程中只有一种声音往往是非常可怕的。决策的组织者要充分注意方案评价和选择过程中的反对意见，因为反对意见不仅可以帮助人们从更广泛的角度去考虑问题，使所制订的方案更加完善，而且可以提醒大家去防范一些可能会出现的弊病。国外有些企业在制定重大决策时甚至成立专门唱对台戏的反对班子，在两方面意见针锋相对、相互交流中产生更好的决策。

(3)要有决断的魄力。任何方案都有其支持者和反对者。赞同方案的人都可以列出一大堆的理由来说明该方案的优势。在众说纷纭的情况下，决策者要在充分听取各种意见的基础上，根据自己对组织任务的理解和对形势的判断作出果敢的决断。议而不决，拖延时间，常会使组织失去采取行动的最好时机。而且，现实地说，任何决策要想取得完完全全的思想统一也是不太可能的，听任无休止的争论持续下去，最后也未能形成没有任何反对意见的决策。所以，决策者要能妥善地掌握"议"与"断"的度，该"议"时不要独裁专断，该"断"时切忌迟疑不决、优柔寡断。

5.执行方案

将所选择的方案付诸实施是决策过程中至关重要的一步。方案一旦选定，组织就应该着手制订实施方案的具体措施和步骤。通常而言，决策方案执行过程应做好以下工作：(1)采取相应的具体措施，保证方案的正确执行；(2)确保有关决策方案的各项内容为参与实施的人所充分接受和彻底了解；(3)运用目标管理方法把决策目标层层分解，落实到每一个执行单位和个人；(4)建立重要工作报告制度，以便随时了解方案进展情况，及时调整行动。

6.检查处理

一项复杂的决策方案的执行通常需要较长的时间，在这段时间中情况可能会发生变化，所以，必须通过定期的检查评价，及时掌握决策执行的情况，将有关信息反馈到决策机构，以便采取措施进行处理。决策者跟踪决策实施情况，取得各种反馈信息的目的，一方面是为了及时地采取措施纠正行动与既定目标的偏离，以保证既定目标的实现；另一方面，对客观条件发生重大变化而导致原决策目标确实难以实现的，则要进一步寻找问题，确定新的决策目标，重新制订可行的决策方案并进行评估和选择。

以上步骤表明，决策是一个有一定顺序的、条理化的过程，而不是在瞬间选定某一方案的单纯的决断。确实，如果所有可能的方案都已被设计好，决策者的工作便是从这些备选方案中挑选方案。但事实上，决策者需要做大量的调查、研究和分析预测工作，然后确定目标，找出各种可行的方案，并对方案进行评价、权衡和选择，最后将选定的方案付诸实施。这些步骤结合起来便组成了一个完整的决策过程。在这个过程中，每一阶段都相互影响着，并时常产生一些大大小小的反馈。虽然为了研究和介绍的方便，我们在理论上常把决策过程划分成不同的阶段，但实际工作中应该注意，决策过程的各步骤往往是相互联系、交错重叠的，不能将决策的各个步骤工作截然分割。

五、影响组织决策的因素

组织决策是在一定环境条件下通过组织成员的参与而进行的，因此，决策过程会受到组织内外各方面因素的影响。影响组织决策的主要因素有：

1. 环境

外部环境对组织决策的影响是不言而喻的。这种影响表现在：

首先，环境的特点影响着组织决策的频率和内容。就决策的频率来说，面临市场急剧变化环境的企业与面临稳定环境的企业相比，会更经常地需要对其经营活动做重大的调整。从调整或决策的内容来看，在竞争性市场上经营的企业通常需要密切注视竞争对手的动向，不断推出新产品，努力改善对顾客的服务，建立和健全营销网络等。相反，处于垄断市场中的企业则经常将决策重点放在内部生产条件的改善、生产规模的扩大以及生产成本的降低上。

再者，环境中的其他行动者及其决策也会对组织决策产生影响。这是因为处在同一环境中的相关组织之间本来就是相互影响、相互牵制和相互作用的。比如，竞争者的降价决策会迫使本企业采取相应的反应对策。尤其是同处在一个战略群中采用同种竞争战略的企业，它们间的决策具有很强的相互关联性，这样任何一方的决策就不能无视特定环境中的可能反应而独立地制定。

2. 组织文化

从决策方面来说，组织文化会对决策的制定和执行都产生重大影响。

组织文化制约着包括决策制定者在内的所有组织成员的思想和行为。任何组织，在其运行中总会建立或形成体现某种特定思想和行为方式的组织文化。在具有强文化的组织中，人们都会意识到："在这个公司里，我们是这样思考的；在这个公司里，我们对这件事采取这样一种方式来处理。"以组织成员共享的价值体系为核心的组织文化，从根本上决定着组织成员对周围世界的看法及反应方式。管理者在制定决策过程中，其思想和行为方式也不免要受到所在企业组织文化的影响。

3. 过去的决策

组织的决策都或多或少要受到过去决策的影响。因为在大多数情况下，组织决策不是在一张白纸上进行初始决策，而是对初始决策加以完善、调整或改革。过去的决策是组织目前决策的起点；过去所选定方案的实施不仅伴随着组织人力、物力和财力等资源的消耗，而且带来了内外部状况的改变。组织中"非零起点"的决策都会受到以往决策的影响。

过去的决策对目前决策的制约程度主要受它们与现任决策者关系的影响。通常，决策者需要对自己作出的选择及其后果负管理上的责任。如果过去的决策也是由现在的决策者制定的，决策者无论从情感上还是直接责任上都会很自然地不愿对自己决策的行动做重大调整，而会倾向于继续把组织的大部分资源投入到过去行动方案的执行中，以此证明自己曾作出的决策还是正确的。相反，如果组织现在的主要决策者与过去的主要决策没有很深的渊源关系，那就相对容易进行较大程度的调整与变革。所以，有人认为，企业高层领导人的更替是组织推行重大战略变革的前奏。

4. 决策者对风险的态度

风险是伴随行动结果的不确定性而产生的。现实中人们常将风险看成是失败的可能性。由于决策是要对未来活动的方向、内容和目标作出安排，但人们对未来的认识能力总是有限，目前预测的未来状况与未来的实际状况不可能完全相符，因此，决策方案的实施既有成功的可能，也有失败的危险。任何决策都带有一定程度的风险性。这样,组织及其决策者对待风险的不同态度就会影响到对决策方案的选择。愿意承担风险的决策者通常会未雨绸缪,在被迫对环境作出反应以前就采取进攻性的行动,选择风险较大的方案;而不愿承担风险的决策者,通常只会对环境作出被动的反应,事后应变,选择风险较小的方案。同样,愿冒风险的组织会经常进行新的探索,而不愿承担风险的组织,则会对变革、变动表现得谨小慎微。

5. 决策的时间紧迫性

美国学者威廉·金和大卫·克里兰把决策划分为时间敏感型决策和知识敏感型决策。时间敏感型决策是指那些必须迅速而尽量准确作出的决策,战争中军事指挥官的决策多属于此类。这种决策对速度的要求更甚于决策质量。如日常生活中,当一个人站在马路当中看到一辆疾驶的汽车向他冲来时,关键就是要迅速地跑开,至于跑向马路的左边还是右边,相对于及时行动来说则显得次要。相比较而言,知识敏感型决策对时间的要求则不是非常严格。这类决策的效果主要取决于决策质量,而非决策的速度。因此,制定这类知识敏感型决策,就要求人们充分利用知识,作出尽可能正确的选择。

组织关于活动方向与内容的决策基本上是属于知识敏感型的决策。这类决策着重于抓住可利用的机会而不是避开威胁,着重于较远的未来而不是近期,所以在制订和选择方案时,时间上相对宽裕,并不一定要求非得在某一日期以前完成。但是,也可能出现这样的情况,外部环境突然发生了难以预料、难以控制的重大变化,这种变化会对组织造成重大的威胁。这时,组织如果不迅速作出反应,改变原有的战略决策方案,则可能出现生存危机。这种时间压力可能限制人们能够考虑的备选方案数量,也使人们在得不到足够的评价方案所需信息的情况下仓促作出决策。面对这种难以预料与控制的变化,启用备用方案是一种更有效的对策,因为它能将对决策方案的从容考虑和准备与快速的应变有机地结合起来。

六、决策的方法

(一)决策的定性方法

1. 头脑风暴法

头脑风暴法由美国学者奥斯本在 20 世纪 40 年代首先提出。它采用会议的形式,引导每个参加会议的人围绕某个中心议题,广开思路,激发灵感,毫无顾忌地发表独立见解,并在短时间内从与会者中获得大量的观点。

头脑风暴法是一种激发个人创造性思维的方法,它常用于解决问题的前三步:明确问题、原因分类和获得解决问题的创新性方案。针对问题,我们可以应用头脑风暴法提出所有可能的原因。

应用头脑风暴法必须遵守下列四个原则:畅所欲言、强调数量、不作评论、相互结合。

头脑风暴法是为了克服阻碍,产生创造性方案的遵从压力的一种相对简单的方法。它利用一种思想产生的过程,鼓励提出任何种类的方案、设计、思想,同时禁止对各种方案的任何批评。

在典型的头脑风暴会议中,大家围桌而坐,群体领导者以一种明确的方式向所有参与者阐明问题,然后大家在一定的时间内"自由"提出尽可能多的方案,并且所有的方案都当场记录下来,留待稍后再讨论分析。

2. 名义群体法

名义群体法,指群体成员在决策过程中虽然也要坐在一起,如参加传统委员会会议一样,群体成员必须出席,但他们是独立思考的。

具体来说,它遵循以下步骤:

(1)成员集合成一个群体;但在进行任何讨论之前,每个成员独立地写下他对问题的看法。

(2)经过一段沉默后,每个成员将自己的想法提交给群体。然后一个接一个地向大家说明自己的想法,直到每个人的想法都表述完并记录下来为止(通常记在一张活动挂图或黑板上)。在所有的想法都记录下来之前不进行讨论。

(3)群体开始讨论,以便把每个想法搞清楚,并作出评价。

(4)每一个群体成员独立地把各种想法排出次序,最后的决策是综合排序最高的想法。

这种方法的三要优点在于,群体成员正式开会但不限制每个人的独立思考,而传统的会议方式往往做不到这一点。

3. 德尔菲法

德尔菲(Delphi)原是古希腊的一处遗址,是传说中神谕灵验、可预卜未来的阿波罗神殿所在地。20 世纪 50 年代美国兰德公司在研究如何通过有控制的反馈更为可靠地收集专家意见的方法时，以“德尔菲”为代号，这种方法就被命名为德尔菲法。

这种方法的特点是“背靠背”，请专家背靠背地对需要决策的问题提出意见，决策者将各专家意见经过多次信息交换，逐步取得一致意见，从而得出决策方案。

德尔菲法是一种主要靠人的经验和综合分析能力进行预测的方法。其主要特点是：(1)不记名投递征询意见。根据所需预测的内容选择有关方面的专家，并将预测内容设计成含义明确的问题，规定统一的评价方法，然后将上述问题邮寄给他们，背靠背地征询意见。(2)统计归纳。收集各位专家的意见，然后对每个问题进行定量统计归纳。通常用回答的中位数反映专家的集体意见。(3)沟通反馈意见。将统计归纳后的结果反馈给专家，每个专家根据反馈信息，慎重考虑其他专家的意见，然后再提出自己的意见。如此反复多次，一般经过3～5次，就可以取得比较集中一致的意见。

像名义群体法那样，德尔菲法隔绝了群体成员间过度的相互影响。它还无须参与者到场。所以像美能达公司可以用此方法询问它在东京、香港、巴黎、纽约、多伦多、墨西哥城和墨尔本的销售经理，有关本公司一种新相机的最合理的世界范围的价格情况。这样做避免了召集主管人的花费，又获得了来自美能达公司的主要市场的信息。

当然，德尔菲法也有其缺点，它太耗费时间了。当需要进行一个快速决策时，这种方法通常行不通。而且，这种方法不能像相互作用的群体或名义群体那样，提出丰富的设想和方案。

(二)决策的定量方法

1. 量本利分析

量本利分析法，又称盈亏平衡分析法，它是根据盈利与亏损的平衡点来选择合理的产量(产值)的一种方法。

量本利分析是研究成本、业务量与利润之间函数关系的技术方法。

(1) 确定盈亏平衡点。所谓盈亏平衡点就是企业预期利润为零时的销售量，即企业销售收入等于总成本，可用下式表示：

销售额＝固定成本＋变动成本

即：$销售量=\frac{固定成本}{单位产品的售价-单位产品的变动成本}$

例如：设某机械厂的管理人员正在考虑对一种新产品甲进行投资，新产品预计售价为每件125元，单位变动成本预计为75元，每年固定成本总额预计为60万元。管理人员想要知道销售多少件产品，企业才能达到盈亏平衡，可用下列盈亏平衡点方程式求得：

$$销售量=\frac{固定成本}{单位产品的售价-单位产品的变动成本}=\frac{600000}{125-75}=12000(件)$$

说明企业要达到盈亏平衡，必须销售新产品甲12000件，为了验证盈亏平衡的正确性，可用简略的利润表进行计算。如下表。

销售额(125元×12000件)	150万元
减：变动成本(75元×12000件)	90万元
边际贡献	60万元
减：固定成本	60万元
利润	0

上述计算表明每件125元的新产品甲，销售量为12000件，减去变动成本后，企业将得到60万元的边际贡献。此项数额正好足以补偿60万元的固定成本并使利润为零，这就是盈亏平衡点。

(2)确定达到预期利润的销售量。企业领导者所追求的不是盈亏平衡，而是获得利润，当预期利润不为零时，预期利润销售量的确定可用下列公式计算：

$$销售量=\frac{固定成本+预期利润}{单位产品的售价-单位产品的变动成本}$$

如果计划一年获利18万元，必须销售更多的产品，其销量为：

$$销售量=\frac{固定成本+预期利润}{单位产品的售价-单位产品的变动成本}$$

$$=\frac{600000+180000}{125-75}$$

$$=15600(件)$$

该企业每年必须销售15600件新产品甲，才能获取18万元的利润，达到预期利润的销售额为195万元(125元×15600件)。

此时，管理人员应当研究并确定市场的潜在销售额是否等于上述计算所需的销售额。如果研究表明市场需求低于此项数额，必须寻求有效方法以降低成本或者接受较低的利润。企业应有长远观点，第一年销售额可能低一些，当新产品打开销路后，销售额就会增长。因此，在任何情况下，量本利分析都能为管理人员制定决策提供有用的数据。

2. 决策树法

由于在实际工作中，风险型决策问题大多比较复杂，为了避免遗漏与错误，可采用简明的图示形式进行辅助决策，这就是决策树法。

决策树法也是最常用的风险型决策方法。

所谓决策树，指由决策点（一般用□表示）、方案枝、机会点（一般用○表示）和概率枝构成的决策图形（见图 3－10）。由于该图形呈树状，故称为决策树。

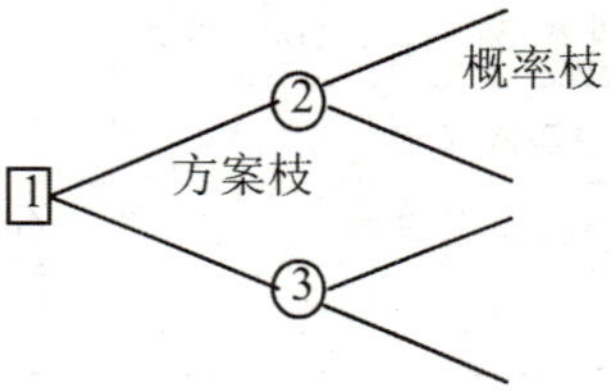

图 3－10 决策图形

决策树技术就是以决策树为工具的分析技术。其基本原理是：在决策树中，用方案枝代表可供选择的各个方案；用概率枝分别表示各方案的每一种自然状态；期望值表示当某一方案执行时，在各种自然状态下出现的概率损益值。通过对各方案期望值大小的分析比较，为决策者提供决策依据。

用决策树法决策时，决策问题应具备四个条件：

（1）存在明确的目标；

（2）有两个或两个以上的可供选择的方案；

（3）每种方案存在着决策者不可控制的两种或两种以上的自然状态；

（4）不同方案在不同自然状态下的期望值可以计算出来。

例如：某企业计划生产某种新产品投入市场。有两个方案可供选择：大批量方案年生产量 20 万件，小批量方案年生产量 5 万件。据市场调查估计，这种产品投入市场后销路好的可能性为 70％，销路差的可能性为 30％，在不考虑其他因素的情况下，两个方案在销路好和销路差的情况下的年利润情况如表 3－6，试以期望值大小为价值准则，进行决策。

表 3－6 决策方案

方案 \ 自然状态 / 概率	销路好	销路差
	0.7	0.3
大批量（20 万件）	100 万元	5 万元
小批量（5 万件）	20 万元	20 万元

第一步：先画出决策树（见图 3－11）。

第二步：计算期望值。期望值等于方案不可控制状态出现的概率与其出现时所表现的数量的乘积的总和。

大批量方案：Q 大＝0.7×100＋0.3×5＝71.5（万元）

小批量方案：Q 小＝0.7×20＋0.3×20＝20（万元）

第三步：决策选优。比较两方案期望值的大小，选择大批量方案为决策方案，舍弃其他的方案。

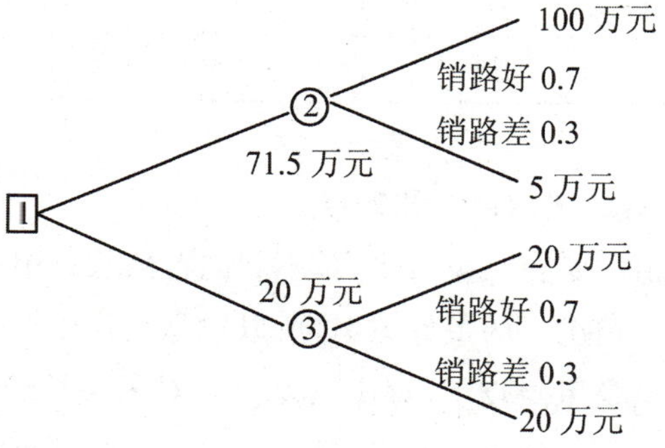

图 3－11 决策树

3. 不确定性决策的几种方法

(1)极大极小损益值法

① 极大极小损益值法的基本思想

这种方法又称“小中取大法”。基本思想是：先计算出各种方案在各种自然状态下可能有的收益值，再找出各种方案在自然状态下的最小收益值，然后选择与这些最小收益中最大的值相对应的方案,作为决策方案。

例如:某企业拟试制一种新产品投放市场,由于缺乏历史资料和统计数据,只能大致估计产品投放市场会有销路好、销路一般、销路差三种状态。现有大批量生产、中批量生产、小批量生产三个方案。三个方案在三种状态下的收益值见表 3—7,试用“小中取大法”进行决策。

第一步:找出各方案的最小收益值。它们分别为:—20 万元,10 万元和 20 万元。

第二步:找出最小收益值中的最大值:20 万元。

第三步:决策。最小收益值中的最大值所对应的方案为小批量生产方案,将该方案作为决策方案。

表 3—7　方案收益值

	收益值(万元)		
	销路好	销路一般	销路差
大批量生产	120	50	—20
中批量生产	85	60	10
小批量生产	40	30	20

② 极大极小损益值法的优点和缺点

极大极小损益值法是在收益最少、最不利的自然状态中进行选择,最后决定的方案是在最不利的情况下的最好方案,所以这是一种比较保守的决策方法。

这种方法的优点是风险较小,对比较谨慎和对未来持较为悲观态度的决策者以及承担风险能力较小的企业组织,易倾向于采用此种决策方法,即使是在最不利的情况下,也能获得一定的利润。

这种方法的缺点是:有可能失去获得高额利润的机会。对上面所举例子而言,如果销路好,采用小批量生产方案比采用大批量生产方案要减少赢利 100 万元。

(2)极大极大损益值法

① 极大极大损益值法的基本思想

这种方法又称“大中取大法”。基本思想是:先计算出各种方案在各种自然状态下可能有的收益值,然后再从这些收益值中选择一个收益值最大的方案为决策方案。对前面所举的例子而言,各方案的最大收益值分别为:120 万元、85

万元和40万元。其中的最大值为120万元，所对应的方案为大批量生产方案，故选择大批量生产方案为决策方案。

② 极大极大损益值法的优点和缺点

大中取大法是一种比较乐观而积极的决策方法，常为一些敢冒风险、勇于进取的决策者和实力雄厚的企业组织所采用。它的优点是：有可能夺取最好的效果。其缺点是：承拒的风险较大。在本例中，假如销路差，大批量生产方案反而会亏损20万元。

(3)极小极大后悔值法

该方法又称“大中取小法”，即在最大后悔值中取其最小值所对应的方案为决策方案。

决策者在选定方案后，如实践证明自然状态比原先估计的要好，那么企业就遭受了机会损失，决策者将会为此而后悔。后悔的程度用最大收益值与所采取的方案的收益值之差来衡量，称为后悔值。大中取小法的基本思想是：先找出各个方案的最大后悔值，然后选择这些最大后悔值中最小者所对应的方案作为决策方案。

例如：仍就前面所举例子进行分析。前例中，如果出现的自然状态是销路好，而采取的决策方案是大批量，收益值为120万元，比中批量和小批量方案都要好，不会后悔，即后悔值为0。但如当初采用的是中批量或小批量，则后悔值分别为：

120－85＝35(万元)

120－40＝80(万元)

以此类推，可以得出在销路一般的状态下，三个方案的后悔值分别为：

60－50＝10(万元)

60－60＝0(万元)

60－30＝30(万元)

在销路差的状态下，三个方案的后悔值分别为：

20－(－20)＝40(万元)

20－10＝10(万元)

20－20＝0(万元)

三个方案的最大后悔值分别为40万元、30万元和80万元。

其中以30万元为最小，故选择其对应的中批量生产方案为决策方案。

大中取小法的精神是:估计可能出现的决策与实际的最大差距,并把这种最大差距尽可能降到最小。

以上三种方法得出三种决策结论,究竟该采用哪一种方法,要根据组织的具体情况而定。

思考题:

1. 计划一般由哪些要素构成?

2. 制定目标和编制计划一般要注意哪些基本的要求?

3. 如何利用滚动计划方法?

4. 计划有哪些类型?不同类型的计划之间如何衔接?

5. 目标管理方法为什么有助于计划的实施?

6. 某公司生产某产品的固定成本为100万元,单位产品可变成本为1200元,单位产品售价为1600元。试用盈亏平衡点法确定其产量。

7. 假设某企业在下年度有甲、乙两种产品方案可供选择,每种方案都面临滞销、一般和畅销三种市场状态,各种状态的概率和损益值如下表所示:

市场状态 / 损益值方案	滞销	一般	畅销
概率	0.2	0.3	0.5
甲方案	10	50	100
乙方案	0	60	150

用决策树法选择最佳方案。

8. 某企业准备生产一种新产品,估计这种产品在市场上的需求量(自然状态)大体有四种情况:需求量较高、需求量一般、需求量较低、需求量很低,对每种情况出现的概率无法预测。为了生产这种产品,企业考虑了三种方案:A方案是自己动手,改造原有设备;B方案是淘汰原有设备,购进新设备;C方案是购进一部分关键设备,其余自己制造。该产品准备生产5年,据测算,各个方案在各种自然状态下5年内的损益值如下表:

各方案损益值表

单位:万元

自然状态 / 损益值 / 方案	需求量较高	需求量一般	需求量较低	需求量很低
A方案	95	60	−12	−15
B方案	70	45	10	−5
C方案	80	40	15	5

试分别用极大极小损益值法、极大极大损益值法、后悔值法选择最佳方案。

案例分析：

一、施温自行车公司

伊格纳茨·施温于1895年在芝加哥创办了施温自行车公司，后来成长为世界最大的自行车制造商。在20世纪60年代，施温公司占有美国自行车市场25%的份额。不过，过去是过去，现在是现在。

爱德华·施温是创始人伊格纳茨的长孙，1979年他接过公司的控制权，那时，问题已经出现，而糟糕的计划和决策又使已有的问题雪上加霜。

在20世纪70年代，施温公司不断投资于它的强大的零售分销网络和品牌，以便主宰10档变速车市场。但是进入80年代，市场转移了，山地车取代10档变速车成为销量最大的车型，并且轻型的、高技术的、外国生产的自行车在成年的自行车爱好者中日益普及。施温公司错过了这两次市场转换的机会，它对市场的变化反应太慢，管理当局专注于削减成本而不是创新。结果，施温公司的市场份额开始迅速地被更富于远见的自行车制造商夺走，这些制造商销售的品牌有特莱克、坎农戴尔、巨人和钻石。

或许，施温公司最大的错误是没有把握住自行车是一种全球产品，公司迟迟未能开发海外市场和利用国外的生产条件。一直拖到20世纪70年代末，施温公司才开始加入国外竞争，把大量的自行车转移到日本进行生产。但到那时，不断扩张的台湾地区的自行车工业已经在价格上击败了日本的生产厂家。作为应对这种竞争的一种策略，施温公司开始少量进口中国台湾制造的巨人牌自行车，然后贴上施温商标在美国市场上出售。

1981年，当施温公司设在芝加哥的主要工厂的工人举行罢工时，公司采取了也许是最愚蠢的行动。管理当局不是与工人谈判解决问题，而是关闭了工厂，将工程师和设备迁往中国台湾的巨人公司自行车工厂。作为与巨人公司合伙关系的一部分，施温公司将所有的一切，包括技术、工程、生产能力都交给了巨人公司，这正是巨人公司要成为占统治地位的自行车制造商所求之不得的。作为交换条件，施温公司进口并且在美国市场上以施温商标经销巨人公司制造的自行车。正如一家美国竞争者所言："施温将特许权盛在银盘上奉送给巨人公司。"

到1984年，巨人公司每年交付给施温公司70万辆自行车，以施温商标销售，占施温公司年销售额的70%。几年后，巨人公司利用从施温公司那里获得的知识，在美国市场上建立了自己的商标。

到1992年，巨人公司和中国大陆的自行车厂商，已经在世界市场上占据了统治地位。巨人公司销售的每10辆自行车中，有7辆是以自己的商标出售的。而施温公司怎么样了？当它的市场份额在1992年10月跌落到5%时，公司开始申请破产。

讨论题：

1. 更有效的长期计划会怎样挽救施温公司？

2. 解释施温公司的计划在1965年、1975年和1985年应当是什么样的？

二、阿迪达斯和耐克的不同决策

阿迪达斯的优势在于试验。它使用新的材料和技术来生产更结实和更轻便的鞋。它采用袋鼠皮绷紧鞋边，四钉跑鞋和径赛鞋采用的是尼龙鞋底和可更换的鞋钉。高质量、创新性和产品多样化，使阿迪达斯在20世纪70年代中支配了这一领域的国际竞争。

20世纪70年代，蓬勃兴起的健康运动使阿迪达斯公司感到吃惊，一瞬间成百万以前不爱好运动的人们对体育锻炼产生了兴趣。成长最快的健康运动细分市场是慢跑。据估计，到1980年有2500万到3000万美国人加入了慢跑运动，还有1000万人是为了休闲而穿跑鞋。尽管如此，为了保护其在竞技市场中的统治地位，阿迪达斯并没有大规模地进入慢跑市场。

20世纪70年代出现了一大批竞争者，如美洲狮（Puma）、布鲁克斯(Brooks)、新布兰斯(New Ballance)和虎牌（Tiger)。但有一家公司比其他的更富有进取性和创新性，那就是耐克（Nike)。由前俄勒冈大学的一位长跑运动员创办的耐克公司，在1972年俄勒冈的尤金举行的奥林匹克选拔赛中首次亮相。穿着新耐克鞋的马拉松运动员获得了第四至第七名，而穿阿迪达斯鞋的参赛者在那次比赛中占据了前三名。

耐克的大突破出自1975年的“夹心饼干鞋底”方案。它的鞋底上的橡胶钉比市场上出售的其他鞋更富有弹性。夹心饼干鞋底的流行及旅游鞋市场的快速膨胀，使耐克公司1976年的销售额达到1400万美元。而在1972年仅为200万美元，自此耐克公司的销售额飞速上涨。今天，耐克公司的年销售额超过了35亿美元，并成为行业的领导者，占有运动鞋市场26％的份额。

耐克公司的成功源于它强调的两点：(1)研究和技术改进；(2)风格式样的多样化。公司有将近100名雇员从事研究和开发工作。它的一些研究和开发活动包括人体运动高速摄影分析、对300个运动员进行的试穿测验，以及对新的和改进的鞋及材料的不断试验和研究。

在营销中，耐克公司为消费者提供了最大范围的选择。它吸引了各种各样的运动员，并向消费者传递出最完美的旅游鞋制造商形象。到20世纪80年代初，慢跑运动达到高峰时，阿迪达斯已成了市场中的“落伍者”。竞争对手推出了更多的创新产品，更多的品种，并且成功地扩展到了其他运动市场。例如，耐克公司的产品已经统治了篮球和年轻人市场，运动鞋已进入了时装时代。到20世纪90年代初，阿迪达斯的市场份额降到了可怜的4％。

讨论题：

1. 耐克公司的管理当局制定了什么决策使它如此成功？

2. 到20世纪90年代初，阿迪达斯的不良决策如何导致了市场份额的极大减少？这些决策怎么使得阿迪达斯的市场份额在90年代初降到了可怜的地步？不确定性在其中扮演了什么角色吗？

阅读导航：

周三多、陈传明等编著:《管理学原理》,南京大学出版社 2006 年版。

芮明杰主编:《管理学——现代的观点》,上海人民出版社 2005 年版。

[美]琼斯、乔治等著,郑风田、赵淑芳译:《当代管理学》(第 3 版),人民邮电出版社 2005 年版。

张作俭编:《管理方法与技巧》,科学技术文献出版社 2004 年版。

金观涛:《管理就是决策》,中国商业出版社 2004 年版。

成君忆:《像园丁那样管理》,中信出版社 2006 年版。

第四章
组 织

本章学习提要：

- 组织设计，部门化，管理幅度，集权和分权，直线和参谋，正式组织和非正式组织。
- 各种组织结构的模型，优点、缺点以及适用范围。
- 人员配备的内容，人员招聘与选拔的基本程序，管理人员的配备。
- 绩效评价的过程和方法。

组织是管理工作的第二大职能。无论是一家工商企业、一个非营利性机构还是一个公共机关，不管是大是小，是复杂还是简单，不管其最终使命是什么，为了有效地实现组织的目标，都需要做好两方面的基本工作：一方面需要把工作任务分解成各项具体的工作；另一方面又需要保证这些分散的工作可以结合成整体性工作。通过分解与合成使得组织成为一个分工协作的系统。这种现象在足球队、医院、学校、政府部门和企业中都能见到。

然而，对于一个组织而言，如何构建分工协作系统？如何确保组织系统运行的高效率？如何使组织适应环境变化等？这些问题是管理工作中组织职能所必须关注的。管理者开展组织职能的目的就是在他所服务的组织中建立这样一种能产生有效的分工和协作关系的结构，并为这样的组织结构配备合适的工作人员以及进行绩效评估。

第一节 组织设计

一、组织概述

在日常生活和实际工作中，一方面每个人都从属于一个或多个组织，另一方面多数工作又是由多人合作才能完成。因此，建立一个良好的组织并使之有效地运转，无论对个人目标还是组织目标的实现都至关重要。作为一种结构和进行资源配置以实现管理目的的工具和载体，组织工作在经营管理活动中占据着十分重要的地位。

(一)组织的含义

组织的含义可以从组织工作的对象、组织工作本身和组织工作的结果这三种角度来加以理解。

1.作为组织工作对象的“组织”

组织工作是管理工作一个有机的组成部分。与管理工作是将各类组织作为管理的基本对象一样，组织工作也是可以针对各种不同类型的组织而进行的。这样就有了对企业的组织、对事业单位的组织、对政府机关的组织等各种不同的组织工作行为。但是，尽管组织工作的具体对象存在差别，考虑到它们体现的原理和方法都会或多或少地具有相似性、共通性，因此常常会针对各种类型的组织而不局限于“企业”这一特定类型的组织来介绍管理者所要进行的组织工作。

2.作为组织工作或组织职能的“组织”

这里指的就是管理者所开展的组织行为、组织活动过程。组织工作的重要内容就是进行组织结构的设计与再设计。前者通常称为“组织设计”，后者则以“组织变革”称之。

3.作为组织工作结果的“组织”

管理者在组织中开展组织工作的结果就形成了一种体现分工和协作关系的框架，这种框架通常称为组织结构，有时简称“组织”。

(二)组织工作的重要性

可以毋庸置疑地说,组织工作、组织现象存在于社会生产和生活的方方面面。在一条崎岖的山路上,连续几天的降雨突然导致山洪暴发、土方崩塌,引起公路交通受阻。面临困境的司机们可能自动协作起来清除路障,进行自救。这种协作行为和状态就是一种组织。组织可以是自发形成的,也可能是事先有意识策划和安排的结果。我们将形成工作中分工与协作关系的策划和安排过程,称为“组织设计”。

做好组织设计与再设计工作,意义非同一般。“三个和尚没水吃”的典故已是众所周知,类似“三个臭皮匠,胜过诸葛亮”的故事也时有传闻。那么,是什么导致了这两种截然不同的组合效果呢?或者说,为什么“整体可能大于各部分的总和”,也可能恰恰相反,构成的要素越多,整体的力量反而越小?其根本的原因就是由于要素组合在一起的特定方式不同,从而造成了要素间配合或协同关系的差异。

组织工作做得好,可以形成整体力量的汇聚和放大效应。否则,就容易出现“一盘散沙”,甚至造成力量相互抵消的“窝里斗”局面。

(三)组织的功能

组织作为一项重要的管理职能,其形成和存在的基础是,由于各种因素的限制,一个人或几个人的独立活动不能实现既定的目标。因此,管理者从事组织工作的目的是:

第一,分配工作。即通过组织工作把企业的总体目标分解落实到每位组织成员身上,转化成每位组织成员的任务。

第二,确定责权关系,促进沟通与协调。责权关系是组织的核心要素,责权关系确定了组织的信息沟通渠道并使领导功能得以体现。组织工作使每位组织成员都明确其具体的责任,清楚他们必须对谁负责,是谁向他们分配工作并对他们进行管理,进而使组织全体成员对组织的权力结构和权力关系有清楚的了解。

第三,构建分工协作体系,提高工作效率和质量。即通过组织工作使有助于预定目标实现的各项活动彼此得以相互配合,把不同的任务有机地协调起来,实现人们常说的“协同效应”,即一个有效的群体的共同努力往往要大于他们单独努力的效果的总和。

第四,组织能力的培养。组织工作的深层次功能是为了培养出一种能力,一种能够支撑与促进企业成长的能力,这是组织的核心功能所在。

上述功能由表及里形成了功能层次体系,见图 4—1。

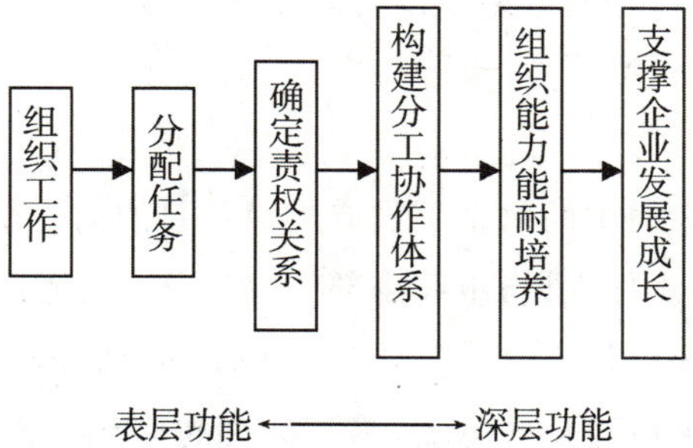

图 4—1 组织管理工作功能层次结构示意图

(四)组织工作的基本原则

企业组织是一个有机系统。要把许多人组合起来,形成一个有机的分工协作体系,并不是一件十分容易的事情,需要遵循一系列基本的原则。从确保组织正常运转这一基本要求来看,组织工作至少应遵循如下一些原则:

1. 目标一致性原则

组织不是一个松散的自由组合成的群体,是人们为了实现共同的目标而建立的。共同的目标是组织产生和发展的基础和原因,它规定并制约着组织的其他要素。正是因为存在着组织的共同目标,组织成员才会有效地进行分工协作,并最终实现共同的目标。共同的目标是维系组织成员的纽带,是组织管理工作的依据。

2. 分工协作原则

尽管作为一个可运行的组织来说,物料、设备等物质实体是组织的重要因素,但对于任何组织来说,人员是更重要的要素。没有人员的存在便没有组织。为了使组织成员能够有效配合,产生合力,组织设计时必须注重职务明确、控制幅度合理、专业分二明确、责任与权力相符、协作有序等一系列组织设计原则。

3. 责权关系原则

责权关系是组织构成要素的核心内容。可以这样说,组织即是各种责权关系的体现。在组织管理过程中，明确各部门、各职位与整体组织之间的责权关系，使每个组织成员都明确自己应该干什么、有哪些方面的权力、归属谁直接领导，是保持组织的稳定性和增进组织运行效果的前提条件。

4. 统一指挥原则

统一指挥指的是组织中的每个下属应当而且只能向一个上级主管直接汇报工作，以避免多头领导。可以说，组织内部的分工越是细致、深入，统一指挥原则对于保证组织目标实现的作用就越重要。政出多门、命令不统一，一方面会使真正想做事的下属产生无所适从的感觉，另一方面也会给一些不想做事的下属以利用矛盾、逃避责任的机会。

5. 因事设职与因人设职相结合原则

组织中每个部门、每个职务都必须由一定的人员来完成规定的工作任务。组织设计必须确保实现组织目标活动的每项内容都能落实到具体的职位和部门，做到"事事有人做"，而不是"人人有事做"。这样，组织设计中自然就要求从工作特点和需要出发，因事设职，因职用人。但这并不意味着组织设计可以忽视人的因素，忽视人的特点和人的能力。组织设计必须在保证有能力的人有机会去做他们真正胜任的工作的同时，使工作人员的能力在组织中获得不断的提高和发展。一句话，"人"与"事"的要求应该得到有机的结合。

6. 信息畅通原则

组织各部门和组织成员的工作是靠信息的交流维系着。在一个组织中，信息交流包括自上而下、自下而上及同级之间的信息交流，这是组织成员进行有效协调、控制的基础。信息是组织的血液，有效的组织工作必须保持组织内外部的信息交流畅通无阻。

二、组织设计的基本程序

概括地说，组织设计就是对企业(或其他组织)开展工作、实现目标所必需的各种资源进行安排，以便在适当的时间、适当的地点把工作所需的各方面力量有效地组合到一起的管理活动过程。组织设计工作的直接结果是形成一种关系网络，用现代管理理论创始人巴纳德的话来说，就是"有意识地加以协调的两个或两个以上的人的活动或力量的协作系统"。在许多情形下，这种协作系统或关系网络被称为“组织结构”。

组织设计是以企业的组织结构安排为核心的组织系统的整体设计工作，是企业总体设计的重要组成部分，是有效实施管理职能的前提条件。组织设计应以完成组织任务为前提，应遵循一定的程序与原则。组织设计的简单模式见图4－2。

关键步骤	相关的组织要素	要求
判定需完成的必要工作	劳动分工	把组织的任务分解成可由个人完成的工作任务
↓ 把个人工作合为一体	部门化	以有效的方式把工作组织起来，以便各项工作可以相互补充，有序地进行
↓ 分配权力	层次等级	分派完成工作的责任并授予相应权力
↓ 整合人员与工作，保证组织目标的实现	协调	以有利于组织目标达成的方式整合所有人员和工作

图 4－2 简单的组织设计模式

(一)劳动分工

劳动分工是组织设计的前提和关键。管理者在这一阶段的主要任务是决定如何进行分工和分工到何种程度。只有科学的劳动分工，才能提高组织运行的效能，从而有助于组织目标的实现。

在20世纪初期甚至更早的时候，劳动分工被认为是增加生产效率的一个不尽的源泉，这个结论在当时专业化还没有得到普遍推广的情况下无疑是正确的。但随着劳动分工的深化，许多问题相继暴露了出来，厌倦、疲劳、压力、低生产效率、劣质品、旷工、高离职率等现象对传统的劳动分工理论提出了挑战，诸如工作扩大化(同时承担多种工作，即工作范围的横向扩展)、工作丰富化(承担更重要的责任，即工作内容的纵向延伸)等新的管理思想应运而生，特别是近年来席卷全球的再造工程理论更是对传统的分工理论提出了直接的挑战。这些都是围绕着如何分工以及分工程度而展开的。

(二)部门化

随着组织规模的扩大和生产经营活动的复杂化、高级化,组织业务活动的种类越来越多,所涉及的专业领域越来越广。因此,为了提高工作效率,管理者就必须在劳动分工的基础上,对各项活动进行归类,将性质相同或相似的工作合并到一起组成单位,这样便形成了一个个专业化的部门。在企业实践中,部门化的形式是多种多样的,典型的有:

1. 职能部门化

按照组织的各项主要业务工作和主要管理职能来划分和设置组织的横向部门。对企业来说,其主要业务和管理职能包括计划、人事、生产、销售和财务等。图 4—3 即按职能和业务划分横向部门的组织系统图。例如在厂部设立职能科室,在车间设立职能组,在生产班组设立职能人员等。在企业管理活动中,职能机构起着重要的作用。第一,职能机构是各级行政主管人员的得力参谋和助手,它协助主管人员搞好决策、指挥和监督工作,有助于提高行政领导工作的效率。第二,各职能机构在其专业分工的范围内担负着人、财、物、产、供、销等专业管理工作,通过这些专业管理活动,为生产经营活动的有效进行创造必要条件。第三,上级职能机构对下一级部门和机构,在业务上发挥着指导和帮助作用。第四,在处理对外业务关系方面,职能机构起着重要作用。在企业领导层的授权下,职能机构可以对外代表企业,开展正常的业务往来,处理各种对外联系和关系。但是这种组织形式也有一定的不足,如各部门各有专责,各自独立,部门间容易形成隔阂,增加协调的困难;缺乏灵活性和弹性;高层领导者负担过重等。这种部门化组织形式,在稳定的技术与环境等条件下比较有效。

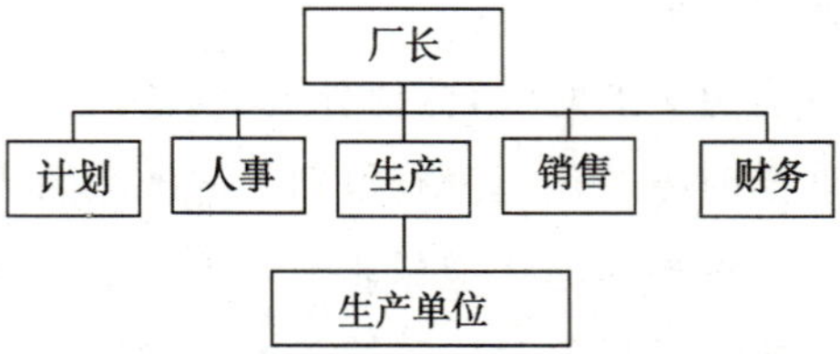

图 4—3 功能部门化组织

2. 过程部门化

将企业的产品生产或制造过程分成几个工艺阶段，按阶段来设置部门和机构，要求每个部门只负责整个过程中某一阶段的工作。例如在机械制造企业中，生产过程常被分为铸造、锻压、加工和装配等阶段，进而按阶段来设立车间和部门。图4—4即按过程部门化划分横向系统的组织系统图。

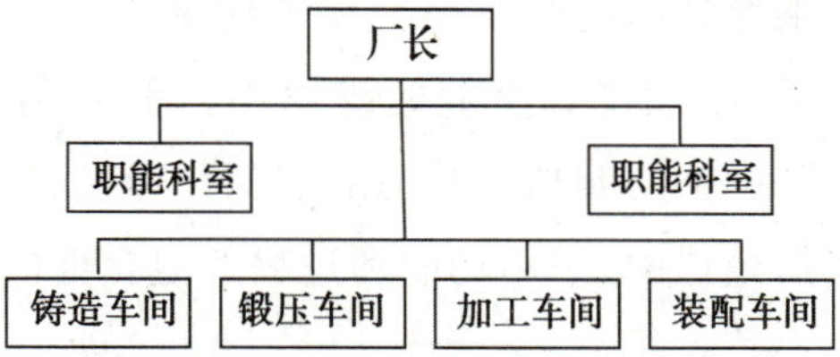

图4—4　过程部门化组织

按过程部门化原则划分组织的横向部门，也是一种很常见的部门化组织结构形式。它的优点是有利于提高工作效率，缺点是增加了上层协调的困难。

3. 产品部门化

按产品不同来划分和设置企业组织的横向部门。这种部门化组织形式适用于多样化生产经营的大型企业，它属于分权化的组织形式。图4—5即按产品类别划分的组织系统图。

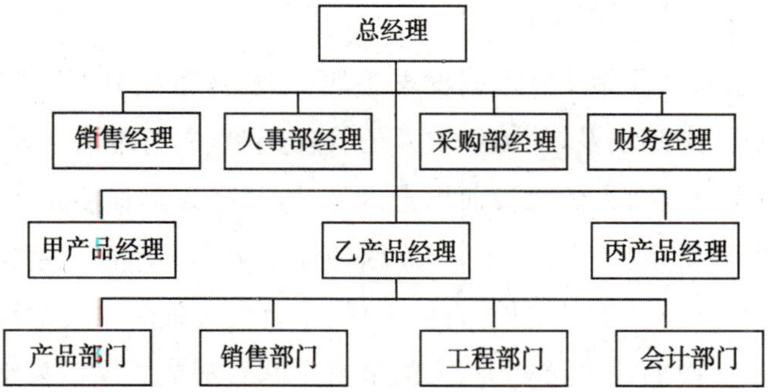

图4—5　产品部门化组织

产品部门化组织形式的优点是以产品部门为利润中心，便于对成本、利润和绩效进行测定和评价。它是分权化的组织，有利于创新活动，有利于改善产品部门内部的协调工作，为产品部门经理提供一个最佳训练机会。其缺点是产品部门可能发展得过于自主，增加了主管部门控制工作上的困难，要求有更多的通才；组织的纵向层次职能部门经常出现重复，造成专业力量分散。产品部门化组织适合经营环境多变和实行多品种与多系列生产经营的大型企业和联合企业。

部门化组织形式多种多样，除上述三种之外，还有诸如地区部门化组织、顾客部门化组织和销售渠道部门化组织等。在现代企业中，采取一种纯粹的部门化形式的组织是罕见的，绝大部分企业的组织结构都采用混合的部门化形式。例如在功能部门化的基础上同时加上其他的部门化形式。图4－6就是一个混合部门化组织图。在我国企业中，采用功能和过程的混合部门化组织形式的较多。

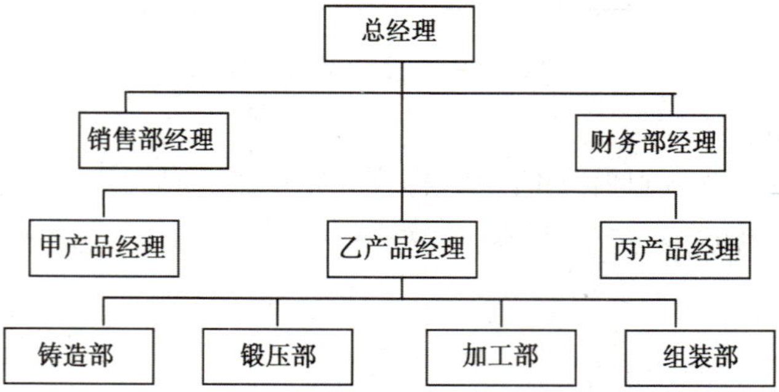

图 4－6　混合部门化组织

(三)管理幅度与层次等级

人类很早以前就开始了管理幅度思想的实践。《圣经》中记载着摩西(约公元前 1300 年被俘虏到埃及，他汲取埃及的管理经验，成为希伯来人的领导者)率领希伯来人为摆脱埃及人的奴役而出走。开始，每个人都直接向摩西汇报，遇到大事小情，摩西都要亲自处理。不久，摩西便筋疲力尽。摩西的岳父杰西罗随队前行，他建议摩西建立"千民之侯、百民之侯、半百民之侯和十民之侯"制度，对一些小的事情，让下面的人自己处理，大的事情由摩西解决。摩西采纳了岳父的建议，顺利地完成了出走的任务。

所谓管理幅度，亦称管理跨度或管理宽度，其含义是一个领导者(主管人员)所能直接而有效地管理和指挥其下属工作人员的数量，或者是指一个上级机构所能直接有效管理其下级机构的数目。换句话说，管理幅度指的是有多少人共同向同一上司汇报工作。

主管人员能够直接有效地指挥和监督的下属数量总是有限的，因为任何人的知识、经验、能力和精力等都是有限度的。因此居于权力中心的领导人，绝不可能无限制地直接管理和指挥很多人而又使他们的活动配合无间。管理幅度过大，会造成指导监督不力，使组织陷入失控状态；管理幅度过小，又会造成主管人员配备增多，管理效率降低。

对于一个领导者的管理幅度不可能无限制地扩大，绝大多数管理学著作都引用了 V. A. 格兰丘纳斯的公式来论证：

$$C = n[2^{n-1} + (n-1)]$$

式中：C 表示管理者与其下属之间相互交叉作用的最大可能数；

n 表示下属人数。

例如，假定一个管理者 M，有两个下属 A 和 B。一种直接关系可能发生于 M 与 A 之间和 M 与 B 之间。但是如果 M 和 A 谈话而 B 在场，或者和 B 说话而 A 在场，这样就会有两种直接群体关系。此外，交叉关系可能存在于 A 和 B 之间，表现为 A 找 B 和 B 找 A。这三类关系加到一起，就存在了 6 种可能的相互作用。当下属增加到 3 人时，这种可能的相互作用总数则增加到 18。以此类推，越来越大。当下属人数达到 100 人时，上面公式中的 C 便成为一个十分巨大的数字！虽然格兰丘纳斯没有说明 n 以多少为宜，但他给予的警告是清楚的——在某处增加的一个下属，可能就是一根能压断经理的骆驼脊背的稻草。

事实上，决定管理幅度不可能无限制扩大的因素远不仅仅是上述的相互作用关系，以下因素在很大程度上也决定着管理者有效管理幅度的大小。

有效管理幅度的影响因素主要有：

1. 工作能力

主管人员的综合能力、理解能力和表达能力强，可以迅速地把握问题的关键，对下属的工作提出恰当的指导建议，并使下属明确地理解，从而可以缩短与每一位下属接触所占用的时间。同样，如果下属人员的工作能力较强，受到良好的系统培训，则可以在很多问题上根据自己的符合组织要求的主见去解决，从而可以减少向上司请示的时间。这样，主管人员的管理幅度便可适当放宽些。

2. 工作内容和性质

(1)主管所处的管理层次。主管人员的工作主要在于决策和用人，但处于管理系统中不同层次的主管人员，决策与用人的比重各不相同。决策的工作量越大，主管人员用于指导和协调下属的时间就越少。所以，越是接近组织高层的主管人员，其决策职能越重要，管理幅度较中层和基层管理人员就越小。

(2)下属工作的相似性。同一主管领导下的下属人员，如果所从事工作的内容和性质相近，那么对每人工作的指导和建议也就大体相同。在这种情况下，主管人员就可指挥和监督更多的下属人员。

(3)计划的完善程度。任何工作都需要在计划的指导下进行。由下属执行的计划如果制订得非常详尽周到，下属对计划的目的和要求有十分清楚的了解，那么，需要主管人员亲自予以指导的情形就减少。反之，如果下属要执行的计划本身制订得并不完善，或者需要下属做进一步的分解，那么，主管对下属指导、解释的工作量就要增加，其有效的管理幅度就势必要缩小。

(4)非管理性事务的多少。主管人员作为组织不同层次的代表，往往需要花费相当多的时间去从事一些非管理性事务。处理这些事务所需的时间越多，用于指挥和领导下属的时间就越少，此时管理幅度就越不可能扩大。

3.工作条件

(1)助手的配备情况。如果下属工作中遇到的所有问题不分轻重缓急都需要主管亲自去处理，那么，主管人员所能直接领导的下属数量就会受到一定的限制。但是，如果给主管配备必要的助手，由助手去和下属进行一般的联络，并直接处理一些明显的次要问题，就可大大减少主管的工作量，增加其有效的管理幅度。

(2)工作地点的接近性。同一主管人员领导的下属，如果工作岗位在地理上的分布较为分散，那么，下属与主管以及下属与下属之间的沟通就相对比较困难，因而该主管所能领导的直接下属数量就要减少。

(3)信息手段的配置情况。掌握信息是进行管理的前提。利用先进的信息技术去收集、处理和传输信息，一方面可以帮助主管人员更及时、全面地了解下属的工作情况，从而提出有用的忠告和建议；另一方面下属人员也可以更多地了解与自己工作有关的情况，从而更好地自主处理分内的事务。这显然有利于扩大主管人员的管理幅度。

那么，管理幅度以多大为好呢？对于这个问题，长期以来有许多学者和实业家进行过大量的研究工作。传统或古典管理学派对待领导人管辖人数问题的态度和研究方法，一直是倾向于把有效的管辖人数普遍化，就是想找出一个通用方案,并加以普遍推广。但从长期的调查研究结果来看,并未找出一个理想的通用方案,不同人的说法仍然不一致。

由于管理幅度的限制,当组织的人员规模达到一定程度时,即当组织的人员规模突破管理幅度的限度时,就需要而且必须划分出不同的管理层次。这样,组织就由有阶层的单位组织构成,即形成了组织的纵向层次结构。当层次较多之后,人们便形象地称其为"金字塔"式的组织结构。

例如:一家拥有4096名作业人员的企业,如果按管理幅度分别为4、8和16对其进行组织设计(这里假设各层次的管理幅度相同),那么其相应的管理层次依次为6、4和3,所需的管理人员数为1365、585和273名。

管理幅度:4 8 16

管理层次:6 4 3

管理人员数:1365 585 273

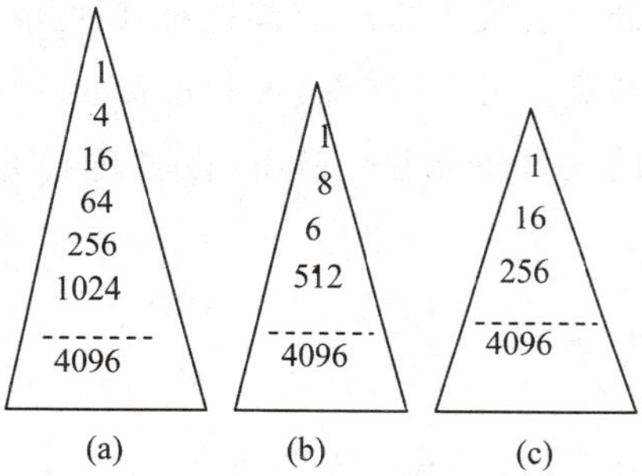

图4—7

从上述分析可知,若在企业人力规模大致一定的情况下,组织层次与管理幅度在数量上是一种反比例关系。在组织管理过程中要正确处理好管理幅度与组织层次之间的关系问题。有的企业用扩大管理幅度和减少组织层次的方法,构成扁平式组织结构,如图4—7(c);有的企业则采用缩小管理幅度和增加组织层次的方法,形成垂直式组织结构,如图4—7(a)。

相对来说,垂直式组织结构属于集权型组织。它具有高度的权威性和统一性,决策和行动都比较迅速。其缺点和不足是不便于纵向联络沟通,缺乏灵活性和适应性,所需管理人员多,管理费用大。减少管理幅度,建立垂直式组织结构,在下述条件下显得有效:(1)工作任务要求不明确;(2)下属人员自由处置权太大;(3)工作责任重大,绩效衡量期限长;(4)成果不易测定或测量;(5)部属之间工作依赖性强。在此情况下,应缩小管理幅度,以便实行有效控制。

扁平式组织结构属于分权型组织。它层次少,便于上下信息交流;有利于发挥下级人员的才干,灵活而有弹性;所需管理人员少,管理费用开支低。其缺点和不足是不便进行有效的监督和控制,加重了交叉联络的负担,容易突出下属的特权和部门的利益。

选择合适的管理幅度是至关重要的,首先,它会对一个部门的工作关系产生影响,较宽的管理幅度意味着管理者异常繁忙,而组织成员得到较少的指导和控制;与此相反,过窄的管理幅度意味着中、基层管理人员权力有限,难以充分发挥工作的能动性。其次,对组织决策活动产生影响。如果组织层次过多,将减缓决策速度,这在环境迅速变化的今天是一个致命的弱点。

组织的纵向管理层次的形成,即组织结构上的横断面的分割,使各个管理职务有所区别,由此形成组织的权力阶层结构。因此,在明确了管理幅度和组织层次之后,下一个任务就是科学地授权。为此,管理者必须识别哪些任务可以授权。其中一个非常有效的方法就是管理者首先对其如何分配时间进行分析,从而进一步确定哪些职能和责任可以授权他人来完成,由哪些下属来完成,然后授予下属完成任务所必需的权力和资源。最后,在明确下属责任的基础上对授权进行监督和控制。

三、组织中的权力和责任

组织的基本结构确立之后,接着就需要对各阶层和各部门的权力和责任范围及其相互关系加以明确而具体的规定。否则,这些不同层次和部门在实现组织的整体目标的过程中就不可能成为一个协调一致的管理工作系统。

(一)权力与责任的关系

任何一位管理者从事某项管理工作时都应有一定的权力和责任。所谓权力,从领导和指挥角度讲,就是为了实现组织的整体目标或各部门的目标,管理者要求或命令其下属如何行动或停止行动的一种力量和影响力,这是组织中的一种约束力量。所谓责任或职责,就是接受职务的管理者去尽职务的义务。责任的基本含义和内容就是尽义务。上级领导者有权命令和要求下级人员去做某项工作或事情,下级人员则依据组织内部的契约关系和制度去尽义务,去处理或完成某项工作任务,并对其结果负责,以便取得某些报酬和其他利益。

管理者的权力和责任是相辅相成的关系。也就是说,管理者有管理权力就应有管理责任，有责任就应有权力。在安排和处理组织中的权力、责任关系问题时，应坚持权力与责任的对等或相应原则。如果要求某人对某项工作的结果负责，就应当首先给予他能够确保工作得以完成所应有的权力。职权是发布命令的权力，职责是对结果所负的责任，职权与职责二者应予平衡，不能让一方胜过或低于另一方。

(二)集权与分权

1.组织中的职权及其分布

所谓职权，就是指组织设计中赋予某一管理职位的作出决策、发布命令和希望命令得到执行而进行奖惩的权力。职权与组织内的一定职位相关，而与占据这个职位的人无关，所以它通常亦被称为制度权或法定权力。

职权在整个组织中的分布可以是集中化的，也可以是分散化的。所谓集权，即职权的集中化，也就是指决策权在很大程度上向处于较高管理层次的职位集中的组织状态和组织过程。所谓分权，即职权的分散化，也就是决策权在很大程度上分散到处于较低管理层次的职位上。

在现实中，既不存在绝对的分权，也不存在绝对的集权。因为绝对的集权意味着职权全部集中在一个人手中，这样的人不需要配备下级管理者，管理组织设计也就成为多余；而绝对的分权也不可能，因为上层管理者一旦没有了监督和管理的权力与责任，也就没有必要设置这样的职位。管理组织的存在必然意味着某种程度的分权。集权和分权是两个彼此对立但又互相依存的概念，它们只能存在于一个连续统一体中。

2.集权与分权的程度

一般说来，集权或分权的程度，常常根据各管理层次拥有的决策权的情况来衡量。

(1)决策的数目。基层决策数目越多，分权程度就越高；反之，上层决策数目越多，集权的程度就越高。

(2)决策的重要性及其影响面。较低一级管理层次作出的决策事关重大，涉及面较广，就可认为分权程度较高；相反，若下级作出的决策无关紧要，则集权程度较高。

(3)决策审批手续的繁简。在根本不需要审批决策的情况下，分权的程度就较高;在作出决策以后,还必须呈报上级领导审批的情况下,职权分散程度就低一些。

按照集权与分权的程度不同,可形成两种领导方式:集权制与分权制。集权制的特点是:(1)经营决策权大多数集中于上层主管,中下层只有日常的业务决策权限;(2)对下级的控制较多;(3)统一经营;(4)统一核算。分权制的特点是:(1)中下层有较多的决策权;(2)上级的控制较少,往往以完成规定的目标为限;(3)在统一规划下可独立经营;(4)实行独立核算,有一定的财务支配权。

3.影响集权与分权程度的主要因素

集权或者分权不能简单地用"好"或"坏"来加以判断。在成功的企业中,既有许多被认为是相对分权的企业,也有许多被认为是相对集权的企业。就是在同一个企业的不同发展阶段,其集权和分权的程度也不完全相同。因此,并不存在着一个普遍的标准,可以使管理者依据它来判断应当分权到什么程度,或是应当集权到什么程度。确定一个组织中职权集中或分散的合理程度,需要考虑如下几方面影响因素:

(1)经营环境条件和业务活动性质。如果组织所面临的经营环境具有较高的不确定性,处于经常变动之中,组织在业务活动过程中必须保持较高的灵活性和创新性,这种情况就要求实行较大程度的分权。反之,面临稳定的环境和按常规开展业务活动的组织,则可以实行较大程度的集权。

(2)组织的规模和空间分布广度。组织规模较小时,实行集权化管理可以使组织的运行取得高效率。但随着组织规模的扩大,其经营领域范围甚至地理区域分布可能相应地扩大,这就要求组织向分权化的方向转变。

(3)决策的重要性和管理者的素质。一般而言,涉及较高的费用支出和影响面较大的决策,宜实行集权;重要程度较低的决策可实行较大的分权。组织中管理人员素质普遍较高,则分权具备比较好的基础。

(4)方针政策一致性的要求和现代控制手段的使用情况。鉴于集权有利于确保组织方针政策的一致性,所以在面临重大危机和挑战时,组织往往会采取集权的办法。另外,拥有现代化通信和控制手段的组织,在职权配置上经常会呈现两个方向的变动:一是重要和重大问题的决策可以实行更大程度的集权,二是次要问题的决策则倾向于更大程度的分权。

(5)组织的历史和领导者个性的影响。严格地说,这些是组织集权或分权程度的现实影响因素。如果组织是在自身较小规模的基础上逐渐发展起来,并且发展过程中亦无其他组织的加入，那么集权倾向可能更为明显。因为组织规模较小时，大部分决策都是由最高主管(层)直接制定和组织实施的，这种做法可能延续下来。与此相似，组织中个性较强和自信、独裁的领导者，往往喜欢其所辖部门完全按照自己的意志来运行，这时集权就是该类组织经常会出现的状态。对于这些现实的影响组织职权配置状态的因素，应该辩证地加以看待。现实的未必就是合理的，但现实的往往是不得不遵从的。

4.过分集权的弊病

正确地处理集权与分权关系对于组织的生存和发展至关重要。从国内企业的实际情况来看，许多组织都普遍存在一种过分集权的倾向。当一个组织的规模还比较小的时候，高度集权可能是必要的，而且可以充分显示出其优越性。但随着组织规模的发展，若仍将许多决策权过度地集中在较高的管理层次中，则可能出现种种弊端，主要表现在：

(1)降低决策的质量和速度。在规模相对比较大的组织中，高层主管距离生产作业活动的现场较远，如果管理权力过于集中，现场发生的问题需要经过层层请示汇报后由高层人员作出。这样作出的决策，不仅难以保证其应有的准确性，而且时效性也会受到影响。

(2)降低组织的适应能力。过分集权的组织，可能使各个部门失去自我适应和自我调整的能力，从而削弱组织整体的应变能力。

(3)致使高层管理者陷入日常管理事务中，难以集中精力处理企业发展中的重大问题。

(4)降低组织成员的工作热情，并妨碍对后备管理队伍的培养。管理权力的高度集中不仅会挫伤下层管理人员和作业人员的工作主动性和创造性，而且也使他们丧失了在实践中锻炼和提高自己能力的机会，从而可能对组织的长远发展造成不利的影响。

5.分权的实现途径

分权可以通过两种途径来实现：一是改变组织设计中对管理权限的制度分配；二是促成主管人员在工作中充分授权。前者是对组织中职权关系的一种再设计，是在组织变革过程中实现的；后者则是在组织运行中，通过各层领导者的权力委让行为，系统地将决策权授予中下层管理者，使他们切切实实地得到组织制度所规定的权力。

管理者的授权行为是促进组织达到分权状态的重要途径。所谓授权，就是指上级管理者随着职责的委派而将部分职权委让给对其直接报告工作的部属的行为。授权的本质含义就是：管理者不要去做别人能做的事，而只做必须由自己来做的事。任何一个管理者，其时间、精力、知识和能力都是有限度的，一个人不可能事必躬亲去承担实现组织目标所必需的全部任务。授权可以使管理者的能力在无形中得以延伸。真正的管理者必须知道如何有效地借助他人的力量去实现组织的目标。

科学、合理的授权过程由四个有机联系的环节构成：

(1)任务的分派。管理者在进行授权的时候，需要确定接受授权的人即受权人所应承担的任务是什么。正是从为实现组织目标而执行相应任务的需要出发才产生了授权。

(2)职权的授予。即根据受权人开展工作、实现任务的需要，授予其采取行动或者指挥他人行动的权力。授权不是无限制地放权，而是委任和授放给下属在某些条件下处理特定问题的权力，所以，必须使受权者十分明确地知道所授予他们的权限的范围。

(3)职责的明确。从受权人一方来说，他在接受了任务并拥有了所必需的权力后，相应地就有责任和义务去完成其所接受的任务，并就任务完成情况接受奖励或处罚。有效的授权必须做到使受权者"有职就有权，有权就有责，有责就有利"，并且授权前要遵循"因事择人，施能授权"和"职以能授，爵以功授"的原则正确地选择受权者，做到职、责、权、利、能相互平衡。

(4)监控权的确认。授权者应该明白自己对授予下属完成的任务的执行情况负有最终的责任，为此需要对受权者的工作情况和权力使用情况进行监督检查，并根据检查结果调整所授权力或者收回权力。可以说，建立反馈机制、加强监督控制，这是确保授权者对受权者的行为保持监控力的一项重要措施，也是授权区别于"放任自流"做法的一个重要方面。

四、组织力量的整合

（一）正式组织与非正式组织

1. 正式组织与非正式组织

(1)正式组织与非正式组织的定义

正式组织：组织设计建立的合理的组织机构和结构、规范组织成员在活动中的关系形成的即是正式组织。这种组织有明确的目标、结构、职能以及由此而决定的成员间的责权关系,对个人具有某种程度的强制性。

非正式组织:组织成员由于工作性质相近、社会地位相当,对一些具体问题的认识基本一致、观点基本相同,或者在性格、业余爱好以及感情相投的基础上,产生一些被大家所接受并遵守的行为规则,使松散、随机性的群体趋向固定,成为非正式组织。

(2)正式组织与非正式组织的存续条件

正式组织的活动以成本和效率为主要标准,要求组织成员为了活动效率和降低成本而确保形式上的合作,并通过对他们在活动中的表现予以正式的物质和精神的奖励或惩罚来引导他们的行为。因此,维系正式组织的,主要是理性的原则。

非正式组织主要以感情和融洽的关系为标准,要求成员遵守共同的、不成文的行为规范。对于自觉遵守和维护规范的成员,给予赞许、欢迎和鼓励;而不愿遵守和维护规范的成员,则会通过嘲讽、孤立等手段予以惩罚。因此,维系非正式组织的,主要是接受与欢迎或孤立与排斥等感情上的因素。

2. 非正式组织的影响

(1)非正式组织的积极作用:可以满足职工的需要;会使组织成员之间的相互关系更加融洽、和谐,从而易于产生和加强合作精神;可以帮助正式组织起到一定的培养作用;会自觉或自发地帮助正式组织维护正常的活动秩序。

(2)非正式组织可能造成的危害:非正式组织的目标如果与正式组织的冲突,则可能对正式组织的工作产生极为不利的影响;非正式组织要求组织成员一致性的压力,往往也会束缚成员的个人发展;非正式组织的压力还会影响正式组织的变革,增加组织的惰性。

3. 有效利用非正式组织

由于非正式组织的存在是一个客观的现象,也由于非正式组织对正式组织具有正负两方面的作用,所以,管理者不能采取简单的禁止或取缔态度,而应该对它加以妥善管理。也就是要因势利导,最大限度地发挥非正式组织的积极作用而克服其消极的作用。

一方面,管理者必须认识到,正式组织目标的实现要求有效地利用和发挥非正式组织的积极作用。为此,管理者必须正视非正式组织存在的客观必然性和必要性,允许乃至鼓励非正式组织的存在,为非正式组织的形成提供条件,并努力使之与正式组织相吻合。

另一方面,考虑到非正式组织可能具有的不利影响,管理者需要通过建立、宣传正确的组织文化,以影响、改变非正式组织的行为规范,从而更好地引导非正式组织作出积极的贡献。

(二)直线与参谋

组织中的管理人员是以直线主管和参谋两类不同的身份来从事管理工作的,他们的作用不同,对组织活动的开展和目标的实现是必要的。

1. 直线职权、参谋职权及其相互关系

在组织中,直线职权与参谋职权是两类不同的职权关系。直线关系本质上是指挥和命令的关系,直线人员所拥有的是一种决策和行动的权力;相反,参谋关系则是一种服务和协助的关系,授予参谋人员的只是思考、筹划和建议的权力。正确处理直线与参谋的关系,充分发挥参谋人员的合理作用,是组织设计和运作中有效地发挥各方面力量协同作用的一项重要内容。

应该看到,从职权关系角度划分的直线与参谋概念,不同于直线部门与参谋部门的概念。后者是根据不同管理部门或人员在实现组织目标过程中的作用而进行区分的,依此将那些对组织目标的实现负有直接责任的部门称为直线机构,而把那些协助直线人员工作而设置的辅助组织基本目标实现的部门称为参谋机构。根据这个标准,制造业企业中致力于生产或销售产品和劳务的部门就是直线机构,而采购、人事、会计等部门则被列为参谋机构。参谋机构对直线机构的关系通常是一种参谋性的职权关系,但在其行使职能职权的场合,职能部门对受其权力影响的直线部门,实际上就构成了一种直线职权的关系。更为常见的,参谋机构对其内部人员的管理本质上就与直线部门内部的管理一样,也都需要依靠直线职权。因此可以说,直线职权关系并不仅仅存在于直线系统内。

2. 直线与参谋的矛盾

(1)直线与参谋的矛盾主要表现在:

从直线经理方面说,他们认为参谋干预了自己的工作,对他们不满。

从参谋人员的角度来说,会因为直线主管的轻视而产生不满;由于参谋人员只有服务和建议的权力,对直线经理的工作没有任何约束力,因此,直线人员对

参谋作用的忽视，使参谋的专业知识不能得到充分的利用。

(2)引起直线与参谋矛盾的原因：直线管理者对参谋人员的抵触；高层主管对直线下属的支持；参谋人员过高估计了自己的作用。

3. 正确发挥参谋的作用

解决直线与参谋矛盾的关键是要合理利用参谋的工作。

(1)明确直线和参谋的关系，分清双方的职权范围和存在价值，从而形成相互尊重和相互配合的关系。

(2)授予参谋必要的职能权力，是指直线主管把原本属于自己的指挥和命令直线下属的某些权力授给有关的参谋部门或参谋人员，使这些参谋部门不仅具有研究、咨询和服务的责任，而且在某种职能范围内具有一定的决策、监督和控制权。通常而言，参谋职权可分为如下几种：

① 建议权。参谋人员的权限仅限于提供建议、提案或协助，其意见可能得到有关人员的欢迎和采纳，也可能被置之不理。

② 强制协商权。此时参谋人员的影响力在一定程度上有所提高，也即有关人员在作出决定之前必须先询问和听取参谋人员的意见；处理这种关系的关键在于要具体地规定在什么情况下参谋人员的意见应得到应有的重视，而又不限制直线主管人员的自主决定权。

③ 共同决定权。这时参谋人员的权限提高到了足以影响直线人员自主决定权的程度。换句话说，直线人员不仅要在作出决定前认真地听取参谋人员的意见，而且在命令采取行动时还需得到参谋人员的同意和许可。这种权力常在企业某项决策必须确保得到专家评定的情况下采用。

④ 职能职权。这是对直线主管人员行使决策和指挥权限的最高程度的限制。这种情况允许参谋人员对有关人员直接下达指示，而且这些指示要像来自直线主管的命令一样得到同等的重视。当然，这种指示也有可能被直线主管撤回，但在此之前它是绝对必须执行的。这通常在参谋人员的专门知识和技能是开展某项工作的重要条件的情况下采用。

(3)直线管理人员应为参谋人员提供必要的信息条件，以便从参谋人员那里获得有价值的支持。

概言之，处理好直线与参谋之间的矛盾关系，一方面要求参谋人员经常提醒自己“不要越权”、“不要篡权”；另一方面，也要求直线人员尊重参谋人员所拥有的专业知识，自觉利用他们的工作，取长补短。

(三)分工与协调

对工作分工与协调关系的处理是组织设计中的一个重要问题。传统组织设计强调工作的专业化分工,认为分工是大生产的标志,不仅作业活动要进行分工,管理活动也要实行分工,通过分工提高各方面工作的质量和效率。专业化分工成为传统组织设计的一条基本原则。但是随着生产力水平的提高,分工的缺点也日益暴露出来,如分工带来了本位主义,助长了专业管理人员的片面观点;分工造成了工作的单调乏味,影响了员工的工作热情和创造性思维;分工还引起办事程序和手续的繁琐复杂,增大部门之间的协调工作量等。因此,分工并不是越细致越好,而应该有一个合适的“度”。对这个“度”的把握,就需要全面考虑分工带来的益处是否足以抵补员工工作积极性下降和工作过程协调成本上升等缺陷。

第二节　组织结构

组织结构就是表现组织各部分排列顺序、空间位置、聚集状态、联系方式以及各要素之间相互关系的一种模式,它是执行管理和经营任务的体制。

管理系统的组织结构犹如人体的骨架。206 块骨头组成的骨架在人体起着支架、保护的作用,正是有了骨架,消化、呼吸、循环等系统才能发挥正常的生理功能。组织结构在整个管理系统中同样起“框架”作用,有了它,系统中的人流、物流、信息流才能正常流通,使组织目标的实现成为可能。所不同的是组织结构是主管人员有意识地创造的结构,组织能否顺利地达到目标,能否促进个人在实现目标过程中作出贡献,在很大程度上取决于这种结构的完善程度。

一、组织结构设计的程序

组织结构设计的基本程序包括以下几个连续的步骤:

1. 确定组织目标

组织目标是组织设计的基本出发点。任何组织都是实现某一目标的工具,没有明确的目标,组织就失去了其存在的意义。因此,组织设计的第一步,就是要在综合分析组织外部环境和内部条件的基础上,合理确定组织的总目标及各种具体的派生目标。

2. 确定业务内容

根据组织目标的要求，确定为实现组织目标所必需的业务活动，并按其性质适当分类，如企业的市场研究、经营决策、产品开发、质量管理、营销管理等，并进一步地明确各类活动的范围和大概工作量。在此基础上，进行业务流程的总体设计，优化总体业务流程。

3. 确定组织结构

根据组织规模、技术特点、业务工作量大小，参考同类组织结构设计的模式，确定应采取的组织结构的基本形式，进而确定需要设置哪些单位和部门，并把性质相同或相近的业务活动划归适当的单位和部门负责，形成层次化、部门化的组织结构体系。

4. 配备职务人员

根据各单位、部门所分管的业务工作的性质和对人员的素质要求，挑选和配备称职的人员及其行政负责人，并明确其职务和职称。

5. 规定职责权限

根据组织目标的要求，明确规定各单位和部门及其负责人对业务活动应负的责任以及评价工作绩效的标准。同时，根据完成业务活动的实际需要，授予各单位和部门及其负责人适当的权力。

6. 连成一体

这是组织设计的最后一步，即通过明确规定各单位、各部门之间的相互关系，以及它们之间的信息沟通和相互协调方面的原则，将各组织实体上下左右联结起来，形成一个能够协调运作、有效地实现组织目标的管理系统。

二、组织结构的类型

尽管从理论上说，企业组织结构的形式可以有无数种，但是在现实组织中得到采用并占主导地位的组织结构则仅有其中的几种，即直线制、职能制、直线一职能制、事业部制、矩阵制、网络型和集团控股型等。这些组织形式其实没有绝对的优劣之分。不同环境中的企业或同一企业中不同单位的管理者都可根据实际情况选用某种最合适的组织形式。

1. 直线制组织结构

直线制组织结构是最古老的组织结构形式。所谓的直线是指在这种组织结构下,职权直接从高层向下“流动”(传递、分解),经过若干个管理层次达到组织最低层。其结构如图 4－8 所示。其特点是:

(1)组织中每一位主管人员对其直接下属拥有直接职权。

(2)组织中的每一个人只对他的直接上级负责或报告工作。

(3)主管人员在其管辖范围内,拥有绝对的职权或完全职权。即主管人员对所管辖部门的所有业务活动行使决策权、指挥权和监督权。

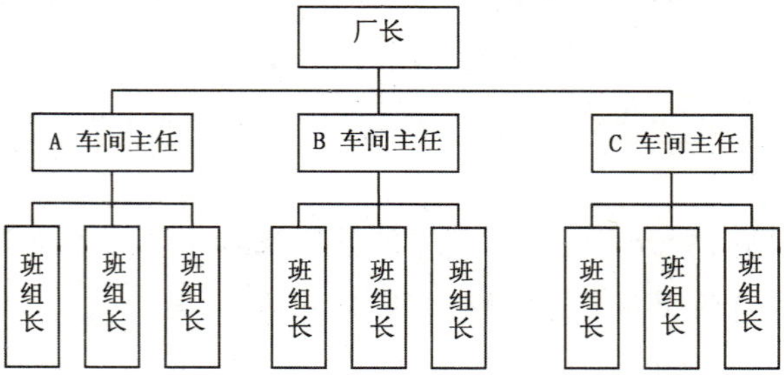

图 4－8 直线制组织结构

厂长(或总经理)通常将采购、销售、财务、人事等经营活动的决策权、指挥权和监督权集中在自己手中,并行使对生产经营活动的监督权。因此,在直线制组织结构下,经营管理职能只存在垂直分工(职权范围大小)而不存在水平分工(采购、销售、财务、人事、安全等)。这种组织形式在某种意义上类似逐级承包体制,是一种集权式的组织结构形式。

这种组织结构形式的优点是权力集中,职权和职责分明,命令统一,信息沟通简捷方便,便于统一指挥,集中管理。

不过这种组织结构的显著缺点是,各级行政首脑必须熟悉与本部门业务相关的各种活动(尤其是最高行政首脑,必须是全能管理者);缺乏横向的协调关系,没有职能机构作为行政首脑的助手,容易使行政首脑产生忙乱现象。所以,一旦企业规模扩大,管理工作复杂化,行政首脑可能由于经验、精力不及而顾此失彼,难以进行有效的管理。

这种组织结构适用于企业规模不大，职工人数不多，生产和管理工作都比较简单的情况或现场作业管理。

2. 职能制组织结构

职能制组织结构，是各级行政单位除主管负责人外，还相应地设立一些职能机构。如在厂长下面设立职能机构和人员，协助厂长从事职能管理工作。这种结构要求行政主管把相应的管理职责和权力交给相关的职能机构，各职能机构就有权在自己业务范围内向下级行政单位发号施令。因此，下级行政负责人除了接受上级行政主管的指挥外，还必须接受上级各职能机构的领导。结构形式如图 4－9 所示。

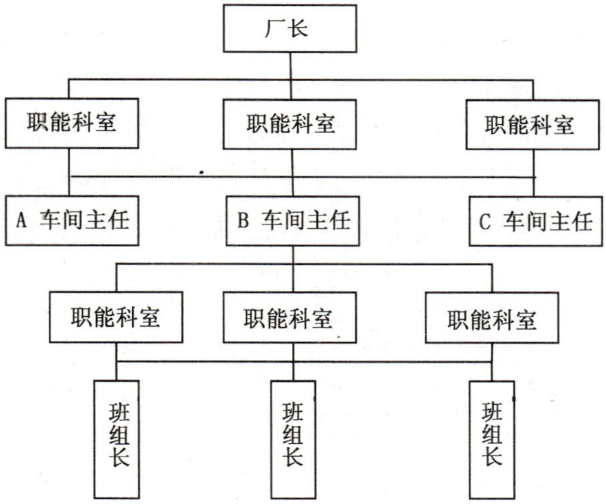

图 4－9　职能制组织结构简图

职能制的优点是能适应现代化工业企业生产技术比较复杂、管理工作比较精细的特点；能充分发挥职能机构的专业管理作用，减轻直线领导人员的工作负担。

但缺点也很明显：它妨碍了必要的集中领导和统一指挥，形成了多头领导；不利于建立和健全各级行政负责人和职能科室的责任制，在中间管理层往往会出现“有功大家抢，有过大家推”的现象；另外，在上级行政领导和职能机构的指导和命令发生矛盾时，下级就会无所适从，影响工作的正常进行，容易造成纪律松弛、生产管理秩序混乱的局面。由于这种组织结构形式的明显的缺陷，现代企业一般都不采用职能制。

3. 直线一职能制组织结构

直线一职能制组织结构是现代工业中最常见的一种结构形式，而且在大中型组织中尤为普遍。这种组织结构的特点是，以直线为基础，在各级行政主管之下设置相应的职能部门（如计划、销售、供应、财务等部门）从事专业管理，作为该级行政主管的参谋，使主管统一指挥与职能部门参谋、指导相结合。在直线一职能制结构下，下级机构既受上级部门的管理，又受同级职能管理部门的业务指导和监督。各级行政领导人逐级负责，高度集权。因而，这是一种按经营管理职能划分部门，并由最高经营者直接指挥各职能部门的体制。

从图 4－10 可以看出，在这种结构中，除了直线人员外，还需要职能参谋人员提供服务——他们与直线人员共同工作。直线人员直接参与组织目标的实现，而职能参谋人员则是间接参与，为组织目标的实现提供服务。对于生产性企业，它的主要目标有两个：生产和销售。作为组织目标实现的直接参与者，生产与市场人员构成了直线人员。区分组织中的直线人员和职能参谋人员的一个方法就是根据组织的目标，看谁直接为其作出贡献，谁间接为其作出贡献。

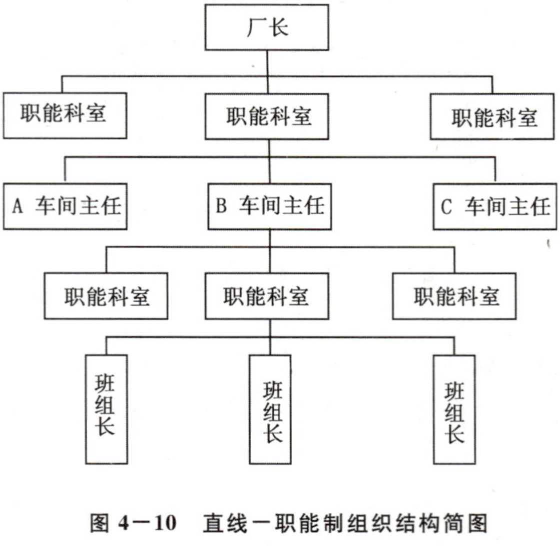

图 4－10　直线一职能制组织结构简图

在一个组织中，人事、工程、研究与开发、法规、财务及公共关系部门往往被认为是职能参谋部门，尽管在整个组织中这些部门是职能部门。

职能参谋部门拟订的计划、方案以及有关指令，由直线主管批准下达；职能参谋部门只起业务指导作用,无权直接下达命令。因此,职能参谋人员的服务在本质上是建议性的,他们不能对直线人员行使职权。例如人事部经理只能向生产部门建议聘用新员工,他没有职权强迫生产经理接受他的建议。在组织最高层,职能参谋人员参与决策制定。除了这些特殊的职能参谋人员外,在组织中还有服务性质的职能参谋人员,包括办公室人员、速记员、维修人员以及其他类似人员。

直线一职能制组织结构比上述两种组织结构具有优越性。它既保持了直线制结构集中、统一指挥的优点,又吸收了职能制结构分工细密、注重专业化管理的长处,从而有助于提高管理工作的效率。

直线一职能制组织结构的内在缺陷具体如下:(1)属于典型的"集权式"结构,权力集中于最高管理层,下级缺乏必要的自主权;(2)各职能部门之间的横向联系较差,容易产生脱节和矛盾;(3)直线一职能制组织结构建立在高度的"职权分裂"基础上,各职能部门与直线部门之间如果目标不统一,则容易产生矛盾,特别是对于需要多部门合作的事项,往往难以确定责任的归属;(4)信息传递路线较长,反馈较慢,难以适应环境的迅速变化。

直线一职能制组织结构所存在的问题是经常产生权力纠纷,从而导致直线人员和职能参谋人员的摩擦。为了避免这两类人员的摩擦,管理层应明确他们各自的作用,鼓励直线人员合理运用职能参谋人员所提供的服务。直线人员学会如何有效运用职能参谋人员的协助是很重要的,因为直线管理人员对组织的价值在很大程度上取决于他如何利用职能参谋人员提供的服务。

4. 事业部制组织结构

事业部制最早是由美国通用汽车公司总裁斯隆于 1924 年提出的,故有"斯隆模制"之称,也叫"联邦分权化",是一种高度(层)集权下的分权管理体制。它适用于规模庞大、品种繁多、技术复杂的大型企业,是国外较大的联合公司所采用的一种组织形式,近几年我国一些大型企业集团或公司也引进了这种组织结构形式。

事业部制结构不是按职能或任务来组织,而是按产品、地区或顾客类型来进行组织,每个事业部内部都建立起自己的 U 型结构,如图 4-11。所谓事业部制结构,就是在一个企业内部对具有独立的产品和市场、独立的责任和利益的部门实行分权管理的一种组织形态。事业部是一些相互联系的单位的集合,具有三个特征:(1)有独立的产品和市场,是产品责任或市场责任单位;(2)有独立的利益，实行独立核算，是一个利益责任单位；(3)是一个分权单位，拥有足够的权力，能自主经营。

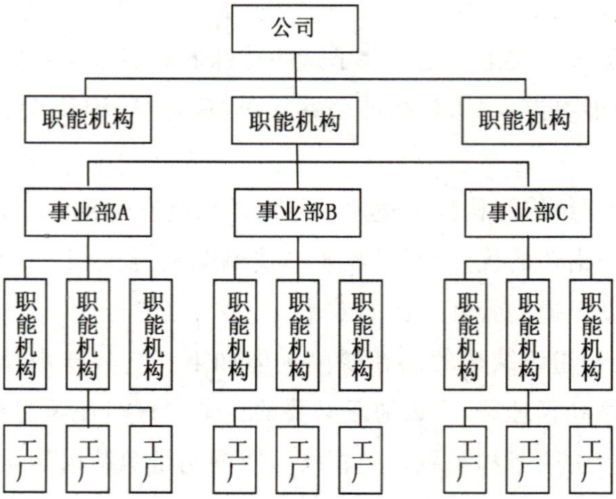

图 4—11　事业部制组织结构简图

事业部制结构是在一个大的多样化经营的企业中，针对直线一职能型结构的局限性所作出的一种反应。当企业跨地理区域或跨产品类型进行多样化经营时，协调各个市场内的不同的职能就变得非常重要。例如，跨区域经营的企业，就要决定赋予不同的地区市场多大程度的自主权。采用一种按地理区域进行组织的事业部制结构，将会使得企业能够对不同市场内的生产、分销和销售职能进行协调。其中，每一个市场都具有独立的竞争地位。这种结构还有助于解决大型组织中的另一个问题：通过把个体的报酬与其业绩紧密地结合起来减少代理成本。一个简单的例子发生在零售业中。在诸如皮格利一威格利这样的零售连锁公司中，一个店事实上就是一个分部，并且各店独立核算利润。这就为高层管理人员提供了一种简单的对分店业绩进行评价的方法——以利润指标来清晰地度量单个部门的业绩对整个公司的贡献，使其可以用来对分店经理进行评估，并对好的业绩实施奖励。

在事业部制组织结构下，最高管理层必须保持三方面的决策权：(1)事业发展的决策权。整个企业进入什么市场、发展什么产品、开辟什么新事业、放弃什么事业等经营方针，以及价格政策、竞争策略等基本原则的决策权要保留在总部。(2)有关资金分配的决策权。资金的供应以及资金分配必须由企业最高管理层控制，而不是交由分权的事业部处理。(3)人事安排权。公司的人事政策、各事业部重要干部的人事安排应由总部高层决策。公司的职能部门的主要任务是为最高管理层和各事业部门提供有效的建议、劝告与服务，它不是事业部那样的独立的利益责任单位。

事业部制的优点在于：(1)组织最高管理部门可以摆脱繁杂的日常行政管理事务，成为真正强有力的决策机构；(2)各事业部自成体系，独立经营、核算，可以发挥其灵活性和主动性，并进而增强企业整体的灵活性和适应能力；(3)可促进各事业部之间的竞争，促进企业发展；(4)通过权力下放，使各事业部接近市场和顾客，按市场需要组织生产经营活动，有助于经济效益的改进和提高；(5)有利于培养和训练管理人才。

事业部制的缺点是：公司与事业部的职能机构重叠，构成管理人员浪费；事业部实行独立核算，各事业部只考虑自身的利益，影响事业部之间的协作，一些业务联系与沟通往往也被经济关系所替代，甚至连总部的职能机构为事业部提供决策咨询服务时，也要事业部支付咨询服务费。

适用范围：在事业部型组织设计中，重要决策可以在较低的组织层次作出，因此，与职能型组织比较，它有利于以一种分权的方式来开展管理工作。事业部型组织一般适于在具有较复杂的产品类别或地区分布较广泛的企业中采用。

5. 矩阵制组织结构

在组织结构上，把既有按职能划分的垂直领导系统，又有按产品(项目)划分的横向领导关系的结构，称为矩阵制组织结构。如图 4－12 所示。

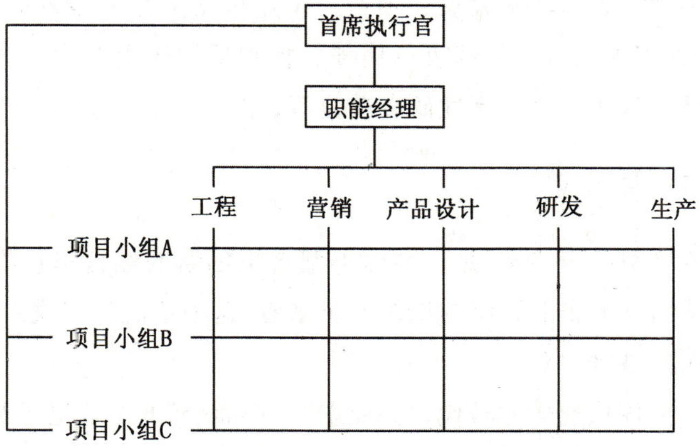

图 4－12 矩阵制组织结构简图

矩阵制组织是为了改进直线职能制横向联系差、缺乏弹性的缺点而形成的一种组织形式。它的特点表现在围绕某项专门任务成立跨职能部门的专门机构上，例如组成一个专门的产品（项目）小组去从事新产品开发工作，在研究、设计、试验、制造各个不同阶段，由有关部门派人参加，力图做到条块结合，以协调有关部门的活动，保证任务的完成。这种组织结构形式是固定的，人员却是变动的，需要谁，谁就来，任务完成后就可以离开。项目小组和负责人也是临时组织和委任的，任务完成后就解散，有关人员回原单位工作。因此，这种组织结构非常适用于横向协作和攻关项目。

矩阵结构的优点是：机动、灵活，可随项目的开发与结束进行组织或解散；由于这种结构是根据项目组织的，任务清楚，目的明确，各方面有专长的人都是有备而来，因此在新的工作小组里，能沟通、融合，能把自己的工作同整体工作联系在一起，为攻克难关、解决问题而献计献策，由于从各方面抽调来的人员有信任感、荣誉感，使他们增加了责任感，激发了工作热情，促进了项目的实现；它还加强了不同部门之间的配合和信息交流，克服了直线职能结构中各部门互相脱节的现象。

矩阵结构的缺点是：项目负责人的责任大于权力，因为参加项目的人员都来自不同部门，隶属关系仍在原单位，只是为"会战"而来，所以项目负责人对他们管理困难，没有足够的激励手段与惩治手段，这种人员上的双重管理是矩阵结构的先天缺陷；由于项目组成人员来自各个职能部门，当任务完成以后，仍要回原单位，因而容易产生临时观念，对工作有一定影响。

矩阵结构适用于一些重大攻关项目。企业可用来完成涉及面广的、临时性的、复杂的重大工程项目或管理改革任务。特别适用于以开发与实验为主的单位，例如科学研究，尤其是应用性研究单位等。

6. 网络型组织结构

所谓的网络型组织结构，是一种由小型自主创新的经营单位组成的网络化组织形态。从西方大企业近年的组织变革来看，这种新的组织模式日渐成型，形成了一种企业网络。

在社会分工日趋细化的时代，"大而全"、"小而全"的企业已经难以在激烈的市场竞争中占据竞争优势，众多的各具优势的企业联合起来，相互支持，互为补充，不仅可以使每个企业获得开展生产经营活动所需的资源，而且在生产经营活动中强化了自身的竞争优势。网络型组织结构应运而生。这种组织结构只有很小的中心组织，依靠其他组织，以合同方式为基础，从事制造、营销等经营活动。作为一种新型的组织结构，网络型组织结构有助于组织自身规模的精简，使组织具有更大的灵活性和应变能力，进而成为当今社会的一种流行模式。如图4—13所示。

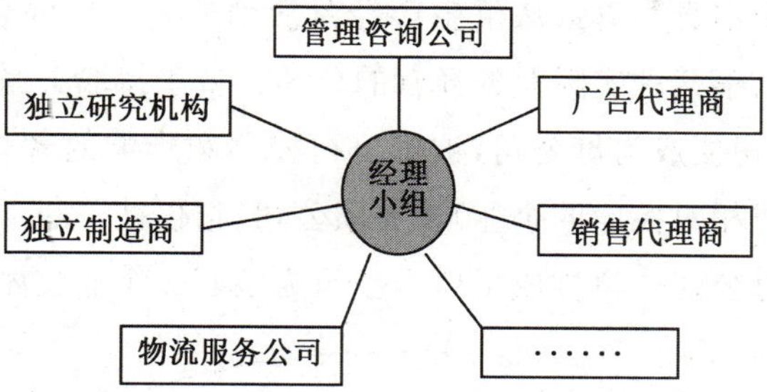

图4—13 网络型组织结构简图

网络经济条件下，以“双赢”为目的的企业合作已成为现代企业适应现代竞争环境的最好模式，企业网络就是企业的多种合作模式之一。伴随着信息技术的发展而出现的虚拟公司就是这样的组织形式。在这种组织形态下运作的企业有完整的功能，如生产、营销、设计、财务等，但在企业内部却没有这些功能的执行部门。企业仅保留最关键的功能，然后将其他功能虚拟化，以各种方式借用外力进行整合，进而形成企业本身的竞争优势。虚拟公司采用的是借用“外部资源整合”的策略，而非以往所说的“内部资源选择”的策略。

耐克公司是利用虚拟公司抢占市场成功的公司之一。耐克公司是世界上最大的旅游鞋供应商和制造商之一，公司将主要的财力、物力、人力投入到产品的设计和销售上，甚至连样鞋也不靠自己生产，其生产活动完全在台湾企业和其他地区的企业中进行。公司的许多经理经常穿梭全球寻找合适的生产合作伙伴。20世纪70年代，耐克与菲律宾、马来西亚、英国、爱尔兰的制鞋厂合作，80年代耐克转向中国台湾、韩国等地谋求合作，90年代耐克对中国大陆、印度尼西亚、泰国等又信心十足。耐克的成绩是惊人的。从1985年到1992年，耐克的纯利润增长了24倍。耐克成功的关键是恰当地组建虚拟公司，并在虚拟公司中处于领导地位，从而以低成本获得了高利润。

7. 集团控股型组织结构

严格讲起来，集团控股型组织结构（H型结构）并不是一个企业的组织结构形态，而是企业集团的组织形式。在H型结构中，母公司持有子公司或分公司部分或全部股份，下属各子公司具有独立的法人资格，是相对独立的利润中心。

控股公司依据其所从事活动的内容，可分为纯粹控股公司和混合控股公司。纯粹控股公司是指，以掌握子公司的股份、支配被控股子公司的重大决策和生产经营活动为目的，而本身不直接从事生产经营活动的公司。混合控股公司指既从事股权控制，又从事某种实际业务经营的公司。基于持股关系，对那些企业单位持有股权的大公司便成为母公司，被母公司控制和影响的各企业单位则成为子公司（指被绝对或相对控股的企业）或关联公司（指仅被一般参股的企业）。子公司、关联公司和母公司一道构成了以母公司为核心的企业集团。如图 4－14。

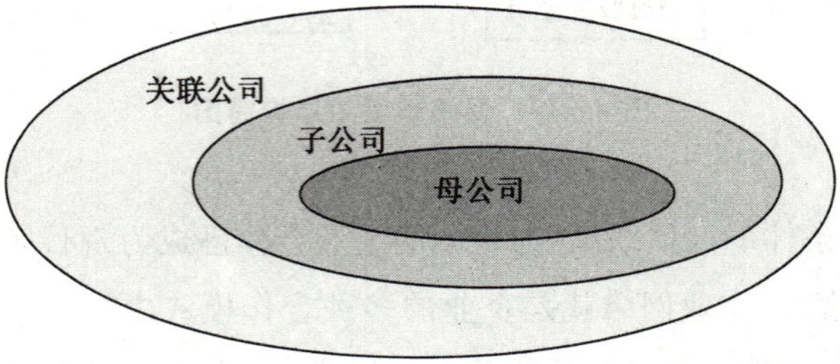

图 4－14 集团控股型组织结构简图

集团控股型组织结构较多地出现在由横向合并而形成的企业之中，这种结构使合并后的各子公司保持了较大的独立性。子公司可分布在完全不同的行业，如生产和销售、不同产品的制造、为不同的市场区域服务等，而总公司则通过各种委员会和职能部门来协调和控制子公司的目标和行为。这种结构的公司往往独立性过强，缺乏必要的战略联系和协调，因此，公司整体资源战略运用存在一定的难度。

近年来，我国组建的各种类型的企业集团越来越多。顾名思义，企业集团是多个企业的联合体，不同于单一企业。同时，企业集团也不同于建立在合同基础上的网络组织，主要表现在：

（1）企业集团有核心企业，这个核心可以由一个或若干个大中型骨干企业、科研单位或其他有投资能力的企业组成；集团的成员企业以资金、技术、商标等产权关系为纽带，形成严密的组织形式和高度集中的管理指挥中心；而网络组织只是生产要素的简单联合，有的甚至相互间只有短期的合同约束。

（2）企业集团的联合是多层次的，往往由处于核心层、紧密层、半紧密层、协作层的众多企业所组成，处于不同层次上的企业之间往往因产权关系等因素而具有很强的制约甚至控制关系;网络组织往往只有松散的联合层,成员企业之间没有制约,或制约不强。

产权关系是把众多的企业联合在一起形成企业集团的最重要的纽带。按产权关系可以把集团中的企业划分为全资子公司、控股公司和参股公司,然后结合集团经营战略的需要,确定企业在集团中所处的层次。集团中的企业部分甚至全部都是独立的法人,因此,如何构建集团公司与下属企业特别是紧密层企业之间的管理模式,便成为理论和实践领域必须格外关注的问题,也是构建企业集团型组织结构的主要依据。

三、现代企业组织结构发展趋势

通过以上分析,我们可以清楚地认识到原有的金字塔式的纵向等级制无法适应新的信息技术和社会环境变化,而且正走向衰落。因此,我们要借鉴发达国家的经验,再结合我国企业实际情况来研究其组织建设,形成有自己特色的组织结构。

企业组织结构的发展趋势:一种是分立化,包括使企业中某些部分成为独立的企业,即内部组织外部化和从低一级的责任中心上升到高一级的责任中心。另一种是柔性化,即摆脱原有形式的束缚,用团队组织取代。

分立化趋势一般可分为两种形式,即横向分立和纵向分立。横向分立就是企业将一些有发展前途的产品分离出来,成立独立的公司,选派有技术、懂管理的人去经营。如德国西门子公司是一个集电气、机械制造、医疗设备、电子计算机、通讯设备等多种行业为一体的公司,公司投资开发出的成果可以应用到各个部门的多种产品上去。纵向分立,是指企业不仅仅从事多种经营,还需要把不同的竞争分离出去,就是一种产品也可以进行上、下游的分离。如美国一家半导体公司,把资金投到几家做半导体研究开发的小公司上,这样,既防止了公司规模扩大,同时又有了专门做研究工作的支援网络。再如日本松下电器集团下属的先锋公司,将它的影碟机委托给 10 家视听机器厂生产,使得竞争对手陷入被动。这种方式被称为“原厂产品委托生产”方式,也称为“轻装备经营”。现在有许多企业委托其他企业代为生产和销售自己品牌的产品。

实行分立化组织机构,具有明显的优越性:一是增加了各公司的自主权,也增强了各自的进取精神;二是减少了企业管理层次,精简机构;三是信息传递快,具有较强应变能力、较大的灵活性;四是各部门之间平等,无上下级关系,有利于相互配合、协调,提高效率。

柔性化趋势通常表现为临时团队、工作团队和项目小组等形式。所谓团队，就是让员工打破原有的部门界限，绕过原来的中间管理层次，直接面对顾客和向公司总体目标负责，从而以群体和协作优势赢得竞争主导地位。临时团队，是与组织小型化相对应的，临时性的，往往是为了解决某一特定问题而将有关部门的人员组织起来的"突击队"。通常等问题解决后，团队即告解散。这种形式是对那种等级分明、层次多、官僚主义的组织的强烈冲击。团队工作方式，是一种通过改变传统企业组织中的高度集权，给员工一定的自主权，即把业务流程分解成许多小段，每个人做其中一份工作的方式。在这种方式中设有监工，每一个团队有一个由团队成员轮流担任的组长，使之能亲自感受自己的工作成果，以此提高员工对工作的满足感和成就感。项目小组，由一个项目经理、一个市场经理、一个财务经理、一个设计师、一个工艺工程师和若干位不同工种的工人组成，根据需要还可以吸收公司外部一些专家加入。项目小组是一个稳定的组织机构，不随某项任务完成而撤销。这种组织方式的优点是可以发挥团结合作优势，缩短产品研制与生产出货的时间，对消费者的需求能迅速作出反应，消除人浮于事的现象等。

第三节　人员配备

组织设计和组织结构为系统的运行提供了基本的框架，而要使组织系统运作起来还要依靠人的力量，人是组织目标得以实现的直接推动力。特别是在知识经济时代，人们越来越认识到人力资源对组织生存发展的重要 作用，认识到人力资源的运用与开发已经成为组织发挥管理效能的关键所在，因而更为重视人员配备和人力资源的管理。人员配备的主要任务是为组织结构中的所有职位配备合适的人员。

"海尔"的用人机制

海尔集团总裁张瑞敏认为，中国缺的不是人才，缺的是出人才的机制；而最好的人才机制是"赛马"而非"相马"。海尔用平等用人的机制，告诉每一位员工，他们中的每一个人都是人才，都能在工作中超越自己，更新自己。

中国历来把世道清平、人才解放的希望寄托在清官、好皇帝身上，"包公"、"伯乐"的故事千古流传就是这种传统心态的体现。张瑞敏认为，"伯乐相马"在封建社会可以，在市场经济条件下，“相马”作为一种人才制度，不规范，不可靠，这种把命运拴在别人身上的机制出人才的效率是很低的。由少数人说了算的选人路子肯定不能做到最大限度地选用优秀人才，也不可能做到公平。要做到用人的公平、公正、公开，“赛马”才是真正值得信赖的好制度，它能激发人的活力，让人才脱颖而出。

要形成赛马的机制需要两方面的努力，其一是创造一个公平竞争的局面，在万马奔腾中使“千里马”脱颖而出；其二是想成为“千里马”就不能回避这个赛场，必须积极参与显示才能。在欢迎新分配到海尔的300多名大中专学生时，张瑞敏交流了他对知识、学识、能力、智力、素质、觉悟、机遇等方面的看法，他说：“我想着重讲两点，一是怎么看待知识，二是怎么看待机遇。获得书本知识好比是拥有一杆装备精良的枪，能不能打准要靠自己的努力。外国公司招聘人才无非是三点：学历有上限，不是越高越好；其次是动手能力强；此外人际关系要和谐。这与海尔提倡的智力比知识重要、素质比智力重要、觉悟比素质重要的道理是一样的。”

赛马机制具体而言包含三条原则：一是公平竞争，任人唯贤；二是职适其能，人尽其才；三是合理流动，动态管理。在用工制度上，则建立了“三工并存，动态转换”的机制。“三工”是指优秀员工、合格员工、试用工。优秀者为固定工，合格者为合同工，试用者为临时工，三工并存，动态转换，而且在福利、分房、补贴、医疗费、退休养老金、出国培训、休假疗养等各方面都有明显差别。这个制度比较有效地解决了“铁饭碗”的问题，增强了员工的危机感和进取精神，使企业不断激发出新的活力。经过三工改革后，最流行的一句话是“今天工作不努力，明天努力找工作”。

一、人员配备概述

（一）人员配备的概念

人员配备是指为组织结构中的职位配备合适的人员，是对组织中全体人员的配备，它既包括主管人员的配备也包括非主管人员的配备。两者所采取的基本方法、遵循的基本原理是相同的。不过，管理学意义上的人员配备，是指对主管人员进行恰当而有效的选拔、培训和考评，其目的是为了配备合适的人员去充实组织机构中所规定的各项职务，以保证组织活动的正常进行，进而实现组织的既定目标。

人员配备不仅仅是人事部门的职责，它是各个层次主管人员的共同责任。当组织人员短缺时，主管人员需要提出增加人员的申请；随后他还需要与应征者进行接触和面谈。主管人员还需要考核下级的工作，对他们的奖惩提出建议。

现代观点进一步认为，人员配备不仅仅包括选人（选聘）、评人（考评）和育人（培训），而且还包括有效地使用人员、增强组织内聚力来留住人员等，这又和指导与领导工作紧密联系起来。

(二)人员配备的工作内容

为了完成组织和个人对人员配备的需要，人员配备过程中要进行以下工作：

1.确定人员需要量

人员配备是在组织设计的基础上进行的，所以人员需要量的确定主要以设计出的职务数量和类型为依据。构成组织结构基础的职务可以分成许多类型，如全体职务可分成管理人员与生产作业人员；管理人员又进一步可分为高层、中层和基层管理人员，而每一层次的管理人员又可分为直线主管与参谋或管理研究人员；生产操作人员可分成技术工人与专业工人、基本生产工人与辅助生产工人等。在实际中人员数量的确定还要考虑一些动态因素，如组织环境的变化、人员的流动及自然减员等，要适时进行适当调整。

2.选配人员

为了保证担任职务的人员具备职务要求的知识和技能，必须对组织内外的候选人进行筛选，作出最恰当的选择。为此，需要对候选人的能力进行辨识，而这是一件比较困难的工作，必须研究和使用一系列科学的测试、评估和选聘方法。

3.人员考评

人员考评是人员配备的一项重要内容，通过考评，组织可以掌握所有员工的基本状况，为各项人事决策提供信息。考评的作用主要表现为以下三个方面：(1)考评及考评结果是组织最终确定内部提升人选的基础与依据。(2)对于来自组织外部的人员，组织在对他们进行招聘之后，也需要考核与评价其表现及工作绩效。通过考评，上级可随时了解下属的工作能力和执行任务情况，下属也可知道上级对自己工作的认可程度或满意程度。(3)人员考评及其结果既是进行人员培训的基础,同时也是检验培训效果的有效手段。

4.人员培训

现代组织的人员培训包括普通员工的培训和各级主管人员的培训。对于普通人员,通过培训提高他们的业务能力和对自己本职工作意义的认识,使之能更加积极高效地完成组织的任务;对于主管人员,培训能使他们不断积累知识、强化管理技能,更好地适应多变复杂的管理工作。同时,根据心理学研究,人不仅有生存、安全的需要,还有尊重的需要和自我发展的需要,对员工的培训是满足他们受尊重和自我发展需要的有效方法。由此可见,人员培训既是为了组织生存发展的需要,也是员工个人发展的需要。

(三)人员配备的原则

人员配备是一项重要的工作,为做好这项工作,在人员配备过程中应遵循以下工作原则:

1.因事择人的原则

人员的选择要根据工作的需要,而不是现有人员的情况。要使工作卓有成效地完成,就要使选择的人员具备相应的知识和能力。

2.因才施用的原则

不同的工作要求具有不同能力的人去完成,而不同的人也具有不同的能力和素质,能够从事不同的工作。从人的角度来考虑,只有根据人的特点来安排工作,才能使人的潜能得到最充分的发挥,使人的工作热情得到最大限度的激发。

3.人事动态平衡的原则

任何组织都是在不断变化的环境中发展的,工作中人的能力和知识是在不断提高和丰富的,同时,组织对其成员素质的认识也是不断完善的。因此,人与事的配合需要进行不断地调整,使能力强的人有机会从事更高层次的工作,能力一般的人从事其力所能及的工作,从而使组织中的每一个人都能得到最合理的使用,实现人与工作的动态平衡。

二、管理人员的配备

人是组织活动的关键资源，特别是管理人员，他们在组织的各个管理层次和管理部门中，不仅担负着计划、组织、领导和控制等职能，而且还负责和参与对各类非管理人员的选拔、使用和培训工作。高层管理者还负有对组织人员配置进行全面规划和重要人事安排的责任。因此，管理人员的配备直接影响着组织人员配备的整体水平，关系到组织人力资源的有效使用和开发。对管理人员的选拔、培养和考评是企业管理的核心。

(一)管理人员需要量的确定

一般来说，计算主管人员的需要量需考虑以下几个因素：

1. 组织现有的规模、机构和岗位

管理人员的配备是为了指导和协调组织活动的开展，因此，首先需要参照组织结构系统图，根据管理职位的数量和种类确定企业所需要的管理人员数量。

2. 管理人员的流动率

在任何一个组织中，都存在着管理人员的外流和自然减员的现象。因此，在确定未来的管理人员需要量时，要对这些自然的和非自然的管理人员减员进行合理的补充。

3. 组织发展的需要

随着组织规模的不断扩大，经营管理工作的日益复杂，管理工作量将会不断增大，从而对管理人员的需要也会不断增加。因此，组织中管理人员的确定还需预测和评估组织发展与业务扩充的要求。

(二)管理人员的来源

组织可以从内部提升或外部选聘所需要的管理人员。

1. 内部提升

内部提升是指组织成员的能力增强并得到充分的证实后，被委以需要承担更大责任的更高职务。内部提升是组织填补自然和非自然减员的管理人员的主

要方式。内部提升制度具有以下优点：

(1)有利于调动内部成员的工作积极性。首先，内部提升制度给每个成员带来了希望，使他们认识到只要自己努力工作，不断提高工作能力就有可能被分配担任更重要的职务。其次，内部提升要有职位空缺，而空缺的职位主要来自于组织的发展，只有组织发展了，个人才可能有更多的提升机会，为了组织的发展员工会积极努力地工作。

(2)有利于吸引外部人才。内部提升制度表面上看是排斥外部人才，不利于吸引外部人才。但实际上当外部人才准备进入到组织中时，如果他知道在这个组织中，只要不断努力工作，还有被提升的机会，他就会感到个人有发展，就愿意应聘到这个组织中工作；否则，他就不会到这个组织中应聘。

(3)有利于保证选聘工作的正确性。对于内部准备提升的候选人，组织对其了解的程度往往要高于外聘者。候选人在组织工作的时间越长，组织越有可能对其作全面深入的考察和评估，选聘的正确程度就越高。

(4)有利于被聘者迅速展开工作。管理人员能力的发挥受到他们对组织了解程度的影响。从组织内部提升的管理人员，由于熟悉组织中错综复杂的机构和人事关系，了解组织运行的特点，可以较快地适应新的管理工作，迅速地打开工作局面。

内部提升制度也存在某些弊端，具体表现为：

(1)引起同事的不满。那些没有被提升的管理人员，可能会产生不满情绪，从而不利于被提拔者开展工作。避免这种现象的有效方法是不断改进管理人员考核制度和方法，正确地评价、分析每个内部候选人的条件，努力使每个候选人都能体会到组织的选择是客观公正的。

(2)可能造成“近亲繁殖”的现象。从内部提升的管理人员往往会模仿上级的管理方式和方法，有可能使不良作风得以发展，同时也不利于组织的管理创新和管理水平的提高。克服这种现象的方法，一是要在提升中重视对候选人的开拓创新能力的考察，二是加强对管理人员的教育和培训，特别是对创新意识的培养。

2. 外部招聘

外部招聘是根据一定的标准和程序，从组织外部的众多候选人中选拔符合空缺职位工作要求的管理人员。外部招聘的优点是：

(1)被聘干部具有“外来优势”，即被聘者没有“历史包袱”，组织内部成员只知道其目前的工作能力和业绩，而对其历史，特别是职业生涯中的失败记录很少知道。因此，如果他确实具有较强的工作能力，那么便可迅速地打开局面。

(2)有利于平息和缓和内部竞争者之间的紧张关系。在内部提升中，如果同一职位的竞争者发现自己的同事，特别是原来与自己处于同一层次、具有同等能力的同事获得提升而自己未得到提升时，就可能产生不满情绪，甚至相互拆台。而从外部选聘就可能使这些竞争者得到某种心理上的平衡，从而有利于缓和他们之间的紧张关系。

(3)能够为组织带来新的管理方法和经验。外聘人员一般不受组织原有条条框框的束缚，能够放开手脚，从而给组织带来较多的创新机会。除此之外，由于他们新加入组织，没有与上级或下属历史上的个人恩怨，在工作中可以较少顾忌复杂的人情关系网络，大胆地采用新的管理方式和方法。

任何事物都有两面性，外部招聘尽管有许多优点，但它也有一些不足，主要表现在：

(1)外聘人员很难迅速打开局面。外聘管理者不熟悉组织的内部情况，同时也缺乏一定的人事基础，因此需要一段时间的适应才能有效地进行工作。

(2)组织对应聘者的情况不能深入了解。由于一个人的实际工作能力很难通过几次书面测试和面试正确地反映出来，因此，被聘者的实际工作能力与选聘时的评估能力可能存在很大差距，所以组织有可能聘用了不符合要求的管理人员，这会给组织造成很大的损失。

(3)外部招聘会打击内部员工的工作积极性。外部招聘会使内部人员感到没有升迁的机会，从而影响了他们的工作士气，挫伤他们的工作积极性。同时，有才能的内部人员会设法离开组织。

(三)管理人员选聘的标准

管理人员的配备对组织活动效率有着非常重要的影响，所以必须选择合适的管理人员来担任管理工作。合适的管理人员必须具备相应的素质和能力，主要包括：

(1)管理的欲望。强烈的管理欲望是管理者从事管理工作的基本前提。担任管理工作不仅意味着在组织中取得较高的地位、名声以及与之相应的报酬，而且还意味着可以利用制度赋予的权力来组织他人的劳动，实现组织的目标，并从中获得心理上的满足。管理意味着对权力的运用，而对权力不感兴趣的人，就不会很好地运用权力，影响组织目标的实现。

(2)正直的品质。正直是每个组织成员都应具备的基本品质,对管理人员来说更是如此。担任管理职务的人具有相当的权力,而组织对权力的运用往往难以进行及时、有效的监督,所以权力能否正确运用在很大程度上取决于管理人员的良知。

(3)创新的精神。管理的任务不仅是执行上级的命令,维持系统的运转,而且要在组织系统或部门的工作中不断创新。只有不断创新,组织才能充满生机,才能不断发展。而创新需要勇气,需要承担失败的风险。所以,管理者要具有敢于创新的精神。

(4)决策的能力。管理人员在组织下属工作的过程中,要进行一系列的决策,如何时去做、采用何种方式去做、由谁去做,管理过程中充满了决策,因此,决策能力是管理人员应具备的一种重要能力。

(5)沟通的技能。管理人员既要善于理解别人,也需要别人理解自己。组织成员之间的相互理解是组织成功的基本保证。而要实现相互理解就要借助信息沟通才能完成。沟通的效果决定了管理者与员工相互理解的程度,良好的沟通需要掌握一定的沟通技巧和具备一定的沟通能力。因此,作为管理者必须具有进行有效沟通的技能。

(四)管理人员的考评

管理人员考评就是对管理人员的工作能力和工作成绩进行的考核与评价,是管理人员配备工作的一项重要内容。通过考评可以全面掌握管理人员的工作情况和使用情况,这一方面为确定管理人员的工作报酬提供依据,另一方面为人事调整和管理人员培训提供客观依据。一般来说,组织为确定工作报酬进行的考评着重于管理人员的现时表现,而为人事调整或培训进行的考评则侧重于对管理人员技能和潜力的分析。

1. 关于贡献考评

贡献考评是指考核和评估管理人员在一定时期内担任某个职务的过程中对实现组织目标的贡献程度,即评价和对比组织要求某个管理职务及其所辖部门提供的贡献与该部门的实际贡献。贡献往往是努力程度和能力强度的函数。因此,贡献考评可以成为决定管理人员报酬的主要依据。

对管理人员的贡献考评包括两个方面:一是通过对实际目标达成情况与预定目标的比较来评价管理人员,即按照既定的可核实的目标及其完成情况来评价管理人员；二是考察管理人员在实际工作中是否有效地履行了各项管理职能。前者称为达标绩效评价，后者称为管理绩效评价。这种绩效评价有两个前提：(1)目标管理成为组织的一种管理制度；(2)对管理工作及管理原理，以及应用管理知识和原理的能力有清楚的概念。

2.关于能力考评

能力考评是指通过考察管理人员在一定时间内的管理工作，评估他们的现实能力和发展潜力，即分析他们是否符合现任职务所具备的要求，任现职后素质和能力是否有所提高，能否担任更重要的工作。

由于管理人员的能力要通过日常的具体工作来表现，而处理这些工作的技术与方法又很难与那些抽象地描述管理者素质特征或能力水准的概念对上号。因此，能力考评中要注意避免只给抽象概念打分，如管理人员的素质和能力一般可用决策能力、用人能力、沟通能力、创新精神等抽象的概念来描述。如果仅从这些抽象的概念去考评管理者的能力，容易出现偏颇。那么，如何客观地考评管理人员的能力呢？美国管理学家孔茨等人认为，应该根据组织对不同管理人员的基本要求，借助管理学的知识，将管理工作进行分类，然后用一系列具体的问题来说明每项工作，考评管理人员在从事这些工作中所表现出来的能力。

例如，为了考评管理人员的计划能力，可以提出以下几个问题：(1)他是否为本部门制定了与公司目标有明确关系的可考核的长期和短期的目标？(2)他是否理解公司政策在其他决策中的指导作用，并确保下属也这样做？(3)他是否定期检查计划的执行情况，以确保部门的实际工作与计划要求相一致？为了尽可能地得到客观的评价意见，上述问题应力求设计成是非判断题的形式。在难以设计是非题的情况下，应努力对可供选择的多种答案给予明确界定。

第四节　绩效评价

绩效评价是对员工的工作绩效进行评价，是人力资源管理中很重要的一环，它与员工挑选、培训等相辅相成。同过去的人事管理有所不同，人力资源管理中的绩效评价更侧重于通过绩效评价不断提升员工素质，并给员工带来发展的机会。

一、绩效评价的一般过程

绩效评价是对员工一段时间的绩效作出评价的过程。现代人力资源管理与传统劳动人事管理在评价上的本质区别是：人力资源管理中评价的奖惩功能比较弱，评价的基本功能是提取有关人员与工作相互适应关系的信息，以便管理者根据信息进行准确的决策和合理的调整。

绩效评价是一项非常细致的工作，必须严格地按照一定的程序进行。绩效评价的基本程序主要包括：

(1)确定工作构成。一项工作往往由许多活动所构成，但评价不可能针对每一个工作活动内容进行，因为这样做，一是没有必要，二是不易操作。这里所说的工作构成，一般是指工作结果对组织有重大影响的活动或虽然不很重要但却是大量重复的活动。

(2)确定绩效评价标准。绩效应以完成工作所达到的可接受程度为标准，不易定得过高。由于绩效标准是评价判断的基础，因此必须客观化、定量化。具体做法是将评价内容逐项进行分解，形成评价的判断基准。

(3)评价实施。如何消除评价中的非客观因素是评价的关键环节，具体做法是将工作的实际情况与评价标准逐一对照，判断绩效的等级。

(4)评价面谈。面谈是评价中的一项重要技术，但常常被忽略。通过面谈，双方形成对绩效评价的一致看法，并就下一阶段的工作达成协议。经过这样的面谈，下属会满怀积极的态度，而不是不满的情绪。

(5)制订绩效改进计划。绩效改进计划是评价工作最终的落脚点。一个切实可行的绩效改进计划应包括以下要点：切合实际；计划要有明确的时间性；计划要具体；计划要获得认同。

(6)绩效改进指导。现代评价技术中，应把在工作中培养下属视为改进工作绩效的重点来抓。因此，主管人员要经常带头与下属讨论工作，以有效地完成工作作为讨论的核心，并时常对下属的工作和绩效改进予以具体的忠告和指导。对绩效改进计划的指导，要一直持续到下次评价为止。

二、绩效评价的作用

绩效评价会影响员工的工作意愿和态度，因此应注意评价的公平性和正确性。如果绩效评价失去公平性和正确性，其他人力资源工作也很难发挥功效。所以，客观、公正的绩效评价制度对于一个企业来说是至关重要的。绩效评价的作用主要有以下几个方面：

(1)改进工作绩效。绩效评价可使员工明了自己工作的优点和缺点。有关工作优点能提升员工工作的满足感和胜任感，帮助员工愉快地胜任其工作，并产生成就感。而绩效评价所发现的缺点，能使员工了解自己的工作缺陷，充分认识自己的不足，从而加以改善。当然，这必须依赖评价者和被评价者的充分沟通，最好能在评价后立即进行面谈。

(2)员工的升迁调遣。绩效评价可以提供给管理层最客观而正确的信息，作为员工升迁调遣的依据，并达到人尽其才的目的。不过，绩效评价在作为升迁调遣的依据时，也应该对未来要调升的职位进行工作分析，以求两者能相互配合。同时，绩效评价还可用做选任或留用员工的参考，更可用来淘汰不称职的员工。

(3)作为薪资调整的标准。绩效评价可用来作为签订或调整薪资的标准。对于具有优良绩效、中等绩效或缺乏绩效的员工，可以分别决定其调薪的幅度。通常，绩效常与年资、经验、教育背景等资料同为核定薪资的重要参考。

(4)作为培训的参考。绩效评价可用于对员工培训需求的分析上。一方面通过评价了解员工在技术和知识方面的缺陷，作为培训的参考；另一方面则可以帮助员工了解自己的缺点，从而乐意接受在岗培训或离岗培训。

对600个组织进行的关于绩效评价用途的调查结果

目　的	比　例(%)
报　酬	85.6
绩效反馈	65.1
培　训	64.3
提　升	45.3
人事规划	43.1
留住或解聘	30.3
人事研究	17.2

三、绩效评价的方法

绩效可由多种方式衡量。一般说来，绩效评价制度可以分为两类：一类是传统的非参与性的绩效评价制度；另一类则是参与性的绩效评价制度。非参与性的绩效评价方法可概括为客观的和主观的。客观的方法主要侧重于一个人的付出，而主观的标准则用于评价一个人的特征、行为及最终成果。参与性的绩效评价方法主要是目标管理，由于其能更好地开发企业的人力资源，许多西方企业不但采用这种方法来评价员工，而且还达到激励、开发员工潜能的目的。

(一) 客观评价

客观评价是建立在数量基础上的对绩效的评价。如一个员工能制造或销售的产品数量、次品数量，一个员工缺勤或迟到的时间和次数，或者一些可以直接反映一个员工工作情况的速度及效率。主要有五种客观评价标准：产量、销售额、个人情况、绩效考评和经营单位评价。

(二) 主观评价

主观评价由于依靠个人判断，容易造成前面讨论过的评价错误。大部分绩效评价制度强调对绩效的主观评价。只要是能够观察到员工表现的人，包括上级、下属、客户以及员工自身，都可以进行主观评价。绝大部分公司都是由直接上级来进行主观评价的。

与客观评价不同，主观评价即使在员工没有生产出可测的实体产品的情况下也能使用。主观评价可以像评价员工工作成果那样来测评员工的行为和个人品质。主观评价的主要问题在于评价者必须观察和评价员工与工作相关的行为，而评价者不一定有机会观察相关行为，即使有这样的机会，也可能带有偏见的因素。通常说来，主观评价可分为比较评价法和绝对标准评价法。

1. 比较评价法

在绩效评价中，有三种比较评价法：等级评估、横向比较和强制分布。

(1)等级评估。等级评估法是直接对每个员工进行比较。与其他评估方法相比，等级评估简便易懂，所花的时间和成本少，很容易掌握。最简单的等级评估即纵向评估，也就是评价者在评估员工绩效时，先决定最优者，然后是良好者，最后决定谁是最差的。

(2)横向比较。横向比较是由评价者从所有员工中挑选部分成员组成一个对比组，然后把每一位员工一一与对比组中的员工进行对比，评出其中的“优”和“劣”，所有的对比都完成后，核算每位员工得到的“优”的次数，据此排出顺序。

(3)强制分布。强制分布法是评价者将员工绩效按百分比归类。举例说明，在某评价单元中，评价出10%令人不满意员工、15%普通员工、50%令人满意员工、25%优秀员工。而这种判断通常建立在对员工绩效的整体评价基础之上。有的企业推行所谓1%淘汰制，比如在100人中，即使大家都有明显的改进，那么最后这位也属于1%之列,也要遭淘汰,以此鼓励大家奋进。

与强制分布法有关的一个主要问题是员工们的绩效评价与比较性的方式中所预先设定的分配方式并不能保持一致。在高级员工中,绝大多数的确非常优异。员工们经常对强制分布方案不满,因为大多数员工都认为他们的水平高于平均水平。一个强制分布系统总是使几个人受到很高的评价,而这种评价,多数人认为他们也应当获得。管理人员通常也不喜欢这种强制分布方式,因为他们限制了评价者的决定。当然,在大多数情况下,这种评价者的决定都因过于仁慈而使用不当,从而导致了组织优先使用强制分布方式。

采用比较评价法,简便快捷,有助于调动员工的积极性和发挥员工长处,同时也可避免某些错误在员工中蔓延。然而,采用这种方式也有许多缺点。它注重对员工绩效的整体评价而忽略了许多细节,不能判断出高等级员工与下一级员工间的具体水平差异,对同等级员工也不能作出比较。更为重要的是,这种评价方法对员工的发展并无益处。一位员工通过这种方式可得知他如何与其他员工比照,但是这种反馈并没有显示该如何提高技能。比较性的方式可以助长竞争,但同时也会在员工中产生怨恨,毕竟仅有一个人能获得最高的职位。

尽管有上述缺点,但是比较性的方式仍是整个员工行为评价系统中的一个有益的部分。当对员工实行差别性奖励时,通过此种方式可对员工加以区分。绝大多数情况下,最好能将该方式与其他方法结合使用。

2.绝对标准法

该方法建立在某一工作的绝对行为标准之上,而不是将员工相互比较。对每一个员工评价都依照该标准。绝对标准法有利于不同部门之间的员工的比较。员工行为将通过许多具体的标准来评定,因此员工能获得比较性方式所无法提供的反馈信息。绝对标准有许多种,下面介绍几种常用方法。

(1)图表评价尺度法。这是使用最广的评价技术。在该评价法中,评价者将一个员工描述为一条行为线上的一些点,诸如不满意、中等、优秀。这些点将被给予相应的分数(例如5分为最优,0分为不满意)。通过计算所有行为线上的分数将会得到一个总分。如果一些行为比其他行为更重要,则可在加总前进行加权计算。

图表评价尺度法的优点:一方面,编制和使用都比较容易。员工的分数能相互比较,而且评价者也乐于接受。如果编制正确而且清晰,那么它就会和其他更为复杂的技术一样可信、有效。另一方面,它也能有效地防止过于仁慈、严肃、带有倾向性的评价以及过分夸奖等评价性错误。该方法经常受到批评，是由于对员工进行评价的标准不正确或含糊不清。

(2)关键事件法。如果绩效评价是建立在关键事件的基础上，那么，评价者为每个员工都保存一份记录，记有有效或无效的行为和绩效事件。每个员工一发生事件，就要为其记录。在评价期末，这些记录就被用来评价员工的绩效。此项技术对评价者来说是很费时的，而且它可能较难把事件的数量和结构转化成最终的叙述性评价。然而，由于大多数评价者记不住员工在评价期的一系列行为，因此，关键事件技术对本章中的任何一个主观方法来说都有很大的支持作用。这种记录还能为管理者对下属解释评价时提供具体的实例。

附表：员工绩效评价表

姓名： 部门： 聘雇日期： 职等：

☐年度评价 ☐半年评价 ☐特别评价 ☐评价期间

评价项目	不满意	勉强	好	很好	优秀
	1 2 3 4 5 6	7 8 9 10 11	12 13 14 15 16	17 18 19 20 21	22 23 24 25
1. 工作品质 本项不考虑工作量，仅看工作是否正确、清楚、完全。 ☐无从观察	工作懒散，可避免的错误频繁。 附注：	经常犯错，工作不细心。	大体满意，偶尔有小错误。	工作几乎保持正确、清楚；有错自行改正。	工作一直保持超高水准。
2. 合作 考虑其对工作、同事、公司之态度；是否愿意为人服务及与人沟通；是否愿尝试新观念、新方法。 ☐无从观察	似乎无法与人合作，不愿接受新事物。 附注：	时常不能合作，表现不同意的态度；难以相处。	大致上与人相处愉快，偶尔会有摩擦。	一向合作良好，愿意接受新方法。	与同事或主管合作有效；随时准备尝试新观念；与人相处非常好。
3. 工作知识 是否了解其工作的要求、方法、系统、设备。 ☐无从观察	与工作有关之事大部分都了解不够。 附注：	工作某些方面如能增进相应知识最好。	对工作有相当程度的了解。	对工作了解全面充分。	工作各方面均能掌握，极为优秀。

续表

评价项目	不满意	勉强	好	很好	优秀
	1 2 3 4 5 6	7 8 9 10 11	12 13 14 15 16	17 18 19 20 21	22 23 24 25
4. 主动性 考虑其在没有详尽指示下的工作能力；其应变才能；在无人监督下的工作情况。 □无从观察	只能照章行事；遵从指示做事，需不断监督。 附注：	处理新事物容易出错，经常需要监督。	经常性工作无需指示；新事物需要监督。	极少需监督；主动工作及改进。	一直是自主工作；自动增加额外工作；能力极强。
5. 勤勉 考虑其贡献于工作的程度。 □无从观察	有机会就偷懒，时常喜欢闲聊。 附注：	时常忽视其工作。	通常能坚守其工作；偶尔会闲逛。	大部分时间都能诚恳做事，偶尔需要人提醒。	一向可信，能将工作做好。
6. 工作量 本项不考虑质的方面，只考虑工作量。 □无从观察	工作慢，从未按时工作。 附注：	低于平均量。	符合要求，偶尔超过。	超出平均量。	速度超乎常人，产量比要求的多。
7. 学习能力 接受新知识的能力、速度；是否能记忆，能遵循，并予以应用。 □无从观察	若非一再教导，无法消化。 附注：	学习缓慢，但通常能记住；看似吸收而实际上并没有真正消化。	学习速度尚可，也能记牢，但偶尔还需要向主管请教。	学习快速，记忆良好。	超乎寻常的学习速度且完全消化。
8. 出勤 考虑工作的规律性和准时性。 □无从观察	请假或迟到早退过多。	经常请假或迟到早退。	偶尔请假或迟到早退。	绝少请假或迟到早退，如无正常理由。	从不请假或迟到早退。
	出勤记录：迟到早退次数______请假天数______旷工天数_____				

思考题：

1. 简述组织的基本功能和组织工作的基本原则。

2. 比较不同的部门化形式的优缺点。

3. 管理幅度原理的重要性何在？影响和制约管理幅度的因素有哪些？

4. 了解比较各种组织结构形式的特点和优缺点。

5. 人员配备的工作内容有哪些？在进行人员配备工作中应遵循哪些原则？

6. 内部招聘和外部招聘各有何优点和不足？你认为在实践中应如何克服其不足？

7. 绩效评价的基本程序是什么？常用的方法有哪些？

案例分析：

一、小宋的困惑

小宋毕业于国内某名牌大学的机电工程系，是液压机械专业方面的工学硕士。毕业以后，小宋到北京某研究院工作，其间因业绩突出而被破格聘为高工。在我国科研体制改革大潮冲击下，小宋和另外几个志同道合者创办了一家公司，主要生产液压配件，公司的资金主要来自几个个人股东，包括小宋本人、他在研究院时的副手老黄，以及他原来的下属小秦和小刘。他们几个人都在新公司任职，老黄在研究院的职务还没辞退掉，小宋、小秦、小刘等人则彻底割断了与研究院的联系。新公司还有其他几个股东，但都不在公司任职。各人在公司的职务安排是，小宋任总经理，负责公司的全面工作，小秦负责市场销售，小刘负责技术开发，老黄负责配件采购、生产调度等。

近年来公司业务增长良好，但也存在许多问题，这使小宋感到了沉重的压力。首先，市场竞争日趋激烈，在公司的主要市场上，小宋感受到了强烈的挑战。其次，老黄由于要等研究院分房子而未辞掉在原研究院的工作，尽管他分管的一摊子事抓得挺紧，小宋仍认为他精力投入不够。第三，有两个外部股东向小宋提建议，希望公司能帮助国外企业做一些国内的市场代理和售后服务工作。这方面的回报不低，使小宋（也包括其他核心成员）颇为心动，但现在仍举棋不定。第四，由于公司近两年发展迅速，股东们的收入有了较大幅度的增加，当初创业时的那种拼搏奋斗精神正在消退。例如，小宋要求大家每天必须工作满12小时，有人开始表现出明显的抵触情绪，勉强应付或者根本不听。公司的业绩在增长，规模在扩大，小宋感到的压力也越来越大。他不仅感到应付工作很累，而且对目前的公司状况有点不知所措，不知该解决什么问题，该从何处下手，公司的某些核心成员也有类似的感觉。

讨论题：为使小宋的公司更上一个台阶并进入良性循环，你有何建议？

二、通用公司的组织结构变革

当杜邦公司刚取得对通用汽车公司的控制权的时候，通用公司只不过是一个由生产小轿车、卡车零部件和附件的众多厂商组成的“大杂烩”。这时的通用汽车公司由于不能达到投资人的期望而濒临困境，为了使这一处于上升时期的产业为它的投资人带来应有的利益，公司在当时的董事长和总经理皮埃尔·杜邦以及他的继任者艾尔弗雷德·斯隆的主持下进行了组织结构的重组，形成了后来为大多数美国公司和世界上著名的跨国公司所采用的多部门结构(Multidivisional Structure)。

在通用公司新形式的组织结构中，原来独自经营的各工厂，依然保持各自独立的地位，总公司根据它们服务的市场来确定其各自的活动。这些部门均由企业的领导，即中层经理们来管理，他们通过下设的职能部门来协调从供应者到生产者的流动，即继续担负着生产和分配产品的任务。这些公司的中低管理层执行总公司的经营方针、价格政策和命令，遵守统一的会计和统计制度，并且掌握这个生产部门的生产经营管理权。最主要的变化表现在公司高层上，公司设立了执行委员会，并把高层管理的决策权集中在公司总裁一个人身上。执行委员会的时间完全用于研究公司的总方针和制定公司的总政策上，而把管理和执行命令的负担留给生产部门、职能部门和财务部门。同时在总裁和执行委员会之下设立了财务部和咨询部两大职能部门，分别由一位副总裁负责。财务部担负着统计、会计、成本分析、审计、税务等与公司财务有关的各项职能；咨询部负责管理和安排除生产和销售之外的公司其他事务，如技术开发、广告、人事、法律、公共关系等。职能部门根据各生产部门提供的旬报表、月报表、季报表和年报表等，与下属各企业的中层经理一起，为该生产部门制定出“部门指标”，并负责协调和评估各部门的日常生产和经营活动。同时，根据国民经济和市场需求的变化，不时地对全公司的投入一产出作出预测，并及时调整公司的各项资源分配。

公司高层管理职能部门的设立，不仅使高层决策机构——执行委员会的成员们摆脱了日常经营管理工作的沉重负担，而且也使得执行委员会可以通过这些职能部门对整个公司及其所属各工厂的生产和经营活动进行有效的控制，保证公司战略得到彻底和正确的实施。这些庞大的高层管理职能机构构成了总公司的办事机构，也成为现代大公司的基本特征。

另外，在实践过程中，为了协调职能机构、生产部门及高级主管三者之间的关系和联系，艾尔弗雷德·斯隆在生产部门间建立了一些由三者中的有关人员组成的关系委员会，加强了高层管理机构与负责经营的生产部门之间广泛而有效的接触。实际上这些措施进一步加强了公司高层管理人员对企业整体活动的控制。

讨论题：

1. 事业部制为什么能够帮助通用公司成功？

2. 我国什么样的组织能应用事业部制？在应用事业部制时应注意什么问题？

阅读导航：

刘巨钦编著：《企业组织设计原理与实务》，企业管理出版社 2003 年版。

郁义鸿：《精巧的组织艺术：现代企业组织结构挥略》，上海译文出版社 2004 年版。

胡雄飞：《企业组织结构研究》，立信会计出版社 2003 年版。

[美]斯蒂芬·P. 罗宾斯著，黄卫伟等译：《管理学》，中国人民大学出版社 2005 年版。

吴俊卿等：《绩效评价的理论与方法——在科研机构的实践》，科学技术文献出版社 2004 年版。

余凯成主编:《人力资源开发与管理》,企业管理出版社 2005 年版。

中国管理咨询网 http://www.chinamc.org.cn

栖息谷 http://www.21manager.com

中国人力资源网 http://www.hr.com.cn

中国人力资源开发网 http://www.chinahrd.net

无忧工作网 http://www.51job.com

北京人事人才信息网 http://www.bjp.gov.cn

第五章
领　导

本章学习提要：

- 领导的含义、作用
- 领导者与管理者的区别
- 相关的领导理论
- 沟通的含义与过程、有效沟通、正式沟通与非正式沟通
- 激励的含义、人性假设、激励理论、激励方法

第一节　领导的含义及作用

一、领导的含义

马克思曾指出："一切规模较大的直接社会劳动或共同劳动，都或多或少地需要指挥，以协调个人的活动，并执行生产总体的运动（不同于这一总体的独立器官的运动）所产生的各种一般职能。一个单独的提琴手是自己指挥自己，一个

乐队就需要一个乐队指挥。”[①]就上述意义说，指挥，亦即领导，是管理过程中的“一般职能”，是人类社会群体活动的必然产物。

现代领导理论则认为，领导的实质是影响别人，领导是一种影响过程，也是一种人与人之间的交往过程，是通过该过程来影响、激励和引导人们执行某项任务，以达到特定目标的一种行为。“领导”可以作名词用，即领导者；也可以作动词用，即一种行为过程。管理学研究的领导是后者。美国管理学家孔茨、奥唐奈和韦里奇认为，领导是一种影响力，是对人们施加影响的艺术或过程，从而使人们心甘情愿地、热心地为实现组织或群体的目标而努力。在这个定义中有三个要点：

其一，它揭示了领导的本质。领导工作的本质是处理人际关系，即对人的因素进行管理，而这些问题都涉及组织中的人，所以了解这一点，对主管人员进行各项管理工作能够提供有益的帮助。

其二，它明确指出了领导是一个过程。领导作为一种人际间相互交往和作用的过程，它是由如下几方面的工作构成的：

(1)决策。组织中任何行为都需要有决策，组织的决策不管是通过由上而下的方法还是由下而上的方法来制定，但最终实施何种决策还必须由领导来决定。西蒙更决断地说：管理就是决策。

(2)用人。德鲁克认为：没有任何一项决策像人事决策那样影响深远和难以改变。作为领导者，选用合适的人才理应成为第一要务。刘邦因善用韩信、萧何、张良，而成就了一番霸业；刘备因有诸葛亮的辅佐，才能三分天下。从企业实践来看，柳传志启用杨元庆、郭为等年轻一代，张瑞敏让杨绵绵主内，都是知人善任的成功典范。但不幸的是，企业领导者因用人不当而导致企业损失甚至失败的例子远多过成功的案例，所以领导者如何用人一直是值得高度关注的问题。

(3)激励。激励是领导者充分调动被领导者积极性和创造性的重要方法和技巧。领导工作是一门艺术，激励则是领导艺术的核心。没有激励的领导，其实就是没有艺术的领导；没有激励的管理，其实就是不懂艺术的管理。

(4)协调。现代管理中都将协调作为维系一个组织正常运转的重要纽带。而且，东方管理具有追求和谐管理模式的特点。和谐管理模式的使命就是协调人际关系，处理组织内部人和人之间的冲突与矛盾，使组织内无谓的内耗降到最低限度，从而产生内聚效应，以群体合力向外抗争。因此，领导者就要比他的下

① 《马克思恩格斯全集》第23卷，人民出版社1972年版，第367页。

属更善于协调、沟通和交往。

(5)处事。中国有句格言:“得人心者得天下。”这是真理,领导者要想取得人心,发展事业,必须以超群的能力学会处理各种关系复杂的事情,才能在知识经济的挑战性时代中搏击进取,开拓创新,跟上时代的步伐前进。领导者的处事能力来源于其本身丰富的阅历和知识的积累。这种能力是通过处理各种具体事情体现出来的。一个成熟的领导者是拥有独具匠心的创造力和非凡的处事能力的人。然而,有一些领导者虽在一定的位置上,手中也掌握了一些权力,但不适应飞速发展的事业,处理事情过程中抓不住主要环节,不懂得协调,不掌握分寸,不注意言行,不尊重下属人格,不善于调动下属积极性,有的甚至为达到某种目的,不择手段地做出令人不痛快的事,影响团结,影响工作,影响事业发展。

其三,它指出了领导的目的。领导是一项目的性非常强的行为,它的目的在于使人们情愿地而非无奈地、热情地而非勉强地为组织或群体的目标而努力。这体现了领导工作的水平,也是领导者追求的目标。在领导工作中,领导者是领导行为的主体,但千万不要把领导者同被领导者对立起来。实际上领导者与被领导者是各以对方的存在为前提,没有被领导者当然也就没有领导者了。领导并不仅仅是单向的,即由领导者对被领导者发生影响,实际上,领导是一种双向的动态过程,即除了领导者通过指导、激励等影响被领导者,被领导者也给领导者以信息来修正领导者现在和未来的行动。人们的能力、感受与心态是不断演变的,领导者与被领导者的关系也必须不断修正,行动必须持续调节,因此领导是一种动态的过程。

二、领导的作用

在实现组织目标的过程中,领导者要具体发挥以下几方面的作用:

(1)指导作用。领导者对组织目标进行了设计,对日常工作作出了决策,通过沟通把有关的政策和决策传递给下属。为使下属在实践中执行好组织的决策,领导者的指导工作显得格外重要。在组织中,经常用的一种正式的指导方式是命令。命令对于一个组织的指导工作来说是不可缺少的,即使在以人际关系为导向的民主型组织中也是如此,因为即使是员工参与程度很高的决策也需要领导者将最后的结论变为命令,否则他们会感到没有把握或无所适从。

(2)沟通作用。没有人与人之间的沟通就不可能实现领导。领导者只有通过向部属传达感受、意见和决定才能对其施加影响;部属也只有通过沟通才能使领导者正确评估他自己的领导活动,并使领导者关注部属的感受与问题。人与人之间的沟通除了为领导者收集正确决策所必需的信息，并及时对决策进行反馈之外，还有许多重要作用：搞清部属的情感，因为部属的情感对顺利完成工作的重要性不亚于物质条件和环境因素；通过与部属保持密切的接触，领导者可以不断重新评价组织系统及其运行的有效性，当发现有陈旧过时或不合时宜之处，能够及时予以修正；个人之间的双向沟通，可以密切领导者与部属之间的情感联系，加强组织凝聚力，从而提高士气。

(3)先行作用。领导者不是站在群体的背后推动群体前进，而是站在群体之前，鼓舞引导群体，使群体追随领导者，齐心协力去实现组织目标。

(4)激励作用。尽管大多数人都具有积极工作的愿望和热情，但是这种愿望并不能自然地变成现实的行动，这种热情也未必能自动地长久保持下去。这是因为劳动仍是谋生的手段，人们需求的满足还受到种种限制。如果一个人的学习、工作和生活遇到了困难、挫折或不幸，某种物质的或精神的需要得不到满足，就必然会影响工作的热情。在复杂的社会生活中，企业的每一个职工都有各自不同的经历和遭遇，怎样才能使每一个职工都保持旺盛的工作热情，最大限度地调动他们的工作积极性呢？这就需要有通情达理、关心群众的领导者来为他们排忧解难，激发和鼓舞他们的斗志，发掘、充实和加强他们积极进取的动力。

三、领导与管理的区别

领导和管理是一回事吗？领导者和管理者，领导职能和管理职能，它们是既相互联系又相互区别的。如果将管理者视为直线管理人员与辅助参谋人员的统一体，那么管理者的范围要大于领导者。即便从直线管理人员的角度看，就像好的管理者不一定会是一个好的领导一样，一个好领导未必就一定是有成效的管理者。因为一个管理者除了要做好领导工作外，还有其他许多工作要处理。领导职能只是管理职能的一个组成部分，一个人能够影响别人这一事实并不表明他同样也能够计划、组织和控制。

由表5—1可以看出，领导者更注重组织宏观的未来的方向把握；为了“做正确的事”，往往作出的决策是具有开创性的；同时，领导者靠的是自己的魄力、信心和力量等这样的人格魅力来影响下属。而管理者注重的是组织微观的当前的计划执行；为了“正确地做事”，往往是执行现行的决定；同时，管理者靠的是权威、决心和责任等这样的科学方法来使下属服从于自己。

表 5-1 领导者和管理者的区别

领导者	管理者
掌握的是未来趋势	掌握的是现有资源
给予方向	予以执行
做正确的事情	正确地做事
掌握宏观	把握微观
未来的　长线的	短期效益
开发	维持
为什么要做	如何把事情做好
创新	执行
人格魅力	科学方法

第二节　领导理论

在领导理论的产生发展过程中，按时间顺序划分大致上经历了四个阶段：特质论阶段（19 世纪末 20 世纪初）、权威论阶段（20 世纪 40～60 年代）、行为论阶段（20 世纪 60 年代中期）、权变论阶段（20 世纪 60～90 年代）。

一、特质论阶段

特质论的研究主要集中在领导者与被领导者以及有效的领导者与无效的领导者之间的素质差别上。研究认为，伟大人物和普通人有很大的差异，正是这些与众不同的特质才使伟人们发挥领导作用。比如，西方研究将有效领导者的特质归纳为身体特质（如外貌、身高、精力）、背景特质（如教育、经历、社会地位、社会关系）、智力特质（如判断能力、语言能力）、性格特质（如热情、开朗、自信、机敏）、工作相关特质（如进取心、忍耐性、创造性）以及社交特质（如合作性、人际技巧、声望、老练程度等）。中国传统中也有这样一种认识，认为领导者必须大智（有谋略）、大勇（有魄力、敢干）、大度（气量大、宽以待人）。表 5－2 列举了典型的特质类型，对有效领导者特质的归纳，不同的国家、不同的学者各不相同，但都有这样的共同认识：领导者是先天赋予的，而不是后天培养的，即便某些特质可以通过“学习”得到，但人们学习能力的差异也是与生俱来的。

表 5—2 特质理论

6P 特质	领导远见、热情、自我定位
	优先顺序、人才经营、领导权力
有效特质	身体特质、背景物质、智力物质
	性格特质、工作相关物质、社交特质
传统认识	大智、大勇、大度
MIT 管理	有选择性地故意显露出本身的小弱点
	员工士气的鼓励、差异性
学院特质	坚定的同理心、运用本身的独特性
六层特质理论	律己、创新、务实、求精、制衡、秉情
十大特质	建立远景、信息决策、配置资源、有效沟通
	激励他人、人才培养、承担责任、诚实守信
	事业导向、快速学习

领导特质理论对领导行为和现象的解释显然是不完善的。这表现在:一是对有效领导者所应具备特质的内容及相对重要性的认识很不一致甚至相互冲突。如美国的马歇尔将军和麦克阿瑟将军都是著名的军事将领,但前者性格内向,后者的个性则正好相反。二是认为领导者是先天的,这有片面性。现代的领导行为学家普遍认识到,领导行为的有效性是一种后天的习惯,是一系列实践的综合,而实践总是可以学会的。三是忽视了被领导者及其他情境因素对领导效能的影响。

二、权威论阶段

主要代表人物是美国社会学家雷芬。他认为领导不是一种权势的运用,而是一种影响力,谁能产生较大的影响力,谁便是领导者,而不一定是在机关组织中居于正式权力地位的人。这一理论主要研究领导权威的构成、行使、作用以及提升等内容。

三、行为论阶段

行为论阶段是领导理论层出的阶段,包括四分图理论、领导方格图理论、PM型领导模式、领导系统模式、领导作风理论等。

1. 四分图理论

美国俄亥俄州立大学的领导行为研究小组对和领导行为有关的1000多种因素进行了分析整理，通过筛选和归纳，最后把领导方式概括为四类（如图5－1所示）：高关心组织低关心人；低关心组织低关心人；低关心组织高关心人和高关心组织高关心人。

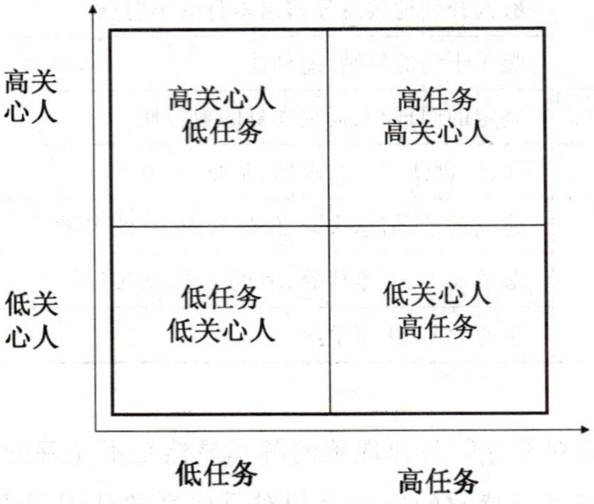

图5－1　四分图理论

2. 领导方格图理论

美国管理学家布莱克和穆顿在四分图理论的基础上加以发展，于1964年设计了一个巧妙的管理方格图，醒目地表示了主管人员对生产关心程度和对人的关心程度。

如图5－2所示，横坐标与纵坐标分别表示对生产和对人的关心程度。每个方格就表示“关心生产”和“关心人”这两个基本因素以不同程度相结合的一个领导方式。对生产的关心表示为主管者对各种事物所持的态度，例如政策决定的质量、程序与过程，研究的创造性，职能人员的服务质量、工作效率及产品产量等。对人的关心含义也很广泛，例如个人对实现目标所承担的责任、保持职工的自尊、建立在信任而非顺从基础上的职责、保持良好的工作环境以及只有满意感的人际关系等。这和四分图理论极为相似：它也是采取二维构面——对人的关心程度和对生产（工作）的关心程度来说明领导方式；它也以坐标方式表现上述

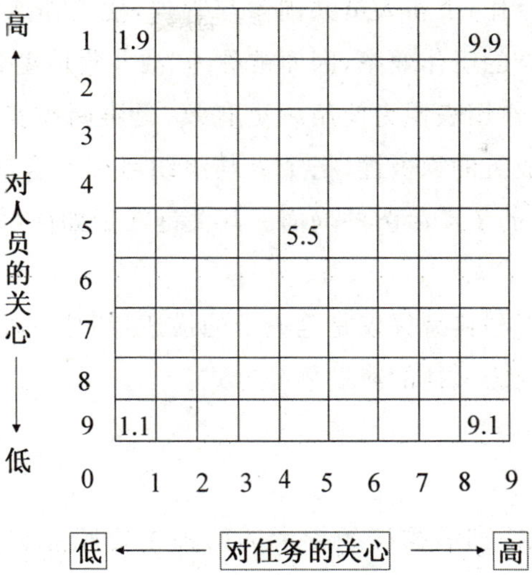

图 5—2　领导方格图理论

二维构面的各种组合方式，各有 9 种程度，因此可以有 81 种组合，形成 81 个方格。这就是所谓的“管理方格”，其中有五种典型的组合，表示典型的领导方式。

1.1 型方式：表示对工作和人都极不关心，这种方式的领导者只做一些维持自己职务的最低限度的工作，也就是只要不出差错，多一事不如少一事，因而称为“贫乏型的管理”。

9.1 型方式：表示对工作极为关心，但忽略对人的关心，也就是不关心工作人员的需求是否得到满足，并尽可能使后者不致干扰工作的进行。这种方式的领导者拥有很大的权力，强调有效地控制下属，努力完成各项工作，因而称为“独裁的、重任务型的管理”。

1.9 型方式：表示对人极为关心，也就是关心工作人员的需求是否得到满足，重视搞好关系，强调同事、下级同自己的感情，但忽略工作的效果，因而被称为“乡村俱乐部型的管理”。

5.5 型方式：表示既对工作关心，也对人关心，兼而顾之，程度适中，强调适可而止。这种方式的领导既对工作的质量和数量有一定要求，又强调通过引导和激励去使下属完成任务。但是这种领导往往缺乏进取心，乐意维持现状，因而被称为“中庸之道型管理”。

9.9 型方式：表示对工作和对人都极为关心。这种方式的领导者能使组织的目标与个人的需求最有效地结合起来，既高度重视组织的各项工作，又能通过沟通和激励，使群体合作，下属人员共同参与管理，使工作成为组织成员自觉自愿的行动，从而获得高的工作效率，因而被称为“战斗集体型管理”。采用这种管理方式的领导工作的作用表现为使组织更有效、更协调地实现既定目标。也就是说，充分调动组织成员的积极性，把个人与组织目标结合起来，形成人人为组织目标的实现而努力的生动活泼的局面。其关键在于如何协调个人与组织的目标。

应该指出，上述五种典型仅仅是理论上的描述，都是一种极端的情况。在实际生活中，很难出现纯之又纯的典型领导方式。

3. PM型领导模式

美国学者卡特赖特和詹德按领导者的两种主要职能进行分类，即：P(Performance) 因素，指领导者为完成生产目标而作的努力和工作绩效；M(Maintenance)因素，指领导者为维持团体而作的努力。根据这两个因素，将领导方式分成四种类型：P型——目标达成型；M型——团体维持型；PM型——两者兼备型；pm型——两者均弱型。

4. 领导系统模式

利克特经过长期研究，于1961年将企业管理的领导方式归结为四种体制，分别是：专制独裁式、仁慈独裁式、协商式、参与民主式。

5. 领导作风理论

社会心理学家勒温曾把领导者在领导过程中表现出来的极端工作作风分为三种类型：专制作风、民主作风和放任自流作风。三种不同的领导作风对于组织沟通效果的影响是大不相同的。专制作风的领导者实行的是个人独裁领导，把权力完全集中于自己手中。他个人独断设计工作中的一切，却很少与组织成员进行沟通，更谈不上向组织成员征求决策意见。这种领导作风表面上看来虽然是一种极为严格的管理，但无法顾及组织成员的精神与情感需求。因而，组织内部弥漫着消极态度和对抗情绪。从长远看，这种领导作风必将有害于组织的发展与成长。民主作风的领导则会把部分权力授权给组织成员，并积极提倡组织成员之间相互交流并商讨组织事务与决策。同时，还关心他人，尊重他人，鼓励组织成员提出新意见、好想法，最终达成良好的沟通氛围，以致在最大程度上调动了组织成员的积极性。而放任自流作风的领导虽也积极倡导组织内部的良好沟通，但缺乏科学的管理，从而使得组织整体工作效率低下，甚至不能有效地完成组织目标。

四、权变论阶段

主要代表人物有坦南鲍姆、斯密特、菲德勒、埃文斯、豪斯、弗隆、耶顿、克里斯·阿吉里斯、科曼等。这一理论又称情景理论、情境理论或者情势理论，这一理论认为领导活动并不是指领导者的活动，它还应当包括被领导者和领导环境。应将三者结合起来，进行系统性与互动性的研究，才能找出领导活动成功的关键所在。

1. 领导连续流

美国管理学家坦南鲍姆和施莱特所表达的领导连续流如图5—3所示。这种连续流也称为主管者—非主管者的行为连续流。他们认为领导方式各式各样，一个适宜的领导方法取决于环境和个性。他们描述了从主要以领导人为中心到主要以下属为中心的一系列领导方式，这些方式依领导者把权力授予下属的大小程度而不同。因此，领导方式不是在两种方法（独裁的或民主的）中任选其一，领导连续流提供的是一系列的领导方式，不能说哪一种方式总是正确的，而另一种方式总是错误的。

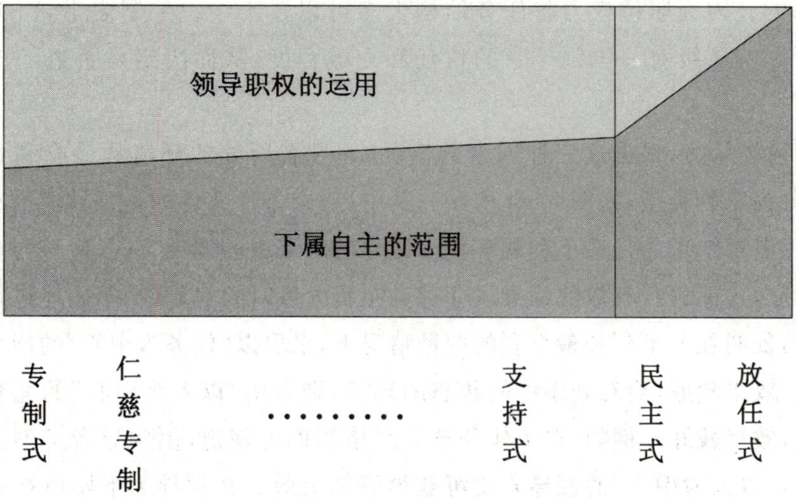

图5—3 领导连续流理论

2. 权变模式

美国管理学家菲德勒提出的权变理论意味着领导工作是一个过程。在这一过程中，领导者施加影响的能力取决于群体的工作环境、领导者的风格和个性，以及领导方法对群体的适合程度。换句话说，按照菲德勒的理论，人们之所以成为领导者，不仅仅是由于他们的个性，而且还由于各种环境因素以及领导与环境之间的相互作用。菲德勒提出，对一个领导者的工作影响最大的三个基本因素是职位权力、任务结构和上下级关系。

(1)职位权力。指的是与领导人职位相关联的正式职权以及领导者从上级和整个组织各个方面所取得的支持的程度。这一职位权力是由领导者对其下属的实有权力，包括所拥有的奖惩力量所决定的。当领导者拥有一定的明确的职位权力(分为强与弱两类)时，更容易使群体成员遵从他的指导。

(2)任务结构。指的是任务明确程度和人们对这些任务的负责程度(分为高与低两种程度)。如果下属人员所担任的任务性质清晰明确而且例行化，则领导者对工作质量较易控制。当然，群体成员也有可能对自己所担任的任务性质模糊不清，或其任务多有变化，这时领导者就能更好地担负起他们的工作职责。

(3)领导者与下级的关系。菲德勒认为在这个方面，从领导者的角度看是最重要的。因为职位权力与任务结构大多可以置于组织控制之下，而上下级关系可影响下级对一位领导者的信任和爱戴程度，从而决定是否追随他共同工作。

菲德勒认为，根据这三种因素的情况，领导者所处的环境从最有利到最不利，共分为八种类型，如图 5－4 所示。其中，三个条件齐备的是领导者最有利的环境，三者都缺乏的是最不利的环境。领导者所采取的领导方式，应该与环境类型相适应，才能进行有效的领导。菲德勒花费大量时间对 1200 个团体进行了调查分析，证明在最不利和最有利的两种情况下，采取以“任务为中心”的指令型领导方式，效果较好；而对处于中间状态的环境，则采用“以人为中心”的宽容型领导方式，效果较好。例如，在工作任务有严格明确的规定，但领导者又不为人们所欢迎，“以人为中心”的领导方式可获得好的成效。在领导为下属所欢迎而任务却没有明确规范的情况下，这种领导方式也具有实效。

适宜的领导行为	任务中心式			人际关系中心式			任务中心式	
环境的有利程度	有利			中等			有利	
领导者同下属的关系	好	好	好	好	差	差	差	差
任务结构职位权力	高	高	低	低	高	高	低	低
	强	弱	强	弱	强	弱	强	弱

图 5—4 菲德勒权变领导模型

3. 通路—目标模式

这一理论是由美国管理学家罗伯特·豪斯提出的。他认为最富有成效的领导方式是领导者采取种种步骤去设计一种环境，使群体成员潜在地或明显地受到动机的激励，并能对它作出有效的响应。

从本质上讲，通路—目标模式要求最有效的领导者应能帮助其下属实现组织目标和个人目标，特别是一些成就与报酬目标。领导者要做到这一点，就要明确规定职位与工作职责，消除工作中的障碍，在制定目标时谋求群体成员的帮助，促进群体内部的团结和协作，增加个人在工作中得到满足的机会，减少不必要的紧张与外部控制，使酬劳的期望得以实现，以及做其他一些能满足人们期望的事情。

研究结果表明，通路—目标模式对于上层职位和专业性工作特别有用，因为在这些岗位上的领导者的行为，能对工作环境的设计工作施加相当大的影响。但它用于日常生产工作的作用则不明显，这也许因为领导者不能为使这些日常工作更令人满意而做更多的事情。该模式的基本要点是要求领导者阐明对下属工作任务的要求，帮助下属排除实现目标的障碍，使之能顺利达成目标，在实现目标的过程中满足下属的需要和成长发展的机会。

4. 领导—参与模型

V. 弗隆和 P. 耶顿在领导者单独决策和接受集体意见决策之间按征求和接受下属意见的程度划分出不同的领导方式，并以提问的形式按照信息来源、下属接受和执行决策的不同情况划分出各种情境因素，让领导者利用肯定否定式的决策树选择方法，依次从各种情境因素的判断中找出最佳的领导方式。

5. 不成熟—成熟理论

克里斯·阿吉里斯认为一个人由不成熟转变为成熟的过程会发生变化，从不愿意做到愿意做，从没能力做到有能力做。由不成熟到成熟的变化是持续的、循序渐进的。

领导者应针对下级不同的成熟程度分别指导，对那些心理不成熟或心智迟钝的人，应使用传统的领导方式；对比较成熟的人，应该扩大个人的责任，创造一个有利于其发挥才能和有助于其成长发展的社会环境。

6. 领导生命周期理论

科曼将四分图理论和不成熟一成熟理论结合起来，创造了三维空间的领导模型，如图 5—5 所示。该理论认为，有效的领导行为应该把任务行为、关系行为和被领导者的成熟程度结合起来考虑。

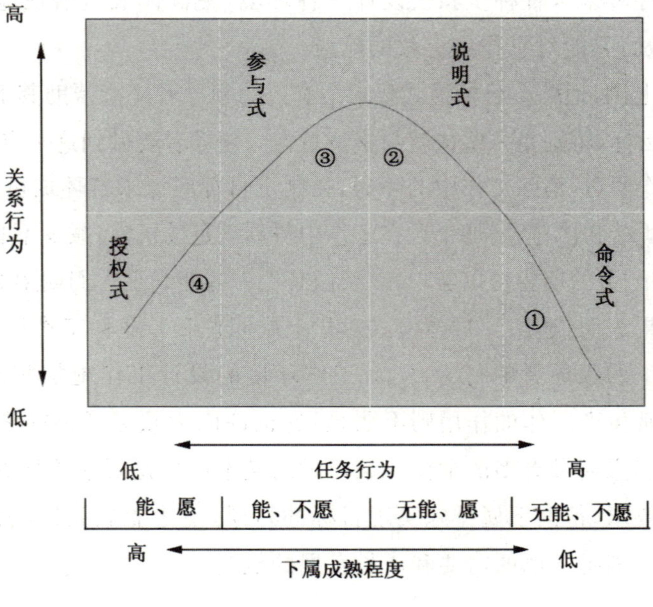

图 5—5 领导生命周期模型

第三节 沟通

一、沟通的含义

沟通是人与人之间传达思想感情和交流情报信息的过程。确切地说，所谓沟通是指将某一信息(或意思)传递给客体或对象,以期取得客体作出相应反应效果的过程。沟通是双方的行为,而且要有中介体,双方既可以是“人”,也可以是“机”,因而就有三种表现形式。

一是人一人之间的沟通,例如主管人员(或下属)发出情报,通过联络人员进行组合编排、整理,然后传递给下属(或主管人员)。

二是人一机之间的沟通,将各种情况通过人或其他手段转变为机器的语言,使机器接收并执行,如自控车床。

三是机一机之间的沟通,例如电传打字机等。

因为对人一机、机一机之间的沟通,已有众多的工程学加以研究。本章主要阐述人一人的交流形式,重点是组织内部的信息沟通。这是领导工作的重要组成部分。

应当指出,人与人之间的沟通过程有不同于其他沟通过程的特殊性:(1)人与人之间的沟通主要是通过语言(口头的和书面的)和非语言(声音语气、肢体语言和身体动作)的形式来进行(如图 5—6 所示)。(2)人与人之间的沟通不仅是消息的交流,而且包括情感、思想、态度、观点的交流。(3)在人与人之间的沟通过程中,心理因素有着重要意义。在信息的发出者与接收者之间,需彼此了解对方进行信息交流的动机和目的,而信息交流的结果是会改变人的行为的。(4)在人与人之间的沟通过程中,会出现特殊的沟通障碍。这种障碍不仅是由于信息渠道(即传递)的失真或错误,而且还是由人所特有的心理障碍造成的。例如,由于人的知识、经历、职业、政治观点等不同,对同一信息可能有不同看法和不同理解。这些特性表明,在研究人与人之间的沟通过程时,需要研究其特殊规律。

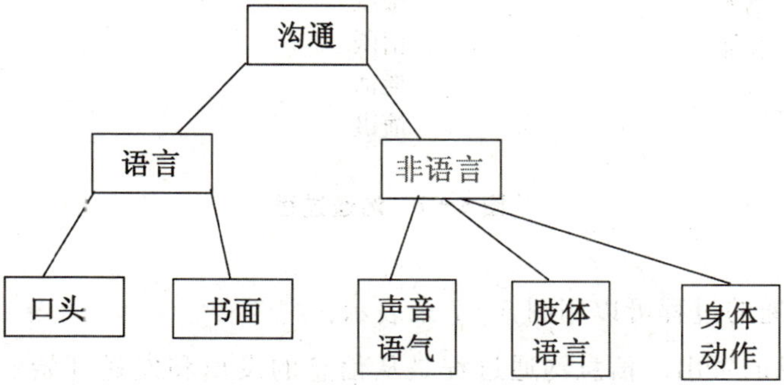

图 5—6 沟通种类

二、沟通的过程

信息沟通过程包括信息的发出、信息的传递、信息的接收、信息的反馈。在信息沟通的过程中包含四个基本的要素:信息的发送者、信息的接收者、所沟通信息的内容以及信息沟通的渠道。举例来说,某报纸曾刊登了一条消息:1989年第一季度全国工业企业完成产值2922亿元,比去年同期增长10.4%。这条消息中,总产值2922亿元和增长10.4%就是此消息所要传递的内容,这些信息是通过这份报纸登载出来的,我们阅读报纸上的这条消息也就是接收了消息撰写者所力图反映的某种思想。这个例子说明,信息沟通就是发送者通过一定的渠道将特定内容的信息传递给接收者的过程。

沟通必须具有有效性。所谓有效的沟通,就是指发出的信息与对方收到的信息在内容上能达到相互一致或基本接近。可以说,只有使信息接收者最终达成了正确的理解,才能说这次沟通是有效的;不能达成正确理解的沟通,则被认为是信息沟通中发生了障碍。

沟通的过程:

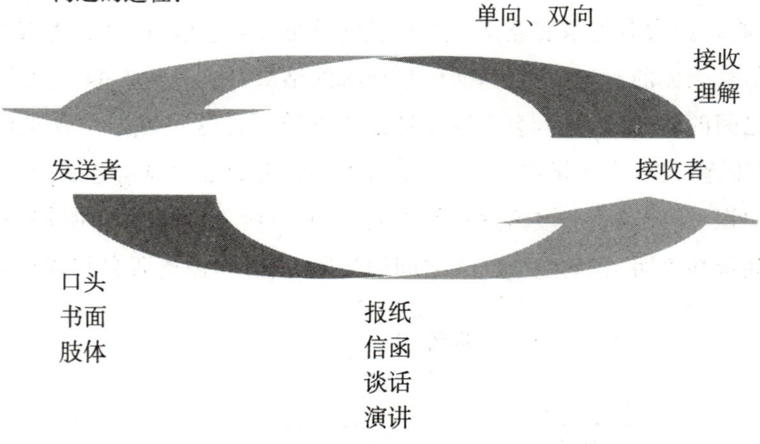

图5—7 沟通过程

信息沟通的过程可以用图5—7来表示:

(1)信息的发出。信息沟通过程是从信息的发出和发送开始的。发送者具有某种意思或想法,但需纳入一定的形式之中才能予以传送,此即为编码。编码最常用的是口头语言和书面语言,除此之外还有借助于脸部表情、声调、手势等表现出来的身体语言和动作语言等(通称为非言语语言)。根据这些编码的符号的不同,信息沟通可分为口头沟通、书面沟通及非语言沟通三种。如聋哑人就常依靠身体语言来进行非语言沟通。正常人也可以使用非语言沟通来配合表达某种思想,如对于不喜欢的人,人们通常可以采取避开、背对或斜靠的方式来表达内心的真实感受,这样非语言沟通就补充和支持了语言沟通。但有时,非语言沟通也可能弱化或抵消语言沟通。

(2)信息的传递。就是通过一条连接信息发送者与接收者双方的渠道、通道或路径而将信息发送出去。传送信息可以通过一席谈话、一次演讲、一封信函、一份报纸、一个电视节目等来实现。不同的沟通渠道适用于传递不同的信息。比如在大楼着火时,使用书面方式传递这一信息显然就不合适。沟通过程有时需要兼用两条甚至更多的沟通渠道。例如,对员工绩效的评价,管理者在口头评估之后可以再提供一份书面材料。再如,面对面交谈可以同时使用口头表达与身体语言表达两种方式。在现代通信技术迅速发展的今天,一条沟通渠道常可同时传送多种形式的信息,如可视电话会议,多媒体技术可把语言、文字、图像、数字等融合在一起传送,大大便利了复杂信息的传递。但也应当看到,信息传递中的障碍也是会经常出现的。沟通渠道选择不当,或者沟通渠道超载,以及沟通手段本身出现问题等,都可能导致信息传递中断、失真或无法传送至接收者。

(3)信息的接收。严格地说,这是指信息的收受。从沟通渠道和路径传来的信息,需要经过接收者接收并接受之后,才能达成共同的理解。信息的收受实际上包括了接收、解码和理解三个小的步骤。首先,收受信息的人必须处于接收准备状态,才可能收受传来的信息。如某人正在回味昨晚的精彩球赛,这时有位同事向他介绍工作情况,他很可能听而不闻,造成沟通失败。收受的第二个步骤为解码,即将收到的信息符号理解、恢复为思想,然后用自己的思维方式去理解这一思想。只有当信息接收者对信息的理解与信息发送者传递出的信息的含义相同或近似时,才可能产生正确的信息沟通。缺乏共同语言、先入为主和心理恐惧等,都可能导致接收者对信息产生错误的理解。比如,"情人眼里出西施"是对信息的一种善意曲解。一个员工在受到主管的数次责备后,可能会对该主管的某句赞赏的话从反面去加以理解,认为是在挖苦自己。另外,有些人在沟通时喜欢用专门术语和"行话",这往往会造成"外行人"理解上的困难和障碍。

(4)信息的反馈。为了核实、检查沟通是否达到预期的效果,信息沟通过程往往还需要有反馈的环节。如在口头沟通中,"你听懂我的话了吗?"所得到的答复就代表着反馈。只有通过反馈,信息发送者才能最终判断信息的传递是否有效。但并不是所有的信息沟通都会伴随着信息的反馈。我们将不出现反馈的信息沟通称为单向沟通，出现反馈的信息沟通称为双向沟通。在信息反馈过程中，信息的原接收者变成了发送者，原发送者成为接收者，而反馈信息传递的渠道则称为反馈渠道。不难看出，信息反馈过程中也同样可能面临信息传递过程的障碍。

三、有效沟通的原则

要使信息沟通有效，在沟通时必须掌握的原则：

1. 准确性原则

当信息沟通所用的语言和传递方式能被接收者所理解时，才是准确的信息，沟通才具有价值。沟通的目的是要将发送者的信息能够被接收者完整接收，看起来似乎很简单，但在实际工作中，常会出现接收者对发送者非常严谨的信息缺乏足够的理解。信息发送者的责任是将信息加以综合，无论是笔录或口述，都要求用容易理解的方式表达。这要求发送者有较高的语言或文字表达能力，并熟悉下级、同级和上级所用的语言。这样，才能克服沟通过程中的各种障碍，而对表达不当、解释错误、传递错误予以改正。

当然，在注意了准确性原则之后，沟通并不一定能正常进行，这是由于要注意的信息太多，人的注意力有限，所以接收者必须集中精力，克服思想不集中、记忆力差等问题，才能够对信息有正确的理解。

2. 完整性原则

当组织中的主管人员为了达到组织目标，而要实现和维持良好的合作时，他们之间就要进行沟通，以促进他们的相互了解。在管理中进行沟通只是手段而不是目的。这项原则的一个特别需要注意的地方，即信息的完整性取决于主管人员对下级工作的支持程度。主管人员位于信息交流的中心，应鼓励他们运用这个中心职位和权力，起到中心的作用。但在实际工作中，有些上级主管人员忽视了这一点，往往越过下级主管人员而直接向有关人员发指示、下命令，使下级主管人员处于尴尬境地，也违反了统一指挥的原则。如果确实需要这样做，则上级主管应事先同下级主管进行沟通，只有在时间不允许的情况下，例如紧急动员完成某一项任务，下令撤离某一危险场所等，采用这个方法才是必要的。

3. 及时性原则

在沟通的过程中，不论是主管人员向下沟通信息，还是下级主管人员或员工向上沟通信息，以及横向沟通信息，除注意到准确性、完整性原则外，还应注意及时性原则。这样可以使组织新近制定的政策、组织目标、人员配备等情况尽快得到下级主管人员或员工的理解和支持，同时可以使主管人员及时掌握其下属的思想、情感和态度，从而提高管理水平。在实际工作中，信息沟通常因发送者不及时传递或接收者的理解、重视程度不够，而出现事后信息，或从其他渠道了解信息，使沟通渠道起不到正常的作用。当然，信息的发送者出于某种意图（例如物价上涨时，调整员工的心理承受力），而对信息交流进行控制也是可行的，但在达到控制的目的后应及时进行信息的传递。

四、可能出现的沟通障碍

沟通中可能出现的障碍主要有主观障碍、客观障碍和沟通方式的障碍三个方面。

1. 主观障碍

大致有下述几种情况：

个人的性格、气质、态度、情绪、见解等的差别，使信息在沟通过程中会受到个人的主观心理因素的制约。

在信息沟通中，如果双方在经验水平和知识结构上差距过大，就会产生沟通的障碍。信息沟通往往是依据组织系统分层次逐级传递的。然而，在按层次传达同一条信息时，往往会受到个人的记忆、思维能力的影响，从而降低信息沟通的效率。对信息的态度不同，使有些员工和主管人员忽视对自己不重要的信息，不关心组织目标、管理决策等信息，而只重视和关心与他们物质利益有关的信息，使沟通发生障碍。

主管人员和下级之间相互不信任。这主要是由于主管人员考虑不周，伤害了员工的自尊心，或决策错误所造成的，而相互不信任则会影响沟通的顺利进行。

下级人员的畏惧感也会造成障碍。这主要是由主管人员管理严格、咄咄逼人以及下级人员本身的素质所决定的。

2. 客观障碍

主要有两点：

一是，信息的发送者和接收者如果空间距离远、接触机会少，就会造成沟通障碍。社会文化背景不同、种族不同而形成的社会距离也会影响信息沟通。

二是，组织机构所造成的障碍。组织机构过于庞大，中间层次太多，信息从最高决策层到基层的过程太长。

3. 沟通方式的障碍

一是，语言系统所造成的障碍。语言是沟通的工具，人们通过语言、文字及其他符号将信息经过沟通渠道进行沟通。但是语言使用不当就会造成沟通障碍。这主要表现在：(1)误解，这是由于发送者在提供信息时表达不清楚，或者是由于接收者接收失误所造成的；(2)歪曲，这是由于对语言符号的记忆模糊所导致的信息失真；(3)信息表达方式不当，这表现为措词不当，词不达意，丢字少句，空话连篇，文字松散，句子结构别扭，使用方言、土语，千篇一律等。这些都会增加沟通双方的心理负担，影响沟通的进行。

二是，沟通方式选择不当，原则、方法使用不灵活所造成的障碍。沟通的形态和网络多种多样，且它们都有各自的优缺点。如果不根据组织目标及其实现策略进行选择，不灵活使用原则、方法，则沟通就不可能畅通进行。在管理工作实践中，存在着信息的沟通，也就必然存在沟通障碍。主管人员的任务在于正视这些障碍，采取一切可能的方法消除这些障碍，为有效的信息沟通创造条件。

五、正式沟通与非正式沟通

(一)正式沟通

正式沟通一般指在组织系统内，依据组织明文规定的原则进行的信息传递与交流。例如组织与组织之间的公函往来、组织内部的文件传达、召开会议、上下级之间的定期情报交换等。

正式沟通有下行、上行、横向、斜向沟通等几种方式(如图 5－8 所示)。

(1)下行沟通，这是在传统组织内最主要的沟通流向。一般以命令方式传达上级组织或上级所决定的政策、计划、规定之类的信息，有时颁发某些资料供下属使用。如果组织的结构包括多个层次，则要通过层层转达，其结果往往使下行

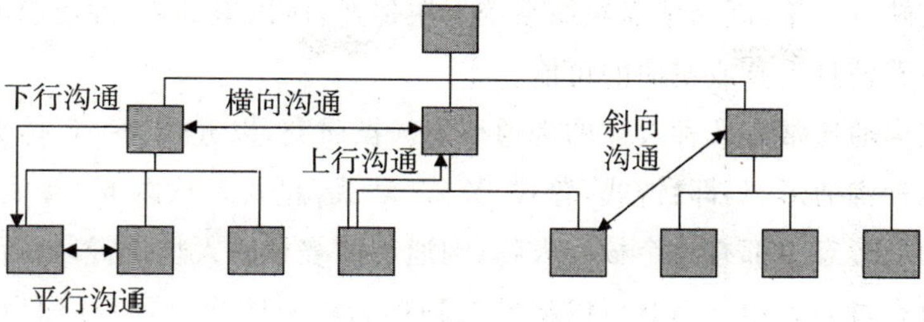

图 5—8 组织的沟通渠道

信息发生歪曲，甚至遗失，而且过程迟缓，这些都是在下行沟通中所经常发现的问题。

(2)上行沟通，主要是下属依照规定向上级所提出的正式的书面的或口头的报告。除此以外，许多机构还采取某些措施以鼓励向上沟通，例如意见箱、建议制度，以及由组织举办的征求意见座谈会或态度调查等。有时某些上层主管采取所谓“门户开放”政策，使下属人员可以不经组织层次向上报告。但是据研究，这种沟通也不是很有效，而且由于当事人的利害关系，往往使沟通信息发生与事实不符或压缩的情形。

(3)横向沟通/平行沟通，主要是同层次不同业务部门之间的沟通。在正式沟通系统内，一般机会并不多，若采用委员会和举行会议方式，往往所费时间、人力甚多，而沟通的效果并不很好。因此，组织为顺利工作，必须依赖非正式沟通以辅助正式沟通的不足。

(4)斜向沟通，这是发生在组织内部既不同系统又不同层次的人员之间的沟通。斜向沟通对组织中的其他正式沟通渠道会起到一定的补充作用。例如，一家大公司的审计师要进行一项销售成本分析，倘若以销售人员与审计师之间的直接沟通取代传统的经由销售部门主管传递信息的办法，则沟通线路和传递时间会大大缩短。但斜向沟通容易在部门之间，尤其是在直线职权与参谋职权之间造成矛盾。

以上横向沟通和斜向沟通都是脱离组织的指挥链而跨系统发生的。在一些严格、正规的机械式组织中，它们并不被承认是正式的、法定的沟通形式，因而常常亦被作为非正式沟通渠道来看待。

正式沟通的优点是：沟通效果好，比较严肃，约束力强，易于保密，可以使信息沟通保持权威性。重要的消息和文件的传达、组织的决策等，一般都采取这种方式。其缺点在于，因为依靠组织系统层层传递，所以很刻板，沟通速度很慢，此外也存在着信息失真或扭曲的可能。

正式沟通通常有几种具体的沟通形态。据研究，以五人为一群体为例，基本上可有五种沟通形态，即：链式，轮式，Y 式，环式，星式。从图 5－9 中可以看到前三种沟通形态中都有一个核心人物，沟通都围绕核心人物进行，而后两种沟通形态中没有核心人物。因此可以将前三种称为核心网络，后两种称为非核心网络。

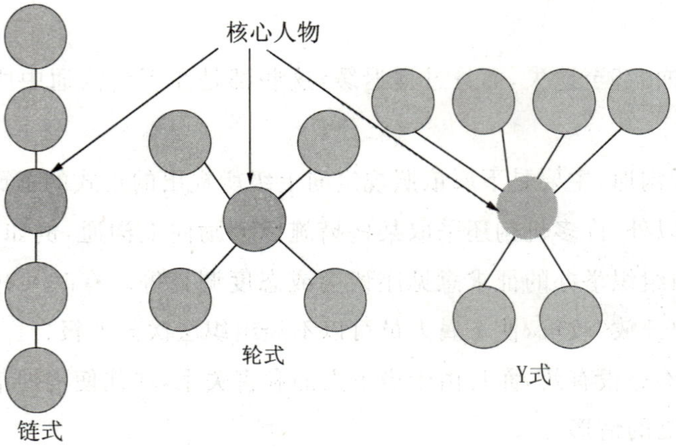

核心网络示意图

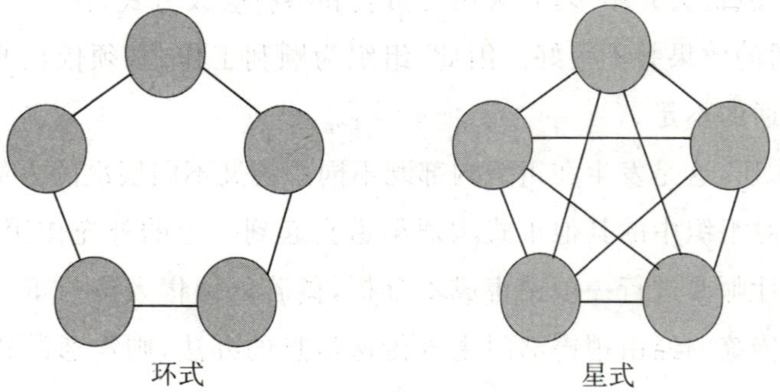

非核心网络示意图

图 5－9　沟通的形态

(1)链式沟通。这是一个平行网络，其中居于两端的人只能与内侧的一个成员联系，居中的人则可分别与两人沟通信息。在一个组织系统中，它相当于一个纵向沟通网络，代表一个五级层次，逐渐传递，信息可自上而下或自下而上进行传递。在这个网络中，信息经层层传递、筛选，容易失真，各个信息传递者所接收的信息差异很大，平均满意程度有较大差距。此外，这种网络还可表示组织中主管人员和下级部属之间的中间管理者的组织系统，属控制型结构。

在管理中，如果某一组织系统过于庞大，需要实行分权授权管理，那么，链式沟通网络是一种行之有效的方法。

(2)轮式沟通。属于控制型网络，其中只有一个成员是各种信息的汇集点与传递中心。在组织中，大体相当于一个主管领导直接管理几个部门的权威控制系统。此网络集中化程度高，解决问题的速度快；主管人员的预测程度很高，而沟通的渠道很少；组织成员的满意程度低，士气低落。

轮式网络是加强组织控制、争时间、抢速度的一个有效方法。如果组织接受紧急攻关任务，要求进行严密控制，则可采取这种网络。

(3)Y 式沟通。这是一个纵向沟通网络，其中只有一个成员位于沟通的中心，成为沟通的媒介。在组织中，这一网络大体相当于组织中由领导、秘书班子，再到下级主管人员或一般成员之间的纵向关系。这种网络集中化程度高，解决问题速度快，组织中领导人员的预测程度较高。除中心人员外，组织成员的平均满意程度较低。此网络适用于主管人员的工作任务十分繁重，为节省时间，需要有人选择信息提供决策依据，而又要对组织实行有效的控制的情况。但此网络易导致信息曲解或失真，影响组织中成员的士气，阻碍组织提高工作效率。

(4)环式沟通。此形态可以看成是链式形态的一个封闭式控制结构，表示五个人之间依次联络和沟通。其中，每个人都可同时与两侧的人沟通信息。在这个网络中，组织的集中化程度和领导人的预测程度都较低；畅通渠道不多，组织中成员具有比较一致的满意度，组织士气高昂。如果在组织中需要创造出一种高昂的士气来实现组织目标，环式沟通是一种行之有效的措施。

(5)星式沟通。这是一个开放式的网络系统，其中每个成员之间都有一定的联系，彼此了解。此网络中组织的集中化程度及主管人员的预测程度均很低。由于沟通渠道很多，组织成员的平均满意程度高且差异小，所以士气高昂，合作气氛浓厚。这对于解决复杂问题，增强组织合作精神，提高士气均有很大作用。但是，由于这种网络的沟通渠道太多，易造成混乱，且又费时，影响工作效率。

上述种种沟通形态和网络，都有其优缺点。作为一名主管人员，在管理工作实践中，要进行有效的人际沟通，就需发挥其优点，避免其缺点，使组织的管理工作水平逐步提高。

(二)非正式沟通

所谓非正式沟通,包括非正式组织内部的沟通和正式组织中不按照正式的组织程序而进行的沟通。非正式沟通和正式沟通不同,因为它的沟通对象、时间及内容等各方面,都是未经计划和难以辨别的。非正式组织是由于组织成员在感情和动机上的需要而形成的,其沟通途径是组织内的各种社会关系,这种社会关系超越了部门、单位以及层次。在相当程度上,非正式沟通的发展也是配合决策对于信息的需要的。这种途径较正式途径具有较大弹性,它可以是横向沟通,或是斜向沟通。在许多情况下,来自非正式沟通的信息,反而容易获得接收者的重视。由于传递这种信息一般以口头方式,不留证据,不负责任,许多不愿通过正式沟通传递的信息,却可能在非正式沟通中透露。但是,过分依赖这种非正式沟通途径也有很大危险,因为这种信息遭受歪曲或发生错误的可能性相当大,而且无从查证。尤其与员工个人关系较密切的问题,例如晋升、待遇、改组之类,常常产生所谓的"谣言"。不实消息的散布往往会对组织产生较大的困扰。

但是,任何组织都或多或少地存在着这种非正式沟通途径。对于这种沟通方式,主管者既不能完全依赖,用以获得必需的信息,也不能完全加以忽视,而是应当密切注意错误或不实信息产生的原因,设法提供给组织人员正确而清晰的事实加以防止。

第四节　激励

一、什么是激励

激励本来是心理学的概念,就其本质来讲,它是表示某种动机所产生的原因,即发生某种行为的动机是如何产生的?在什么环境中产生?同样一个人,为何有时工作积极肯干、干劲冲天;有时心灰意冷,甚至消极怠工?激励这个概念被引进到管理中,则被赋予了新的含义。激励是领导工作的重要方面。在军事战争中,士兵是否具有战斗力,士气是高昂还是低落,对于战争的胜负起着至关重要的作用。将军们不仅需要有指挥战斗的本领,更要能够激发士兵的士气和斗志。同理,在生产经营活动中,只有使参与企业活动的人都保持旺盛的士气和高昂的工作热情，才有可能使生产经营取得好的效果。

激励能使人的潜力得到最大限度的发挥。有人做过一项研究，在按时计酬方式下工作的员工，一般只要发挥20%～30%的能力就可保住饭碗，但如果给予充分的激励的话，他们的能力可以发挥80%～90%。这个反差正好说明了激励对员工潜能发挥的重要作用。

所谓激励，就是通过一定的手段使员工的需要和愿望得到满足，以调动他们的工作积极性，使其主动而自发地把个人的潜能发挥出来，奉献给组织，从而确保组织达成既定的目标。无论从帮助个人发展的角度，还是从实现组织目标的角度来看，激励都是领导人员不可忽视的一项工作。

优秀的领导者一般都有调动员工积极性的愿望。但员工的积极性不会因领导者的良好愿望而自动激发出来。要指望员工们努力工作，领导者就必须首先了解员工心里想些什么，需要什么，他们的工作动机是什么，在此基础上再有针对性地采取激励措施，这样才能取得预期的激励效果。现实中，事与愿违的领导者不乏其人。他们的失败就在于，只是简单地从自己的立场出发做工作，而没有深入思考所工作的对象有些什么特点。

二、人性的认识

对人的认识是主管人员为什么要对下属进行激励和怎样激励的前提。激励的对象是人本身及其行为。对人的认识，实质上就是了解人们行为产生的原因，从而使主管人员把握住人们的行为方向、行为目的和行为结果。人究竟是为了什么样的利益而采取行动的呢？不同时期的管理学者和组织行为研究者们都提出了各自的见解，从而形成了不同的人性假设模式。以下按观点形成的先后顺序区分为四种类型的人性假设：

1. 经济人假设

认为人是以一种合乎理性的、精打细算的方式行事，人的行为受经济因素的推动和激发，而经济因素是受企业控制的，人在企业里处于被动的、受控制的地位。这是传统的管理思想。与之相应的，激励的主要手段就是“胡萝卜加大棒”，即运用奖励和惩罚“两手”，来激发员工产生领导者和组织所要求的行为。

2. 社会人假设

认为人是受社会需要所激励的，集体伙伴的社会力量要比上级主管的控制力量更加重要。这是初期的人际关系论的思想。与之对应的,领导者应该关心和体贴员工,重视员工之间的社会交往关系,通过培养和形成员工的归属感来调动人的积极性,以此来提高生产率。

3. 自我实现人假设

认为人是自我激励、自我指导和自我控制的,要求提高和发展自己的能力并充分发挥个人的潜能。这样,企业就应当把人作为宝贵的资源来看待,通过提供富有挑战性的工作使人的个性不断成熟并体验到工作的内在激励。而传统的装配流水线作业,不仅破坏了员工间的社交关系,甚至把工作中的意义和挑战性也抽走了,从而引起工人们的不满。把自我实现作为人工作的最根本目的,这是人际关系论发展到后期的新思想。它认为,只要把工作变得有意义、富有吸引力,足以引起员工的成就感,就不需要其他外来的激励,人可以在自我内在激励中,自动地将自己的才能发挥出来。

4. 复杂人假设

认为现实组织中存在着各种各样的人,不能把所有的人都简单化、一般化地归类为前述某一种假设之下,而应该看到不同的人以及同一个人在不同的场合会有不同的动机和需要。认识到人是千差万别的,因而激励的措施也应该力图多样、变动,并根据具体的人灵活机动地采取合适的激励办法。

领导者对员工人性的不同假设,自然会导致各种不同的激励方法与方式。从灵活、权变的观点出发,领导者要对组织中动机各异的人的行为予以有力激励,就必须充分了解和把握有关激励的各种理论。下面我们拟将激励理论分为内容型、过程型和行为修正型三类进行介绍。

三、激励理论

在管理学领域,自从行为科学形成以后,人们在应用心理学和社会学方面的知识探讨如何预测和激发人的动机、满足人的需要、调动人的生产积极性方面,做了大量的工作,提出了许多有关激励方面的理论。有些理论从激励的内容或者要素进行说明,有些理论从激励的具体过程加以阐述,等等。下面介绍一些主要的激励理论。

（一）内容型激励理论

内容型激励理论有许多分支，这里主要介绍需要层次理论和双因素理论。

1. 需要层次理论

亚伯拉罕·马斯洛提出需要层次理论，认为人类的需要是以层次的形式出现的，由低级的需要开始逐级向上发展到高级的需要（如图 5—10 所示）。并且他断定，当一组需要得到满足时，这组需要就不再成为激励因素了。他将人的需要分为生理的需要、安全的需要、社交的需要、自尊的需要，以及自我实现的需要，表 5—3 列出了马斯洛的各种需要所对应的一些具体的内容。由于每个人的需要各不相同，因此主管人员必须用随机的方法来对待人们的各种需要。应该注意的是，马斯洛所列举的需要各层次，绝不是一种刚性的结构。所谓层次，并没有截然的界限，层次与层次之间往往相互叠合，某一项需要的强度逐渐降低，则另一项需要的强度随之上升。此外，可能有些人的需要始终维持在较低的层次上。马斯洛提出的各项需要的先后顺序，不一定适合于每一个人，即使两个行业相同的人，也并不见得有同样的需要。

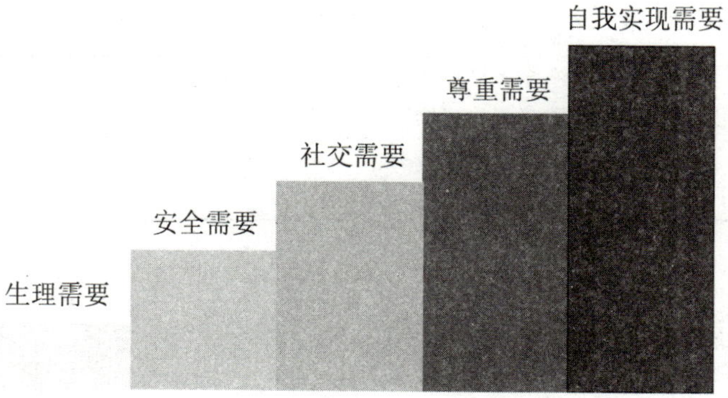

图 5—10 马斯洛需求层次

马斯洛认为，一个人首先要求的是最低层次的需要，当它基本满足后，才依次要求高层次的需要。在同一个人身上，这几种需要可能同时存在，但是由于其心理发展程度不同，占主导地位的要求也不同，往往随心理发展而依次变换，而在不同人身上，则更有较大差异。管理者必须根据不同人的不同需要，来研究调动积极性的问题，进行具体的管理活动。

表 5－3　马斯洛需求层次理论

生理需要	提高工资
	奖金
	改善工作条件
	定期医疗检查
	娱乐
安全需要	享有优先股权
	保险
	职业稳定
	口头承诺和书面承诺
	晋升
社交需要	有机会成为委员会成员
	成为俱乐部组织成员
	工作轮换
	被邀请到特殊场合
	加入特殊任务小组
尊重需要	奖励
	表扬
	授予称号
	公开场合露面
	为管理委员会服务
自我实现的需要	带薪休假
	领导项目任务小组
	受教育的机会
	承担教学任务
	承担指导任务

2. 对需要层次理论的评价

马斯洛的需要层次理论，从研究人的需要出发，进而研究人的行为。这一研究方法和过程符合人类心理活动的共同规律，是符合科学规律的，但是马斯洛的需要层次理论没有对人的动机提供完整的看法，没有提出激励人的方法，只提供了一个研究的起点。马斯洛的需要层次理论只说明了需要和激励的一般关系，没有考虑到人的差别。此外，它也没有和工作环境联系起来。因此，在管理实践中，应该将理论与实践结合起来，创造性地加以运用，才能取得实际效果。

总之，马斯洛的这一理论，最大的用处在于它指出了各人均有需要。身为主管人员，为了激励下属，必须了解其下属要满足的是什么需要。但是，不论主管人员采取的是怎样的途径，其措施总是以他对下属所持的假定及对其需要与满足的假定为基础的。

3. 双因素理论

20世纪50年代后期，美国心理学家赫茨伯格和他在匹兹堡的心理学研究所的研究人员，通过一项研究提出了双因素理论。

他们进行的是这样一项研究：访问了匹兹堡地区的11个工商事业机构的200多位工程师和会计人员，请他们列举在他们的工作中有哪些是使他们愉快的项目，又有哪些是使他们不愉快的项目。经分析调查所得资料，结果发现，受访人员觉得未能满足的项目，多数与他们的工作环境有关，而他们觉得满意的项目，一般也多属于工作本身。由此进一步分析推导出，一方面是人们对诸如本组织的政策和管理、监督、工作条件、人际关系、薪金、地位、职业安定以及个人生活所需等，如果得到满足后就没有不满，得不到满足则产生不满。赫茨伯格把这类因素统称为“保健”因素。另一方面是人们对诸如成就、赏识（认可）、艰巨的工作、晋升和工作中的成长、责任感等，如果得到满足则感到满意，得不到满足则没有满意感（但不是不满）。他把这一类因素统称为“激励”因素（图5－11区别了传统的观点和赫茨伯格的观点）。因此，赫茨伯格认为，只有靠激励因素来调动员工的积极性，才能提高生产效率。

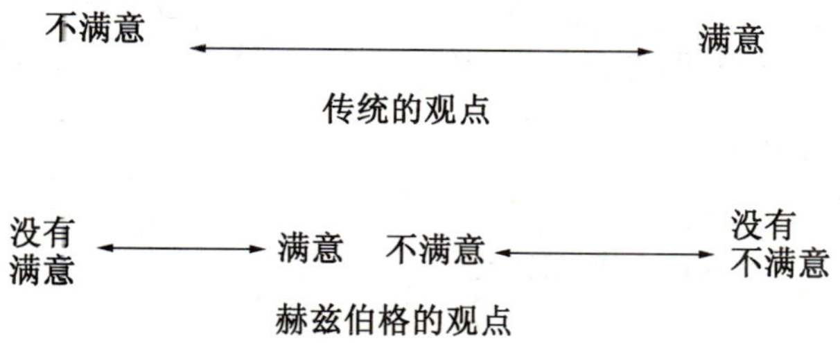

图5－11 传统观点和赫茨伯格观点的对比

(二)过程型激励理论

1. 期望理论

期望理论是美国心理学家弗鲁姆提出的。期望理论的基本观点是：人们在预期他们的行动将会有助于达到某个目标的情况下，才会被激励起来去做某些事情以达到目标。他认为任何时候，一个人从事某一行动的动力，将决定于他（或她）的行动的全部结果（或积极的或消极的）的期望值乘以那个人预期这种结果将会达到所要求目标的程度。换言之，他认为，激励是一个人某一行动的期望价值和那个人认为将会达到其目标的概率之乘积。用公式可表示为：

动力＝效价×期望值

这里的动力是一个人所受激励的程度，效价是一个人对某一成果的偏好程度，而期望值是某一特别行动会导致一个预期成果的概率。从这个公式中可以看出，当一个人对达到某一目标漠不关心时，效价是零；而当一个人宁可不要达到这一目标时，就是负的效价，结果当然是毫无动力。同样期望值如果是零或负值，一个人也就无任何动力去达到某一目标。因此，为了激励员工，主管人员应当一方面提高员工对某一成果的偏好程度；另一方面帮助员工实现其期望值，即提高期望概率。

2.公平理论

这是美国心理学家亚当斯于 1976 年提出的理论。公平理论认为员工没有受到激励是因为他感到不公平。不公平体现在两个方面：一是在企业内部，同等工作量的员工的工资差别会使拿低工资的员工产生不公平的感觉；二是与企业的同类型员工的工资相比有差别，也会感到不公平。这样员工就会士气低落，满腹牢骚。

公平理论的模式（即方程式）：

$\frac{O_A}{I_A}>\frac{O_B}{I_B}$，　基本满意

$\frac{O_A}{I_A}=\frac{O_B}{I_B}$，　公平合理，心态平衡

$\frac{O_A}{I_A}<\frac{O_B}{I_B}$，　不满意或比较不满意

式中，O_A 代表一个人对他所获报酬的感觉，I_A 代表一个人对他所做投入的感觉，O_B 代表这个人对某比较对象所获报酬的感觉，I_B 代表这个人对比较对象所做投入的感觉。

除横向比较外，人们也经常作纵向比较，即把自己目前投入的努力与目前所获得报偿的比值，同自己过去投入的努力与过去所获报偿的比值进行比较。如果 O_{PP} 代表自己目前所获报酬，O_{PL} 代表自己过去的投入量，比较的结果也有三种。

第一种：$\frac{O_{PP}}{I_{PP}}=\frac{O_{PL}}{I_{PL}}$，此人认为激励措施基本公平，积极性和努力性程度可能保持不变。

第二种：$\frac{O_{PP}}{I_{PP}}>\frac{O_{PL}}{I_{PL}}$，一般讲，此人不会觉得所获报酬高，因为他可能会认为自己的经验和能力有提高，其工作积极性不会提高多少。

第三种：$\frac{O_{PP}}{I_{PP}}<\frac{O_{PL}}{I_{PL}}$，此人会觉得很不公平，工作积极性下降很多，除非管理者给他增加报酬。

公平理论为人们提供了解决方法：从公平感入手。因为公平感是员工的主观感受，不存在绝对的不公平，所以关键是加强经理人和员工之间的沟通。事实证明，85%以上的员工感到不公平的问题都可以通过经理人和员工之间的有建设性意见的沟通得以解决。

(三)行为修正型激励理论

1.强化理论

强化理论是由美国心理学家斯金纳提出来的。斯金纳认为，人或动物为了达到某种目的，会采取一定的行为作用于环境，当这种行为的后果对他有利时，这种行为就会在以后重复出现；不利时，这种行为就减弱或消失。斯金纳把强化理论归结为四种类型，如表 5－4 所示。

表 5—4 强化理论

激励目的	强化方式	强化措施
使所希望的行为更多发生	强化	正强化：使得到合意的结果
		负强化：力图避免得到不合意的结果
使所希望的行为更少发生	强化	惩戒：使得到不合意的结果
		自然消退：不采取任何措施

(1)正强化。在积极的行为发生以后，立即用物的或精神的鼓励来肯定这种行为，在这种刺激作用下，个体感到有利，从而增加以后的行为反应频率。

(2)惩戒。在消极行为出现之后，使实施者受到经济上或者名誉上的损失，或者取消某些为人喜爱的东西，从而减少消极行为。

(3)负强化。当一个特定的强化能够防止个人产生所不期望的刺激时,就成为消极强化或逃避性学习。消极强化和积极强化有一定的区别。工人努力工作并从组织中获取报酬,这是积极强化;反之工人努力工作是为了逃避不希望得到的结果,如不挨上级的批评,就是消极强化。

(4)自然消退。撤销对原来可以接受的行为的强化,由于一定时期内连续不强化,这种行为将逐步降低频率,以至最终消失。

主管人员应当根据下属行为情况不同而采取不同的强化方式。

斯金纳认为,在应用强化手段强化下属行为时应遵循以下原则:

(1)要设立一个目标体系。主管人员应把总目标分解成分目标和分阶段目标,完成每一个分目标和分阶段目标以后要及时给予强化,以便增强下属信心,逐步实现总目标。

(2)要及时反馈和及时强化。主管人员要使下属尽快知道自己的行为结果并及时强化,使下属及时得到鼓励和鞭策。

(3)要使奖励成为真正的强化因素。奖励是否成为强化因素要看行为发生次数的增减与否。为此,主管人员应重视物质奖励和精神奖励相结合。奖励不宜过于频繁,方式要新颖多样。

(4)要多用不定期奖励。定期奖励成了人们预料中的事情,会降低强化的作用,不定期奖励的非预期的强化效果更好。

(5)奖惩结合,以奖为主。

综上所述,在对人的认识的基础上,许多学者对人的需要、行为进行了研究,得出不同的结论。不论结论如何,在研究的目的方面是相同的,即如何激发动机,如何分析需要,如何判定行为,应从四个方面进行工作,以求达到激励的目的。

(1)从研究和满足人的需要方面来调动组织成员的积极性。研究人们的需要,目的就是在完成组织目标的前提下,尽可能满足个人需要。只有这样,才能调动员工的积极性,这是因为组织把人们的利益联系在了一起。离开了组织就无法满足个人的需要。

(2)从目标设置上研究如何调动积极性。目标的设置不是简单的事,要从目标设置上给人以期望,由此激发其内在的动机。因而目标应该是鼓舞人心的,同时又不能脱离特定的环境。若所制定的目标能使人感到切实可行,那么,人们的积极性就可以调动并保持较长时间的稳定。

(3)强化动机,也即刺激。对人的行为的肯定或否定都可引起强化作用。肯定是正强化，否定是负强化。人们的行为并不完全符合组织利益，因此，强化的作用就是使人们自觉地去维护组织利益，从而实现或满足个人的需要。

(4)及时反馈。从模式中也可理解，主管人员应时刻掌握这个过程的各个环节的详细情况，从而把握人们的目的，恰当地选择领导方式，以充分发挥激励的作用。

强化理论只讨论外部因素或环境刺激对行为的影响，忽略人的内在因素和主观能动性对环境的反作用，具有机械论的色彩。但是，强化理论有助于对人们行为的理解和引导。根据这个模式或理论，许多学者从不同的角度研究，获得了不同的结论。这些激励理论各有各的特点，也各有不足之处。西方管理学家们也谈“觉悟”二字，已把“觉悟”视为管理的要害，他们总结了三句格言：人的知识不如人的智力；人的智力不如人的素质；人的素质不如人的觉悟。我们在学习、消化和吸收激励理论时要博采众长，融会贯通，真正掌握激励理论、方法、技巧，在此基础上总结自己的经验，创造出自己的理论并付诸实践，确保领导工作有效进行。

2. 斜坡球体理论

斜坡球体理论是海尔集团完善的用人机制和激励机制的理论基础。

斜坡上的球体为一个员工个体，球体周围代表员工发展的舞台，斜坡代表着企业的发展规模和市场竞争程度。促使一个员工实现自己的目标及前景有两个动力：内在动力和外在动力。内在动力是个人素质的提高，这是根本；外在动力是企业的激励机制，是外部的推动力。员工施展才能的舞台取决于两个方面：球体的半径——员工的能力；球体的弹性——员工活力的发挥程度。企业发展规模越大，市场竞争越激烈，斜坡的角度就越大；人才发展的竞争越激烈，人才的素质要求就越高。企业根据员工不同层次的需要，如适应服从、充分参与、实现自我等，分别给予不同的动力——激励机制。“不进则退”，作为企业或员工只有不断提高自己的素质，克服阻力和惰性，才能发展自我、实现自我；否则，只能滑落和被淘汰。

四、激励的方式

激励的方式有两种，一种是物质的激励，一种是精神的激励。

(一)物质激励

1.年终分红

多数企业都采用年终分红的方法激励高层管理人员。与薪金不同,年终分红的总额很容易随绩效的改变发生波动。实施年终分红时,要考虑资格条件、确定基金规模和个人奖励额三个基本问题。

资格条件的确定有三种方法:第一种方法是关键职位法。在企业中,有些职位对企业利益的影响是可以测算的。关键职位法就是对这些职位逐个评价以确定关键职位。第二种方法是通过设定薪资水平总值来确定资格条件。任何收入超过这个总值的员工都有资格参加分红计划。第三种方法是通过工资等级来确定资格条件。它规定所有在某一工资等级或其上的员工都具备年终分红的资格。

基金规模的确定有两种方法:第一种是非扣除法,即抽取固定比例作为年终分红的基金。第二种方法是扣除法,这种方法假设企业只有在其净赢利达到一定水平以后才会建立年终分红基金。

至于个人奖励的确定,通行的做法是先制定每个具备资格的职位的红利标准,然后依据实际绩效上调或下调其红利,实际所获红利最多可以是标准红利的两倍。无论企业的绩效如何,支付给绩效突出的管理人员的红利,不应该低于正常水平的奖金,并且他们所获的红利应明显高于其他管理人员。在企业的激励制度中,业绩突出的管理人员应获得相应的高额奖励;而绩效很低的管理人员不应得到任何奖励。

2.绩效工资

绩效工资也称为绩效加薪,是依据员工个人绩效而增发的奖励性工资。它与红利不同,是一种增加额,而红利则只是对某段时间工作的奖励。

绩效工资制的主要形式是加薪总额一次结清法。其优点是:传统的绩效工资是累加式的,而加薪总额一次结清法减缓了应付薪金额的增长速度,也有助于控制福利成本,因为福利水平通常与员工当前的基本工资相联系。同传统的绩效加薪制相比,绩效加薪总额一次结清法具有更显著的激励作用。同时,明确基本薪金并不总是受绩效工资的影响,也使管理人员在决定是否提高员工绩效加薪总额时有更大的伸缩余地。

绩效加薪的另一种改进方案是根据个人和公司的绩效支付总额一次付清绩效工资。运用这种方法,企业的绩效可以用扣除工资成本后的回报率或销售率来衡量,也可以用员工绩效来表示。这样,对于绩效显著的员工来说,即使企业绩效一般,其仍可得到总额一次结清的绩效工资。这种方法的优点是:它迫使员工关注获利能力、提高生产效率等组织目标;不足之处是由于它削弱了员工个人绩效对报酬量的影响,因此会降低奖励的激励作用。

3. 股票期权

股票期权是指在一定时间内,以特定价格购买一定数量企业股份的权利。因此,高层管理人员希望利用这种期权,以现价购买股票,并在将来获利。然而,股票价格在将来是上涨还是下跌取决于许多因素,其中部分因素是管理人员不能控制的。企业获利能力和利润增长等因素是可以在一定程度上影响企业股票价格的。也正因为如此,股票期权才具有激励作用。

股票期权的另一个替代方案是股票面值法。这个计划允许中层管理人员以目前的股票面值购买股票,高层管理人员可以获得持有股票的股息,随着公司的发展,他们所持股票的面值可能会随之增长。股票面值法避免了股票市场的不稳定性,更强调股票面值的合理增长。

4. 收益分享

收益分享法鼓励多数或全体员工共同努力以达到企业的生产效率目标,并在员工和企业之间分享成本削减带来的收益。

收益分享激励在概念上很简单,但实际运作起来,必须注意:在多数收益分享计划中,员工的参与程度是决定它能否成功的最重要的因素;计划的成功实施必须要有高层和基层管理人员的积极支持和参与,并希望计划能有效运作;通常利用对员工观点的调查来搜集信息,并预测员工对收益分享计划的反应。

(二)精神激励

1. 形象激励

一个人通过视觉感受到的信息,占全部信息量的80%,因此充分利用视觉形象的作用,激发员工的荣誉感、光荣感、成就感、自豪感,也是一种行之有效的激励方法。形象激励中,最常用的方法是照片上光荣榜,借以表彰本企业的标兵、模范。不仅先进者本人深受鼓舞,而且更多的员工会受到激励。形象激励的另外一种方法是通过闭路电视系统,开设“企业新闻”等节目,使企业的劳动模范、技术能手、优秀党员等受到表彰的人在电视上出现,使其形象传遍各家各户,不仅本人感到光荣,而且全家引以为荣,这种激励效果非常有效。

2. 榜样激励

模仿和学习也是一种普遍存在的需要,其实质是完善自己的需要,这种需要对年轻人尤为强烈。榜样激励是通过满足员工的模仿和学习的需要,把员工的行为引导到组织目标所期望的方向。榜样激励的方法是树立企业内的英雄模范人物的形象,号召和引导他人模仿学习。树立和宣传榜样时,切忌拔高、理想化;也不能躲躲闪闪,不敢充分肯定,人为地淡化榜样的作用。在实际工作中,应该针对不同的情况,从实际出发,树立起适合实际需要的榜样。

3. 感情激励

感情因素对员工的工作积极性有重大影响。感情激励就是加强与员工的感情沟通,尊重员工、关心员工,让员工体会到领导的关心、企业的温暖,从而激发出主人翁责任感和极大的工作热情。感情激励的技巧在于“真诚”二字,感情激励一定要出于对职工的真诚关心,并且管理者与员工之间要真正建立一种真诚的友谊,从而达到上下同心协力,共同推进企业目标的实现。

4. 荣誉激励

荣誉是众人或组织对个体或群体的崇高评价,是满足人们自尊需要、激发人们奋力进取的手段。

思考题:

1. 作为重要领导人的助理,他主要依靠什么权力来影响他人?
2. 人们是否可以通过学习成为具有个人魅力的领导?

案例分析:

世界杯传媒博弈如何追求“多赢”

第 18 届世界杯足球赛决赛阶段的比赛,于 2006 年 6 月 9 日在德国开幕(北京时间 6 月 10 日凌晨)。世界杯本身不是“媒介事件”,但从实践来看,它通常会成为各媒体开展策划活动的一个绝佳机遇:在今年的世界杯期间,国内各媒体必将竭尽全力,在报道上加以策划,使赛事信息的传播更加丰富、精彩,并借助这个契机,展开经营方面的策划,以实现新闻资源利用的最大化、最优化。

从今年2月起,国内多家知名网站就打响了世界杯"网战":"新浪2006世界杯网站"率先正式开通,世界杯期间新浪将派出一个10人报道组前往德国,并将获得路透社等多家国际媒体的资源支持,据说新浪为本届世界杯的总投入达到5000万元;搜狐则请了白岩松、韩乔生、朱广沪、沈祥福、邵佳一、郝海东等组成网络评论阵容,还拿到七张世界杯采访证,并与拥有"2006年世界杯宽带互联网视频中国大陆独家授权"的上海文广集团旗下的东方宽频合作;TOM在线则与体坛周报结成战略合作伙伴,双方结盟后的首场重头戏就是世界杯。电视和报纸方面的竞争情形,虽然暂时还没有表现出如此"刺刀见红"的地步,但也是暗流涌动,一场大战即将到来。诸多传媒在报道策划上如此着力,目的都是为了赢得受众市场,进而促进自身经营活动的发展。

在世界杯这样的重大战役性机遇面前,众多传媒竭力争夺市场资源是必然的。但是,如果各种传媒、尤其是占据着市场主导地位的传媒能在竞争的同时多一些合作意识,共同营造市场,实现各家之间的"正和博弈",对于我国体育传播事业的意义将更加深远。

在世界杯期间,努力为受众营造新的需求很有必要,传媒自觉或不自觉地共同开发市场是其中非常关键的要素。但是,即使大家齐心协力把"蛋糕"做大了,也不意味着参与合作性竞争的各方能自动享受其成果,如何把市场的潜力真正变成自己的现实利益,还要靠传媒在新的层面上展开的竞争,最重要的一点是怎样体现自身的差别性优势。

传媒发挥自身的差别性优势,往往是在竞争中争取主动的最佳方式。在当前的传媒竞争环境中,单个的传媒内容和渠道很难达到两全,单纯依靠自身的力量很难获得很有特色的差别性优势,传媒之间的互补则可能为传媒实现这一目标提供便捷的途径。

根据过去一段时间积累的经验,国内传媒在世界杯期间除了直接的信息报道之外,通常还会组织以下几种活动:参与型,调动受众的参与热情,为受众营造一种亲身"参与"世界杯的特殊氛围;竞猜型,借助电话、手机、网络等途径和手段,鼓动、影响广大球迷和其他人士猜测世界杯各场比赛的结果、进球数等项目;选秀型,在2002年韩日世界杯期间,国内许多媒体都开展了此类活动,有的叫"足球宝贝",有的叫"球迷宝贝",不一而足。在德国世界杯期间,这些类型的活动应该还会延续下去,而媒体在组织这些活动的时候,自然要考虑合作的战略问题,实现信息传播价值、效果的最大化——自然,合作是有原则的,通常是异地间的同类媒体合作,或者是跨媒体的合作,前者主要提供内容方面的互助,后者则着力解决内容与形式上的互补问题。

随着传媒技术的日新月异,德国世界杯期间传媒的合作,主要将体现为跨媒体的合作,已经正式亮相的几宗合作——搜狐网与东方宽频的合作,TOM在线与体坛周报、中央电视台的合作都体现了这一特色。这种合作之所以大行其是,在于世界杯是一个信息密集的聚合体,也是众多传媒追逐的焦点,普通受众要想了解世界杯,既不缺乏内容提供商,也不缺乏渠道提供商——众多传媒都在争相传播世界杯的信息，普通人就偷着乐吧！

但对于具体的传媒而言，却很难在内容与渠道两方面实现完美的统一：传统媒体如报纸，通常被认为是比较典型的内容提供商，它在信息内容的制造、处理方面被公认为具有一定优势，但其印刷媒体的特性又使其在渠道提供方面处于不利地位；相反，流媒体一般被看做优势的渠道提供商，其快速、信息海量、传者与受众之间的互动等特点，使之很便于受众获得信息，可它们在信息内容制造方面尚难拥有足够的独创性——大量的信息都以很便捷的途径传递给受众，人们必然要考虑其接收到的信息内容是否准确，内容在此时将对渠道、载体产生决定性的制约。在此情形下，跨媒体合作可以为不同类型的传媒争取内容和载体方面的双重优势，自然成为合作的主要方式，而不同类型的媒体开展合作，则会产生新的竞争优势，使各自的强项免于再度重合，回归同质化竞争的老路。

从目前而言，博客网站暂时没有加入到世界杯的媒体合作当中，其实它同样有着合作的空间，博客作为个性化的表达空间，可以为无数人提供相对自由的表达天地，拥有信息海量、个性化强等特点，但在重大赛事期间，真正能被人关注的博客往往不会太多，影响其传播效果。博客与传统媒体合作，传统媒体为博客提供对外宣传的窗口，并帮助受众对博客的内容进行遴选，指导受众有选择地阅读；博客则可以弥补传统媒体信息量不足、互动性差的弱点，为传统媒体承担信息汇集、个性表达的任务，在更大范围内传递公众的声音——双方形成"信息窗口"与"信息仓库"的互补关系，有望在很大程度上抵消两者的弱点，凝结出一些新的优势，更有利于双方介入竞争。

世界杯期间的传媒博弈，对国内传媒除了现实意义之外，可能更具有前瞻性的借鉴意义。2008年夏季奥运会将在北京举行，以目前的形势来看，世界杯足球赛是仅有的在报道规模上能与夏季奥运会媲美的体育赛事，国内许多传媒甚至以这两大赛事划分体育报道的周期。以此而论，德国世界杯是北京奥运会前最后的超级规模的体育报道机会，国内传媒在世界杯期间采取的合作与竞争模式，对于奥运会具有很大的意义：如果此次大赛期间为受众营造新的信息需求、跨媒体合作等方法能获得成功，将为北京奥运会的新闻策划提供很好的参考；如果出现某些欠缺和不足，也可以成为奥运会时传媒开展竞争与合作的反面教材，同样具有极大的价值。

（引自和讯传媒2006年7月4日，作者：庹继光）

讨论题：领导在决策过程中起到什么作用？

阅读导航：

舒天戈、荣运德编著：《领导智谋书——卓越领导术》，中国言实出版社2004年8月版。

第六章
控 制

本章学习提要：

· 控制的含义及与其他管理职能的关系

· 控制的基本原则

· 控制工作的分类

· 控制的过程

· 控制的基本技术

第一节 控制的概念及作用

一、控制的含义

“控制”一词最初来源于希腊语“掌舵术”，意指领航者通过发号施令将偏离航线的船只拉回到正常的轨道上来。由此看来，控制就是“纠偏”，即按照计划标准衡量所取得的成果，并纠正所发生的偏差，以确保计划目标的实现。这也是狭义的控制。

从广义的角度来理解，控制工作实际上应包括纠正偏差和修改标准这两方面内容。这是因为，积极、有效的控制工作，不能仅限于针对计划执行中的问题采取纠偏措施，还应该能促使管理者在适当的时候对原定的控制标准和目标做适当的修改，以便把不符合客观需要的活动拉回到正确的轨道上来。企业在开展生产经营活动过程中，由于受外部环境和内部条件变化的影响，实际执行结果与预期目标不完全一致的情况是时常发生的。对管理者来讲，重要的问题不是工作有无偏差，或者是否可能出现偏差，而在于能否及时发现已出现的偏差或预见到潜在的偏差，并采取措施予以预防和纠正，以确保组织的各项活动能正常进行，从而使组织预定的目标能够顺利实现。

二、控制与其他管理职能的关系

1. 控制与计划

控制与计划是既互相区别，又紧密相连的。计划为控制工作提供标准，没有计划，控制也就没有依据。但如果只编制计划，不对其执行情况进行控制，计划目标就很难得到圆满实现。美国管理学家哈罗德·孔茨形容计划工作与控制工作是一把剪刀的两刃，缺了任何一刃，剪刀也就没有用了。它们之间的关系不仅仅表现为计划为控制提供标准，控制为计划实现提供保证，而且还表现在：

(1)有些计划本身就已经具有控制的作用，例如政策、程序和规则等，它们在规定人们的行为准则的同时，也在制约着人们的行为。至于计划的重要组成部分——预算和工作进度表等，本身就是一些有效的控制工具。

(2)有效的控制系统的设计和控制方法的选择，必须考虑计划的要求、如何控制、控制到什么程度等。计划本身越明确、全面和完整，控制系统的设计和控制方法的选择依据就越充分。

(3)广义的控制职能实际上包含了对计划的修订。计划在执行过程中产生偏差，其原因除了执行过程本身的问题外，还有可能是当初制订计划时对内部条件或外部环境的估计有误，造成目标设定不当，或是计划执行过程中的内外部环境条件发生了重大变化，导致目标脱离现实。

2. 控制与组织

控制与组织是手段与内容的关系，组织要开展的活动包括开展什么活动、怎样开展活动以及由谁来开展活动就成为控制的内容，没有组织，控制的方法再先进、手段再灵活也只能是空谈。同时，控制也为组织的完善提供了依据。通过控制使得原先组织的弊病暴露出来，以便不断地加以改善。

3. 控制与领导

控制与领导可以说是客体与主体的关系，也就是说，控制是领导要做的事情之一，而领导是控制得以顺利实施的保障。管理者不仅要制订组织的计划，更重要的是要让制订的计划能够在组织中顺利实施。在实施计划的过程中难免会出现这样那样的问题，在出现问题的时候，就要进行控制。因此，控制理所当然地成为领导的职责之一。由于改变往往意味着要付出更多的劳动，所以在计划出现问题的时候，一般员工往往会坚持错下去，只有通过领导职能才能迫使员工按控制标准进行改变。如果在出现问题的时候，员工愿意按新标准进行改变，这时使用领导职能对他们进行激励，会使得员工的工作热情更加高涨。

三、控制的作用

由管理者作为一项重要的管理职能来开展的控制工作，我们通常称之为“管理控制”，以便将它与物理、机械、生物及其他领域的控制区别开来。在现代管理活动中，管理控制工作的目标主要有两个：

(1)限制偏差的累积。一般来说，任何工作的开展都不免会出现一些偏差。虽然小的偏差和失误不会立即给组织带来严重的损害，但在组织运行一段时间后，随着小差错的积少成多和积累放大，最终可能对计划目标的实现造成威胁，甚至给组织酿成灾难性的后果。防微杜渐，及早地发现潜存的错误和问题并进行处理，有助于确保组织按预定的轨迹运行下去。所以，有效的管理控制系统应当能够及时地获取偏差信息，及时地采取矫正偏差的措施，以防止偏差的累积而影响到组织目标的顺利实现。

(2)适应环境的变化。组织计划和目标在制订出来后总要经过一段时间的实施才能够实现。在这段实施过程中，组织内部的条件和外部环境可能会发生一些变化，如组织内部人员和结构的变化、政府可能出台新的政策和法规等，这些变化的内外环境不仅会妨碍计划的实施进程，甚至可能影响计划本身的科学性和现实性。因此，任何组织都需要构建有效的控制系统，帮助管理人员预测和把握内外环境的变化，并对这些变化带来的机会和威胁作出正确、有力的反应。

管理控制上述两个目标的实现，实际上是与管理控制的两大功能联系在一起的。管理控制通过其“纠偏”功能，使计划执行中的偏差得以防止或缩小，从而确保组织的稳定运行；同时通过其“调适”功能，积极调整原定标准或重新制定新的标准,以确保组织对内外运行环境的适应性。这两类控制功能的不同作用,可从图 6－1 和图 6－2 的对比中得到清楚说明。

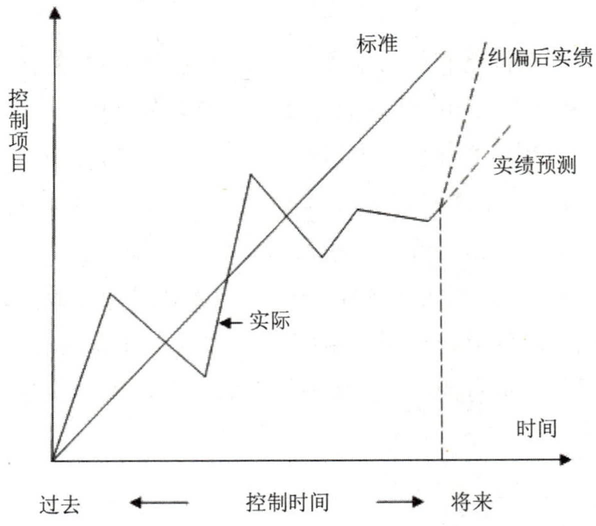

图 6－1 控制的"纠偏"作用示意图

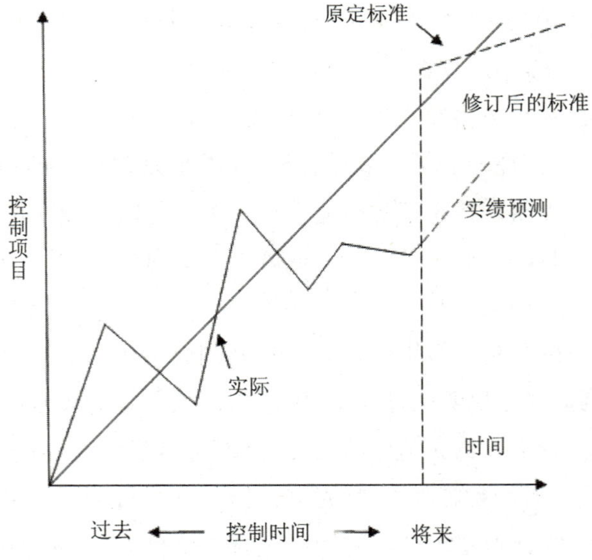

图 6－2 控制的"调适"作用示意图

四、控制的基本原则

为确保控制工作取得更好的成效，下面将管理控制中的主要原则归纳如下：

1. 同计划与组织相适应

管理的各项职能相互关联、相互制约。既然控制的目的是为了保证计划目标得到顺利实现，它就需要依靠组织中的各单位、各部门及全体成员来实施。所以，控制系统和控制方法应当与计划和组织的特点相适应。不同的计划具有不同的特点，因而控制所需的信息也各不相同。例如，对成本计划的控制信息主要是各部门、各单位甚至各种产品在生产经营过程中发生的费用；对产品销售计划的控制，则要收集销售产品的品种、规格、数量和交货期的情况。控制工作越是考虑到各种计划的特点，就越能更好地发挥作用。

2. 突出重点，强调例外

在一个完整的计划执行过程中，组织通常需要选出若干的关键点，把处于关键点的工作预期成果及其影响因素作为控制的重点。按照“次要的多数、关键的少数”原理，管理人员不必完全了解计划执行中的全部具体细节，就可能达到对组织活动的有效控制。而且，由于控制的对象减少了，控制工作的成本也相应降低。因此，控制要突出重点，抓住关键。管理者不能也没有必要事无巨细地对组织活动的方方面面都进行控制，而是要针对重要的、关键的少数因素实施重点控制。作为一位负责的管理人员，可能都会希望自己对所管理的领域有全面的了解和把握，但明智的管理者需要认识到，组织中的工作活动往往是错综复杂、涉及面很广的，谁也无法对每一方面、每件事均予以控制。全面控制并不见得是一种最经济、最有效的控制。管理者需要从实际工作出发，因地制宜地找出和确定最能反映或体现其所管辖单位工作成果的关键性因素，对之加以严密控制，其他的方面则相对放松控制，这样可收到有的放矢、事半功倍的效果。

3. 强调及时

信息是控制的基础。为提高控制的及时性，信息的收集和传递必须及时。如果信息的收集和传递不及时，信息处理时间又过长，偏差便得不到及时矫正。更有甚者，实际情况已经发生了变化，这时采取的滞后的矫正措施则可能不仅没有积极作用，反而会带来消极的影响。

第二节 控制的类型

管理控制的类型多种多样，用不同的标准可以划分为不同的类型。

一、按照采取的行为划分为正馈控制和负馈控制

前面我们已经从控制目的和对象的角度，将控制工作划分为纠正执行偏差的和调整控制标准的两种类型。前者是使执行结果符合控制标准的要求，为此需要将管理循环中的实施环节作为控制对象；后者则是为了使控制标准发生变化，以便更好地符合内外现实环境条件的要求，其控制作用的发生主要体现在管理循环中的计划环节，也就是这种控制的对象包括了控制标准本身。这两类不同的控制，用控制论的术语来说，实际上就是负馈控制和正馈控制。这里“负馈”意味着使偏差得到缩小，“正馈”意味着使控制标准和目标发生振荡或变动。正馈控制和负馈控制应该得到并重使用。

二、按照控制信息获取的时间划分为前馈控制、现场控制、反馈控制

反馈控制是在活动完成之后，通过对已发生的工作结果的测定来发现偏差和纠正偏差（此为负反馈），或者是在企业内外环境条件已经发生了重大变化，导致原定标准和目标脱离现实时，采取措施调整计划（此为正反馈）。反馈控制实际上是一种事后的控制，故反馈亦称做后馈或事后控制。企业中使用最多的反馈控制包括财务报表分析、产成品质量检验、工作人员成绩测评等。与反馈控制以过去的信息为导向不同，前馈控制旨在获取有关未来的信息，依此进行反复认真的预测，将可能出现的执行结果与计划要求的偏差预先确定出来（此为负前馈），或者事先察觉内外环境条件可能发生的变化（此为正前馈），以便提前采取适当的处理措施预防问题的发生。前馈控制亦称预先控制，它由于未雨绸缪地采取了防患于未然的行动，从而可以克服反馈控制系统的滞后性问题。

与前馈控制和反馈控制都不同，现场控制则是一种同步、实时的控制，即在活动进行的同时就施予控制。管理者亲临现场进行指导和监督，就是一种最常见的现场控制活动。

现场（同步）控制的方法可分为两种：一是驾驭控制，有如驾驶员在行车当中根据道路情况随时使用方向盘来把握行车方向。这种控制是在活动进程中随时

监视各方面情况的变动，一旦发现干扰因素介入就立即采取对策，以防执行中出现偏差。一是关卡控制，它规定某项活动必须经由既定程序或达到既定水平后才能继续进行下去。

关于正、负馈和前、反（后）馈概念的区别和联系，这里归纳如下：

（1）正前馈是在预测环境条件变化基础上调整控制标准；

（2）正反馈是在比较控制标准与现实环境要求的差距后调整控制标准；

（3）负前馈是在预测工作实绩变化基础上矫正执行活动；

（4）负反馈是在比较现有工作实绩的差距后矫正执行活动。

三、按照控制力量的来源划分为外在控制、内在控制

外在控制是指一个单位或个人的工作目标和标准的制定，以及为了保证目标和标准的顺利实现而开展的控制工作，是由其他的单位或个人来承担，自己只负责检测、发现问题和报告偏差。例如，上级主管的行政命令监督、组织程序规则的制约等，都是这种外在强加的控制。与之不同，内在控制不是“他人”控制（它既不是来自上级主管的“人治”，也不是来自程序规则的“法治”），而是一种自动控制或自我控制（称之为自治）。自我控制的单位或个人不仅能自己检测、发现问题，还能自己订立标准并采取行动纠正偏差。例如，目标管理就是一种让低层管理人员和工人参加工作目标的制定（上下协商确定目标），并在工作中实行自主安排（自己决定实现目标的方法手段）、自我控制（自己检查、评价工作结果并主动采取处理措施）的一种管理制度和方法。目标管理通过变“要我做”为“我要做”，使人们更加热情、努力地去实现自己参与制定的工作目标。当然，目标管理只有在个人目标与组织目标差异较小、员工素质普遍较高时采用才容易奏效。而在目标差异较大、员工素质较低时，较多的外在强加控制则是更为需要的。

四、按照问题的重要性和影响程度划分为任务控制、绩效控制和战略控制

（一）任务控制

亦称运营控制、业务控制，主要是针对基层生产作业和其他业务活动而直接进行的控制。任务控制多是采用负馈控制法，其目的是确保有关人员或机构按既定的质量、数量、期限和成本标准完成所承担的工作任务。

例如:一家家具制造厂为一条组装流水线设定了如下工作标准:每天完成500件家具的生产,每星期(为每周五日、每日八小时工作制)的人工成本是4000美元,次品率为1.5%。该厂还建立了一套管理信息系统,用以测定一星期来的数据。本周它所测出每天的产量是480件家具,一周人工成本是3800美元,而产品的次品率为2%。次品原因是一台铆接机出了毛病。在该例中,将实际结果与标准要求相比较,可以发现:

日产量差距=480-500= -20(件)

周产量差距= -20×5= -100(件)

单位产品成本差距=3800/(480×5)-4000/(500×5)=1.583-1.6
= -0.017(美元)

次品率差距=2%-1.5%=0.5%

以上偏差信息表明,成本指标完成得相对比较好(权且不考虑次品增加可能造成的返工损失及其他浪费),但生产量和次品率都有待改进。对于次品超标问题,基于其原因是铆接机出了毛病,可向厂里维修部门申请速来修理或更换机器。产量速度落后的情况,如若决定以周末加班方式来处理,则全班人马需要在以后的每周里加班1小时40分钟,即按每小时60件(480/8=60件)的生产率来计算,一周产量差距100件需加班100分钟才能完全补偿(这里未考虑弥补第一周已发生的产量偏差之需要)。

(二)绩效控制

绩效控制是一种财务控制,即利用财务数据来观测企业的经营活动状况,以此考评各责任中心的工作实绩,控制其经营行为。此种控制亦称为责任预算控制或以责任发生制为基础进行的控制。

(三)战略控制

战略控制是对战略计划和目标实现程度的控制。战略控制中不仅要进行负馈控制,更需要经常进行正馈控制。也就是说,在战略控制过程中经常可能引起原定战略方案的重大修改或重新制订。也正因为这个缘故,人们倾向于将战略的计划与控制系统笼统地称为战略计划系统,而将任务的计划与控制系统称为任务控制系统。这说明,在较低层次的管理控制中,以负馈为手段的常规控制占主要地位,随着组织层次的提高、环境变化的需要与责任的加重,正馈控制的成分就越来越大。

五、其他控制工作

1. 库存控制

这主要是对量大面广的原材料、燃料、配件、在制品、半成品和产成品等存货品种和数量的控制。库存增加，不仅需要占用生产面积，还会造成保管费用上升、资金周转减慢、材料腐烂变质等。但库存过少，又容易造成生产过程因停工待料而中断，产成品因储备不足而造成脱销损失等。因此，库存应当保持在适当的水平，以保证生产和销售的需要。

2. 进度控制

这是根据产品生产或项目建设的进度计划要求，对各阶段活动开始和结束的时间所进行的控制。网络分析的思想告诉我们，进度控制可以从一系列相互关联的活动中挑选那些时间冗余幅度小的关键活动路线加以密切注视，以免某关键活动的一次延误就影响到后续各项活动乃至总体进度的按时完成。

3. 质量控制

质量是由产品使用目的所提出的各项适用特性的总称。对产品的质量特性按一定的尺度、技术参数或技术经济指标规定必须达到的水平，就形成质量标准，它是检验产品是否合格的技术依据。质量控制就是以这些技术依据为衡量标准来检验产品质量的。为保证产品质量符合规定标准和满足用户的使用目的，企业需要在产品设计、试制、生产制造直至使用的全过程中，进行全员参加的、事后检验和预先控制有机结合的、从最终产品的质量到产品赖以形成的工作的质量全方位抓的质量管理活动。

4. 预算控制

预算是用财务数字或非财务数字来表示预期的结果，以此为标准控制执行工作中的偏差的一种计划和控制手段，企业中的预算包括销售预算、生产预算、费用预算、投资预算以及反映现金收支、资金融通、预计损益和资产负债情况的财务预算等内容。预算控制的好处是，它能把整个组织内所有部门的活动用可考核的数量化方式表现出来，以便查明其偏离标准的程度，并采取纠正的措施。

预算与会计是有区别的，会计只记录组织活动进行的状况，而预算则不仅告诉人们目前活动进行的状况，而且还把各方面指标限定在既定的范围内。但预算无法反映组织中那些难以用数量表示的因素，也不说明表面上的数字偏差背后所产生的原因。

5. 人事管理控制

管理者除了对本组织的预算、财务和生产销售进行控制外，还必须注意对人事方面的管理进行控制。从本质上讲，人事方面的管理控制主要集中在对组织内人力资源的管理上。具体有两大方面：一是主要人事比率的控制。即分析组织内各种人员的比率是否维持在合理的水平上，如管理人员与职工的比率、后勤服务人员与生产工人的比率、正式职工与临时工的比率，以及人员流动率和旷工缺勤率等，以便采取调整和控制措施。比如，反映调离和调进本单位的职工占职工总数比例的人员流动率如果太高，会影响职工队伍的稳定和增加培训费用，但如果人员长期不调动，也会使组织缺少新的血液和活力，因此流动率需要控制在一定的范围内。二是对管理人员和一般员工在工作中的成绩、能力和态度作出客观公正的考核、评价和分析鉴定，这既有利于激励原来表现好的员工继续保持和发扬下去，也有利于使原来表现差的员工朝着好的方向转化和发展。

6. 内部和外部审计

审计是对组织中的经营活动和财务记录的准确性和有效性进行检查、监测和审核的一种反馈控制工具。审计的内容很多，财务审计是其中最重要的部分。按其开展的方式，审计可分为外部审计和内部审计两种。前者是指由非本单位的专门审计人员和机构(如国家审计部门)对某一单位的财务程序和财务经济往来进行有目的的综合检查审核，以监督其行为的合法性，如有无偷漏税、贪污和其他侵吞国有资产的违法行为。内部审计则不只是考虑合法性要求，而更着眼于改进企业生产经营活动的绩效。执行内部审计的人员主要是本企业的高层经理人员和财务人员，有些大企业还常配备有专门的审计人员，以便定期开展审计工作，确保组织活动的正常和顺利进行。

第三节　控制的过程与要求

我们知道，医生看病要以健康人作为标准来对比病人，找到病人和健康人的差别后要设法把病因找到，才能对症下药，把病治好。确立标准，发现病情，找出病因，对症下药，这些就是医生看病的过程。控制工作作为管理工作中相对独立的一个环节，不论控制的对象是新技术的研究与开发，还是产品的加工制造，或是市场营销宣传；无论是企业的人力资源，还是物质要素，或是财务资源，控制的过程都包括三个基本环节：确立标准，衡量成效，纠正偏差。

一、确立标准

控制标准的订立对计划工作和控制工作实际起着承上启下或连接的作用。如前所述，计划是控制的依据，但各种计划的详尽程度是各不相同的。有些计划已经制定了具体的、可考核的目标或指标，这些指标就可以直接作为控制的标准，但大多数的计划是相对比较抽象、概括的，这时需要将计划目标转换为更具体的、可测量和考核的标准，以便于对所要求的行为结果加以测评。

拟定标准是控制过程中一项重要且难度较大的工作。首先，选择关键控制点就是一种管理艺术，它在很大程度上影响着控制的有效性。其次，各类组织各有其特殊性，其内部的控制对象也是千差万别，因而也就不可能找到一个适合于所有组织、所有控制对象的标准。

(一)标准的类型

标准的类型有多种，最理想的标准是直接以可考核的目标作为标准，但更多的情况则往往是需要将某个计划目标分解为一系列的标准。在实际工作当中，按照不同的依据，可以将标准分为不同的类型。例如可以分为实物标准和财务标准，财务标准又分为费用标准、资金标准和收入标准等；还可以分为有形标准和无形标准，或是定量标准和定性标准等。应当注意的是，不论采用哪类标准，都必须按照控制对象来决定。

1. 实物标准

这类标准属于非货币标准，普遍适用于使用原材料、雇用劳动力、提供劳务或产品等的操作层。这些标准反映了定量的工作成果，常用的有：单位产量工时、单位台时产量、货运量的吨公里、日门诊人数等。实物标准也可以反映产品的质量，例如轴承面的硬度、公差的精密度、飞机上升的速率、纺织品的耐久性和颜色牢度等。在某种程度上，实物标准是计划工作的基石，也是控制的基本标准。

2. 成本标准

这类标准属于货币标准，但同样普遍适用于操作层，这些标准是用货币值来衡量经营活动的代价。常用的成本标准有：单位产品的直接成本和间接成本、单位产品或每小时的人工成本、单位产品的原材料成本、工时成本、单位销售成本、单位销售费用等。

3. 资本标准

这类标准与企业投入的资本有关，而与企业的营运资本无关，最常用的就是投资报酬率，还有流动比率、资产负债率、应收账款周转率、存货周转率等。这类标准主要与资产负债表有关。

4. 收益标准

这类标准是用货币值来衡量销售量，例如公共汽车的收入、既定市场范围内的人均销售额等。

5. 无形标准

这是一类既不能用实物又不能用货币来衡量的标准。主管人员能够以什么样的标准来确定下属的才干？又能够用什么标准来确定一项广告策划是否符合组织的短期目标或长期目标？怎样才能判断出下属人员是否忠诚于组织目标？要为这类目标确定控制标准是非常困难的，因为既无法用明确的定量标准也无法用明确的定性标准来描述它们。

在任何一个组织中，都存在着许多无形标准，这是因为人们对操作层以上的管理层次预期业绩的构成内容还缺乏充分的研究，或者说还未找到评价操作层以上的管理层管理工作业绩的合理标准，特别是在业绩中涉及人际关系时，很难衡量什么是“良好”、“有效果”、“有效率”。因此这类问题的控制仍然不得不以无形的标准、主观的判断、反复的试验，有时甚至是纯粹的感觉等为依据。

6. 目标标准

在一些管理水平较高的组织中，它们为每一层次的管理部门建立可考核的定量目标或定性目标，尽量减少使用无形标准。

可考核的目标可分为定量目标和定性目标。定量目标大多采用上述各种标准形式，它是可以准确考核的。定性目标虽然也可考核，但却不能与定量目标一样准确考核，不过，我们可以采用详细说明计划或其他具体目标的特征和完成日期的方法，来提高其可考核的程度。例如，如果我们说“使人事招聘部门的工作更有成效”是一个定性目标，那么，我们就可以通过下面的方法来提高这个定性目标的可考核程度：

(1)要求组织内某一级别以下的所有空缺职位交由人事部门处理；

(2)人事部门必须在×月×日以前制订出一个在组织内部公布的具有一定特点的招聘工作方案；

(3)人事部门必须在×月×日以前制订出并执行一个对推荐给直线主管人员的应聘者进行正式考察的方案。

每个计划都会有很具体的特征，甚至包括有定量的数据，所以这些计划对部门的主管人员及其下属来说，都是完全可以考核和非常有用的目标。

(二)拟定标准的方法

标准的设立应当具有权威性。常用的拟定标准的方法有三种：

(1)统计方法，相应的标准称为统计标准。它是根据企业的历史数据记录或是对比同类企业的水平，运用统计学方法确定的。最常用的有统计平均值、极大(或极小)值和指数等。统计方法常用于拟定与企业的经营活动和经济效益有关的标准。

(2)经验估计法，它是由有经验的管理人员凭经验确定的，一般是作为统计方法和下面将要提到的工程方法的补充。

(3)工程方法，相应的标准称为工程标准。它是以准确的技术参数和实测的数据为基础的，例如，确定机器的产出标准，就是根据设计的生产能力来确定的。工程方法的重要应用是用来测量生产者个人或群体的产出定额标准。这种测量又称为时间研究和动作研究，它是由泰罗首创的。经过几十年乃至上百年的实践和完善，形成今天所谓的“标准时间数据系统”。这是一种计算机化的工时分析软件，使用者只要把一项作业所规定的加工方法分解成相应的动作元素，输入计算机，就可以立刻得出完成该项作业所需要的工时。

二、测量实绩与界定偏差

对照标准衡量实际工作成绩是控制过程的第二步，它又分为两个小步骤：一是测定或预测实际工作成绩；二是进行实绩与标准的比较。

控制既然是为了纠正实际工作结果与标准要求之间的偏差，就必须首先掌握工作的实际情况。掌握实绩可以通过两种方式：一是测定已产生的工作结果，一是预测即将产生的工作结果。无论哪种方式，都要求搜集到的信息能为控制工作所用。控制工作对信息的要求可以从五个方面考虑：(1)信息是及时的吗？(2)测量单位是适宜的吗？(3)收到的信息有多大的可靠性和准确性？(4)信息是否适用有效，即对所要解决的问题有用处吗？(5)信息是否送给了需要该信息的权力机构？

测量到实际工作结果后，就可以将之与标准进行比较，确定有无偏差发生及偏差的大小。举个例子来说，某部门负责生产滑雪板，制定的工时标准是每对10小时，实际上共耗用了12000个工时，产量为1000对。经过简单的计算和分析，可以确定该部门生产每对滑雪板多用了2个工时，即：

工时差距＝实际工时－标准工时＝12000/1000－10＝2(小时)

通过差距或偏差的确定，就容易发现计划执行中的问题和不足。但并非所有偏离标准的情况均需作为“问题”来处理，这里有个容限的幅度。所谓容限，就是准许偏差存在的上限与下限范围，在这个界限范围内，即便实际结果与标准之间存有差距，也被认为是正常的。

三、分析原因与采取措施

解决问题需要先找出产生差距的原因，然后再采取措施纠正偏差。有句古老的谚语说，“冰冻三尺，非一日之寒。”

对偏差原因作了彻底的分析后，管理者就要确定该采取什么样的纠偏行动。具体纠偏措施有两种：一是立即执行的临时性应急措施，一是永久性的根治措施。对于那些迅速、直接地影响组织正常活动的急性问题，多数应立即采取补救措施。例如，某一种规格的部件在加工过程中出现了问题，一周后如不能生产出来，其他部门就会受其影响而出现停工待料。此时不应花时间考虑该追究什么人的责任，而要采取措施确保按期完成任务。管理者可凭借手中的权力，采取如下行动：一是要求工人加班加点，短期突击；二是增添人工和设备；三是派专人负责指导完成等。危机缓解以后，则可转向永久性的根治措施，如更换车间管理人员、变更整个生产线，或者重新设计部件结构等。现实中不少管理者在控制工作中常常局限于充当“救火员”的角色，没有认真探究“失火”的原因，并采取根治措施消除偏差产生的根源和隐患。长此以往，必然将自己置于被动的境地。

以上是从控制着眼于纠正偏差方面来论述的。但积极的控制还会导致计划的修改或重订，从这个角度来看，控制工作过程的步骤会有些变化。如第二步就不是衡量计划执行的当前和预期结果，而是要检测计划执行中内外环境条件已发生或将发生的变化；确定差距也不是进行实际与应该（标准）之间的比较或者实际与实际（历史水平或横向水平）之间的比较，而是主要进行应该与应该的比较（查看有关标准、指标或目标之间是否平衡一致）、应该与将来的比较（查看决策前提的变化及决策本身的连续控制）。还有，针对差距采取措施，也不是着眼于纠正计划执行不力所引起的偏差，而更多的是考虑原控制标准制定不合理或内外环境条件变化这些方面的问题；其行动措施的结果不是促使实绩向目标、标准靠近，而是使控制标准本身发生变化。

第四节 控制的基本技术

控制的基本技术主要是预算控制。

一、预算控制的含义与作用

预算就是用数字编制未来某一时期的计划，也就是用财务数字（例如在财务预算和投资预算中）或非财务数字（例如在生产预算中）来表明预期的结果。预算也是一种控制技术，它把预算指标作为控制标准，用来衡量其计划执行的情况。通过编制预算不仅能使确定目标和拟定标准的计划工作得到改进，而且对组织的协调和控制工作有所改进。当为组织的各个职能部门都编制了预算时，就为协调组织的活动提供了基础。同时，由于对预期结果的偏离将更容易被查明和评定，预算也为控制工作中的纠正措施奠定了基础。把各种计划用一些确切的数字来表示，可以使主管人员清楚地看到哪些资金将由谁来使用，将在哪些单位使用，并涉及哪些费用开支计划、收入计划和以实物表示的投入量与产出量计划。主管人员明确了这些情况，就可能放手授权给下属，以便使其在预算的限度内实施计划。

二、预算的类型

按照不同的内容，可以将预算分为经营预算、投资预算和财务预算三大类。

1.经营预算

经营预算是指企业日常发生的各项基本活动的预算。它主要包括销售预算、生产预算、直接材料采购预算、直接人工预算、制造费用预算、单位生产成本预算、推销及管理费用预算等。其中最基本和最关键的是销售预算，它是销售预测正式的、详细的说明。由于销售预测是计划的基础，加之企业主要是靠销售产品和劳务所提供的收入来维持经营费用的支出和获利的，因而销售预算也就成为预算控制的基础。生产预算是根据销售预算中的预计销售量，按产品品种、数量分别编制的。在生产预算编好后，还应根据分季度的预计销售量，经过对生产能力的平衡，排出分季度的生产进度日程表，或称为生产计划大纲。在生产预算和生产进度日程表的基础上，可以编制直接材料采购预算、直接人工预算和制造费用预算。这三项预算构成对企业生产成本的统计。而推销及管理费用预算，包括制造业务范围以外预计发生的各种费用明细项目，例如销售费用、广告费、运输费等。对于实行标准成本控制的企业，还需要编制单位生产成本预算。

2.投资预算

投资预算是对企业固定资产的购置、扩建、改造、更新等，在可行性研究的基础上编制的预算。它具体反映为何时进行投资、投资多少、资金从何处取得、何时可获得收益、每年的现金净流量为多少、需要多少时间回收全部投资等。由于投资的资金来源往往是企业的限定因素之一，而对厂房和设备等固定资产的投资又往往需要很长时间才能回收，因此，投资预算应当力求和企业的战略以及长期计划紧密联系在一起。

3.财务预算

财务预算是指企业在计划期内反映现金收支、经营成果和财务状况的预算。它主要包括现金预算、预计收益表和预计资产负债表。必须指出的是，前述的各种经营预算和投资预算中的资料，都可以折算成金额反映在财务预算内。这样，财务预算就成为各项经营业务和投资的整体计划，故亦称“总预算”。

思考题：

1.控制是为了使不希望出现的行为更少发生，还是更多着眼于使所希望出现的行为更多地发生？

2.管理学教科书中经常将管理过程概括为是以计划职能为起点的“计划—组织—领导—控制”，你认为在实际管理工作中，计划与控制究竟哪个是管理工作过程的开始？

3.在管理中，控制的作用是什么？

4.除了课本上列出的控制方法，你认为还有哪些方法是行之有效的控制方法？

案例分析：

央视强化电视剧管理 实施全流程协调机制

覆盖范围最广、权威性最大、知名度最高的CCTV－1，是央视最有影响力的播出平台。在这样一个综合性的平台上，电视剧这一节目类型正逐步发挥更大的作用。

朱彤曾在2006年节目广告信息发布会上透露，从今年第一季度的数据来看，CCTV－1黄金强档的收视率持续走高，平均收视率高达7.35％，比去年同期提升了69％，平均收视份额从10.5％上升到17.5％，增加了7个百分点，增幅超过66％。“每天超过8000万的电视观众相聚在综合频道的黄金强档……”从央视的角度来看，当然有必要竭力保护这么一个“聚宝盆”。

央视总编室节目播出管理处处长霍振恒告诉记者，因为准入门槛比较高，CCTV－1选择播出的电视剧必须是思想性、艺术性、观赏性高度统一的作品。

据了解，央视以前在电视剧，尤其在重播剧方面，管理相对松散。内部人士透露，“曾经遇到过这种情况：CCTV－1决定要重播某部剧时，才发现央视其他频道刚刚重播过。”

为了改变这一状况，央视《协调例会纪要》中规定：各频道在安排重播剧时，必须提前一个月报总编室；总编室将在例会上通报各频道的重播剧安排，并在会上进行最终确认；当重播剧安排出现矛盾和冲突时，原则上必须确保CCTV－1的竞争力。

《例会制度》则进一步指出，要“合理调控当月一、八套节目播出的电视剧资源，积极协调解决因互相竞争而出现的冲突”。

《中国广播影视》的记者了解到，经过协调例会几次研究，央视即将出台CCTV－1、CCTV－8黄金时段电视剧动态考核标准。考核的对象之一是每部购进剧的责任编辑。

“即以过去三年，尤其是去年的收视平均值为参考对象，根据科学公式的计算，制定出今年的一、八套黄金时段应达到的平均收视率标准。并按照指标完成的情况，对责编进行考核。”

这一措施似乎将收视压力集中到了责编的身上，据了解，此前央视没有实行过就收视率对责编进行奖惩的措施。影视部主任汪国辉是责编们的顶头上司，他的表达言简意赅：“只有压力，才有动力。”

相关人士还预测，在央视未来的电视剧交易中，类似《龙票》那样的“以点论价”购销模式，很可能将会增加。

央视的另一项计划，是在CCTV—1的“长假非黄金时段”推出首播剧。“这是为了增强长假收视市场的竞争力。”霍振恒表示。他解释说，这在以前也实行过，但力度相对较小。

首播剧这一卖点，对于资源丰足的央视来说，的确不是难事。另一方面，开拓长假的新收视空间，与发挥这些资源的自身价值，也是互惠双赢的。

目前在CCTV—1的平台上，除了黄金时段以外，还有三个电视剧播出时段，分别是上午、下午与午夜。据了解，首播资源将被安排在白天的时段，具体的时长待定。汪国辉证实，他们已经选送了足够多的作品，由总编室最后确定具体播出剧目。

“考虑到节日特点以及观众特点，‘长假非黄金时段’的首播剧将以欢庆的现实题材作品为主。此外，节假日时观众构成更加丰富，比如学生观众会加入进来。我们在选片时，这些因素都照顾到了。”霍振恒如是说。

从长远考虑，央视对于电视剧版权问题的关注，意义颇深。在制作方与播出机构之间，关于电视剧版权的纷争由来已久。央视现在下决心要解决好这个问题。分管电视剧工作的央视副台长胡恩也表示，规范电视剧版权是当务之急。

目前，央视版权处正在制定统一规范的合同范本。据了解，首要必须解决的就是用语规范的问题，一些习惯用语将被更准确的词汇所替代，比如央视内部常说的“一黄”、“八黄”，以及业内常说的首轮剧、二轮剧、三轮剧等。

处于强势地位的播出方，是版权不规范的主要得利者。现在央视主动提出改变，是否即是愿意放弃某些利益呢？一位内部人员很干脆地回答：“央视从来没有想过利用模糊的概念去获得利益。版权规范对央视只有好处。不然的话，剧一播，官司就打起来了。”

“从培育市场的角度，这也有利于让整个大环境健康公正起来。”央视这位内部人士认为，现在自身带头，起到先导作用，将可能引起整个电视剧市场的良性转变。

据了解，最迟年内，央视的版权规范化操作将进入正轨，“动态考核标准”则将在今年上半年正式实施。

（引自和讯传媒2006年5月25日，作者：宋文娟）

讨论题：央视是采用什么手段进行组织控制的？

阅读导航：

拓维文化编著：《中小企业品牌经营与控制》，中国纺织出版社2001年版。

第七章
组织文化

本章学习提要：

- 组织文化的含义及类型
- 组织文化的结构及内容
- 组织文化建设
- 跨文化管理

组织文化研究兴起于20世纪80年代初期，当时美国的企业受到日本企业的挑战，生产力和创新力明显下降。日本企业的异军突起使不少学者对日本式的管理模式产生了兴趣，不少学者对日本企业与美国企业进行了比较研究，发现美国企业更多地重视企业系统、战略、技术、结构、制度、规章、组织机构、财务分析等“硬性的管理”因素在企业管理中的作用，而在日本企业的管理过程中，企业目标、宗旨、信念、风格、技巧和人的价值观等软性的管理则相对更为突出。

随着日本企业的竞争优势逐渐体现出来，人们也逐渐认同了以组织文化为核心的管理思维，这事实上表明企业管理的核心已经演进到以“组织文化”为管理核心的阶段。

第一节　组织文化的含义及类型

一、组织文化的含义

(一)组织文化的不同定义

关于组织文化的定义,众说纷纭。典型的有以下一些说法:

沙因的组织文化定义为:“它是一种基本的假设模式,由一个特定的组织在学习处理外部适应和内部综合的问题时所发明、发现或发展起来的,一直运作得很好,被认为是有效的因而被教给新成员作为感知、思考和感觉这些问题的正确方式。由于这些假设一直在重复地使用,它们很可能成为理所当然的和无意识的。”

著名的管理学家哈罗德·孔茨等人认为:“组织文化指成员所共有的总的行为方式、共同的信仰及价值观。”

著名文化学者霍夫斯坦特认为组织文化是心灵的集体行动方案。他认为组织文化存在四个层次:(1) 符号,这是最外层的,由只能在该文化内部的人才能确认的有特殊意义的物体组成;(2) 英雄,在他们身上具有在该文化中被认为较高的价值特征;(3) 仪式,是一系列活动的重复;(4) 价值,这是文化的核心成分。

对中国的企业文化学具有启蒙贡献的哈佛大学学者迪尔与肯尼迪在合著的《企业文化》一书中,以企业为例,对企业的文化下了这样的定义:“企业文化包括四个要素,即价值观、英雄人物、典礼及仪式、文化网络。这四个要素的地位及作用分别是:价值观是企业文化的核心;英雄人物是企业文化的具体体现者;典礼及仪式是传输和强化企业文化的重要形式;文化网络是传播企业文化的通道。”①

我国自 20 世纪 80 年代引入企业文化概念,并着手研究中国的企业文化,也提出了自己的企业文化的定义。如余凯成先生等认为:“组织文化是在一定的历史条件下,某一组织在其发展过程中形成的共同价值观、精神、行为准则及其在

---

① 张德主编:《企业文化建设》,清华大学出版社 2004 年版,第 1 页。

规章制度、行为方式和物资设施中的外在表现。”孙成志先生认为:“组织文化是组织成员在较长时期的生产经营实践中逐步形成的共同价值观、信念、行为准则及具有相应特色的行为方式、物质表现的总和。”

还有些学者认为,组织文化是在一定的社会历史条件下,组织在生产经营和管理活动中所创造的具有本组织特色的精神财富及其物质形态。它包括文化观念、价值观念、组织精神、道德规范、行为准则、历史传统、企业制度、文化环境、企业产品等。其中价值观念是组织文化的核心。

从上述这些定义中我们看到,各种定义虽然在字面上存在差别,但是基本含义却大致相同,都认为组织文化是一种反映组织特色、支配员工行为的价值观念和价值观念体系。据此,我们将组织文化定义为:它是一个组织在长期的生存与发展的过程中,形成的一种具有一定特色的、为全体员工所认同、并且对员工的心理活动及行为选择产生约束力和激励力的价值系统。

在组织文化中,核心内容是组织的价值观,它为组织员工提供了一种共同意识,以及日常行为的指导方针。组织文化通过以价值观为核心的文化意识观念,说服、感染、诱导、约束组织成员,把全体成员凝聚在一起,最大限度地调动成员的积极性和创造性,为组织的发展和效率的提升提供源源不断的动力。这是组织文化的精髓。

(二)组织文化的特征

组织文化属于亚文化层次的系统,作为子系统的组织文化有哪些特征呢?根据美国当代著名管理学家罗宾斯在其名著《管理学》中的描述:“组织文化可以通过评价一个组织所具有的10个特征的程度来加以识别。”[①]这10个特征是:

(1)成员的一致性。雇员与作为一个整体的组织保持一致的程度,而不只体现他们的工作类型和专业特征。

(2)团队的重要性。工作活动围绕团队组织而不是围绕个人组织的程度。

(3)对人的关注。管理决策要考虑的结果对组织中人的影响程度。

(4)单位的一体化。鼓励组织中各单位以协作或相互依存的方式运作的程度。

(5)控制。用于监督和控制雇员行为的规章、制度及直接监督的程度。

---

① [美]斯蒂芬·P. 罗宾斯、玛丽·库尔特著:《管理学》(第4版),中国人民大学出版社2002年版,第59页。

(6)风险承受度。鼓励员工进取、革新及冒险的程度。

(7)报酬标准。同资历、偏爱或其他非绩效因素相比,依照员工绩效决定工资增长和晋升等报酬的程度。

(8)冲突的宽容度。鼓励雇员自由争辩及公开批评的程度。

(9)手段结果倾向性。管理更注意结果或成果,而不是取得这些成果的技术和过程的程度。

(10)系统的开放性。组织掌握外界环境变化并及时对这些变化作出反应的程度。

我们把组织文化归结为以下几方面的特性:

1. 普遍性

一个组织是一定个体的集合体,人们加入某个组织的目的是各种各样的。但是组织中的每一个成员都清楚,组织目标与个人目标的统一是个人和组织获得发展的必要条件。能否保证二者的一致,除了必要的制度、规范强制保障,组织的管理者还必须让员工了解组织的目标,让个人目标自觉地与组织目标相协调。为此,组织内部必然会建立起一系列整合员工行为、观念的规范和判断这些行为和观念的标准,形成员工共享的符合组织宗旨和发展需要的价值观念和行为准则。即使在这方面没有有意识地工作,在组织的生存与发展中,它们也会逐渐地自然形成。可以说,只要有正式的组织,就有组织文化。只不过有些组织文化已经定型,十分明显,容易感受;有些则比较模糊,还可能处在形成过程之中,需要认真的分析才可能发现。但这并不否认组织文化的存在。所以说,组织文化具有普遍性。

2. 客观性

组织文化虽然是通过有目的的活动建立起来的,而且管理者必须为之付出一定的努力,但是一种组织文化的形成并不完全取决于管理者的主观意志。组织文化能够发挥作用,首先必须为成员所接受,自然也就必须满足成员的要求。一种组织文化能够稳定,为社会所感受,也就必须符合组织的实际情况。这就是对组织文化的客观性要求。现代社会组织(包括企业)不仅是人们工作的场所,也是人们社会生活的一部分,是人们社会性得到满足的重要方式。人们有理由希望工作本身具有意义。管理者在建设组织文化的工作中必须意识到并且实践这一点。在组织文化的形成过程中,组织的结构、性质、规模以及所处的社会环境都将对其产生直接的影响作用。从这个意义上讲,我们说组织文化是客观的。

3. 实践性

每个组织的文化,都是在组织长期实践的基础上,通过有目的的实践活动有意识地培养起来的。离开了组织的实践,就不可能有组织文化。组织的实践是组织文化产生发展以及不断丰富的源泉。实践性的含义还在于组织文化不是空洞的口号,而是要付诸于实践的价值观和信仰体系。不符合组织实际的文化,只是一种文化形式;不能够指导组织实践的文化,只是一种文化理念。

4. 可塑性

组织文化的可塑性是指组织文化是可变的,受时代、组织的内部结构、战略目标和结构等因素的影响。因此,组织文化的塑造必须紧跟时代的步伐,必须适应组织的发展,必须充分发挥组织成员的创造性,不断塑造新型的组织文化。

二、组织文化的类型

(一)早期的组织文化分类

早期的组织文化分类比较粗略,多以实用性为原则来分类。

1. 威廉·大内的组织文化分类

威廉·大内提出的"Z 理论"认为,组织文化有三种类型:A 型文化、J 型文化和 Z 型文化。大内认为,在管理模式上存在着美国式的 A 型文化模式、日本式的 J 型文化模式以及 Z 型文化。美国式的 A 型文化模式表现为一种人际关系淡漠的模式;日本式的 J 型文化模式则表现为一种人际关系融洽的、接近理想的模式;而 Z 型模式既能满足企业内部团结的需要,又能满足员工的自我利益的需要,是一种迈向未来的企业模式。Z 型文化一般包括长期雇佣、整体的信念及人道化的工作条件等。

2. 迪尔和肯尼迪的文化分类

早期的公司文化的研究者 T. 迪尔和 A. 肯尼迪,提出了四类文化。这四类文化是:(1)赌博文化;(2)硬汉、胆识型文化;(3)按部就班文化;(4)努力工作/尽情玩乐型的文化。

(1)赌博文化。这种文化往往会下大笔的赌注,而员工们要过很长一段时间后才能知道决策是否得到了回报。也就是说,是一种高风险、反馈缓慢的文化。与硬汉文化相反,孤注一掷者不把事业目标放在现在的工作上,而是往往用整个公司的前途去冒险,这使得作出重要决策的重要性处于最高的顶层,所以这种文化会在公司内培养一种深思熟虑的意识。不成熟的人在这种文化中往往难以找到合适的位置。由于其着眼于未来以及对未来投资的重要性,这种文化往往产生高质量的发明和重大突破,但对经济形势出现的短期波动以及等待投资回收过程中的现金流量问题,则反应比较缓慢。

(2)硬汉、胆识型文化。他们经常冒高度风险,并对他们的行动是正确或是错误能迅速获得反馈。能拼搏,不屈不挠,能忍受全胜或是输光的风险的人,往往能成为这种文化中的成功者,所以也往往多见于年轻人。硬汉文化能使公司在高风险、快回报的环境中干出需要干的事情,但往往由于侧重短期目标,在长期持久方面没有什么价值观。而短期中的失败也容易造成很高的人员流动率,这使得要在硬汉文化氛围中建立起强烈凝聚力的文化相当困难。

(3)按部就班型文化。这是一种低风险,反应、反馈慢的文化,遍布于银行、政府部门、公共事业及有严格规定的工业如制药公司等。缺乏反馈的特点迫使员工们专注于如何干事而非干什么事情。这种文化价值观追求完备的技术、估算出风险和按科学规律解决问题,也就是使过程和细节更合理、正确。有条有理,恪守信用,认真细致而能坚守岗位的人往往能在这种文化中获得成功。

(4)努力工作/尽情玩乐型文化。在这种文化中,娱乐和行动就是准则,员工不用承担多少风险,而反馈都很迅速;为了成功,这种文化鼓励员工维持高水平、低风险的工作。这种文化的基础价值观集中于顾客及其需要,以“发现一种需要并满足它”为基础。那些友好的、善于应酬的、易于亲近人的往往会成为这种文化中的成功者。这种文化也存在短期眼光的缺陷,有着以数量取代质量的危险。几乎所有公司的销售部门都体现这种文化的特质。

3. 桑南菲尔德的文化分类

艾莫瑞大学的杰弗里·桑南菲尔德通过对组织的研究确认了四种组织文化类型:学院型、俱乐部型、棒球队型和堡垒型。

学院型文化的公司是为那些想全面掌握每一种新工作的人准备的地方。在这里他们能不断地成长、进步。这种公司喜欢雇用年轻的大学毕业生,公司为他们提供大量的专门培训,然后指导他们在特定的职能领域内从事各种专业化工作。

俱乐部型文化的公司非常重视适应、忠诚感和承诺。在俱乐部型公司中，资历是关键因素，年龄和经验都至关重要。与学院型文化的公司相反，这种公司把管理人员培养成通才。

棒球队型文化的公司是冒险家和革新家的天堂。棒球队型文化的公司重视创造发明，这种公司从各种年龄和经验的人中寻求有才能的人。公司根据员工产出状况付给他们报酬。

堡垒型文化的公司则着眼于公司的生存。许多这类公司以前是学院型、俱乐部型或棒球队型的，但在困难时期衰落了，现在尽力来保存自己尚未被销蚀的财产。

(二)丹尼逊和梅士拉的分类

企业文化研究学者丹尼逊和梅士拉非常注重组织管理中的战略和外部环境这两大要素。他们从一些企业的个案开始，找出了四种不同的组织文化的特性。

丹尼逊和梅士拉利用管理方格图，从两个不同的方向划分出四种不同的文化特性。

1. 适应性文化

主要是指公司对外部环境(包括客户和市场)中的各种信号迅速作出反应的能力。它有三个维度：创造变革、客户至上与组织学习。

2. 使命性文化

对于那些关注服务于外部环境中的特定顾客，而不需迅速改变的组织适于采用使命性文化。使命性文化的特征是强调稳定性，但有外部适应导向的特性，着重于对组织目标的清晰认知和目标的完成，诸如销售额增长、利润率或市场份额提高，以帮助组织达成目标。

3. 投入性文化

投入性涉及员工的工作能力、主人翁精神和责任感的培养。公司的这一文化特征反映了公司对培养员工、与员工进行沟通，以及使员工参与并承担工作的重视。这一公司文化要求对员工授权、团队导向以及注重对员工能力的培养。

4. 持续性文化

持续性文化有其内向式的关注中心和对于稳定环境的一致性定位。这种文化注重稳定和内部一体化,即有常规的模式规范,包括清晰界定的行为、制度和意义等。

(三)奎恩等人的竞争价值结构

竞争价值结构原本是用来分析组织效能的,经过奎恩和他的同事们的改造,已被广泛地应用于组织文化的研究中,而且学者们也建立了一套量表来应用此结构,其信度和效度也被接受。竞争价值结构强调组织内不同的价值观,例如平稳与转变之间的矛盾、外在环境与内部组织之间的矛盾,这些基本的价值冲突和张力可以用来解释一个组织内不同的着重点,从而考虑该组织的领导人的风格、凝聚力、战略导向以及组织整体的特性。在这些基本价值取向上可以看出组织文化的重点。

三、组织文化的功能

1. 组织文化的导向功能

组织文化的导向功能,是指组织文化对组织整体及组织员工个人的价值取向、行为取向起引导作用,使之符合组织所确定的目标。组织文化的导向功能在一些场合中表现得尤为明显。比如对于进入组织的新成员,组织文化就会对这些成员的价值观念及行为起引导作用,使其价值观念与已有的组织文化相一致。组织文化对组织成员处理非程序性的事件也具有导向作用,这样就会使组织成员内部保持一致,与已有的组织文化相协调。这也是组织文化导向功能的表现之一。

2. 组织文化的规范功能

组织文化是用一种无形的思想上的约束力量,对每个组织成员的思想、心理和行为起约束和规范作用,形成一种软约束,以此来弥补硬性措施的不足。

优秀的组织文化中,价值观是核心。一旦某种价值观深入人心,就会成为人们自觉的行为准则,约束自己的行为。优秀的组织文化可以通过感化、教育,使人们在心目中形成一个强有力的内在的约束机制。这个约束机制可以对职工的行为进行规范，使全体职工的行为与企业的要求保持高度的一致。

3. 组织文化的凝聚功能

组织文化具有凝聚作用，当一种价值观为该组织员工共同认可后，它就会成为一种黏合剂，把各个方面、各个层次的人都团结在本组织文化的周围，对组织产生一种凝聚力和向心力。

组织中最重要、最活跃的因素是人。而人在一个组织中是否能结合成一个有机的整体，不仅仅需要组织化的制度分工，将全体成员进行制度化的安排，而且还需要员工具有共同的价值观、共同的行为准则与行为方式，能够认同自己工作的组织，能够与组织同呼吸、共命运，能够自觉地为实现组织的目标而努力。这些都是制度和规则难以发挥作用的，必须建立在员工具有共同的价值、共同的信念、共同的理念和共同利益的基础上。一种优秀的组织文化，能统一员工的价值观、行为准则、利益指向，将员工凝聚为一个团结的整体。这就是组织文化发挥的凝聚作用。在现实中我们也看到，具有优秀组织文化的组织，能够很快地形成合力，能够在工作中无私地相互帮助。这就是组织文化发挥作用的表现。

4. 组织文化的激励功能

组织文化的激励功能，指组织文化具有使组织成员从内心产生一种高昂情绪和进取精神的效应。优秀的组织文化的形成，有助于职工获得较高的心理满足。因为在具有优秀组织文化的组织中工作，员工能够感受到家庭般的温暖，能够进行深度的沟通。优秀的组织文化所树立的良好的组织形象会使员工感到自豪，员工更愿意为这样的集体努力工作，贡献自己的力量。

5. 组织文化的创新功能

建立具有鲜明特色的组织文化，是组织创新的重要方面，是激发员工创新精神的源泉和动力。日本本田公司董事长本田宗一郎本身就是一位拥有100多项专利的发明家，他在组织中一贯鼓励员工进行创新，鼓励他们犯“合理的错误”，从而在本田公司中营造出了人人创新、事事创新的良好氛围。

现代社会中，创新成为组织生存的必不可少的技能。对于优秀的组织而言，一定要创造一种利于创新的组织文化，从而使组织在社会竞争中更具生命力，更有效率地实现组织的宗旨及设定的目标。

6. 组织文化的辐射功能

组织文化的辐射功能，包括两个方面的影响：一是内部影响，它可以激发组织成员对组织的自豪感、责任感和崇尚心理；二是外部影响，它能够更深刻地反映出该组织文化的特点及内涵。组织文化的建立及模式的确立，除对本组织产生很大影响外，还会对社会公众、对本地区及至国内外组织产生一定的影响；在提高组织知名度的同时，构成了社会文化的一部分，因此组织文化具有巨大的辐射作用。

第二节 组织文化的结构及内容

一、组织文化的结构

美国管理学家沙因认为组织文化由以下三个相互作用的层次组成：(1)物质层：可以观察到的组织结构和组织过程等；(2)制度层：包括战略、目标、质量意识、指导哲学等；(3)精神层：潜意识的一些信仰、知觉、思想、感觉等；

下面从组织文化的三个层次对具体的内容加以阐述：

(1)物质层。它凝聚着本组织精神文化的生产经营过程和产品的总和，还包括实体性的文化设施。它是以实体性的文化设施，如带有组织文化色彩的组织环境、生产经营技巧、图书馆、俱乐部、公园以及组织其他实体性的物体(如建筑物、产品、组织标志等)为载体，赋予或直接加载组织文化所形成的组织文化体系。物质层文化是组织文化中最表层的部分，组织内外的人们都可以通过这些实体性的载体直接感受组织的文化特色，是从直观上把握组织文化的一条基本途径。物质层文化是人们认识与接受组织文化的一个主要方式。

(2)制度层。制度层是具有本组织文化特色的各种规章制度、道德规范和职工行为准则的总和。制度层是组织文化的第二层或称中介层，它构成了各个组织在管理上的文化个性特征。制度层文化在组织文化的形成中起着十分重要的作用。

(3)精神层。精神层指组织的领导和员工共同信守的基本信念、价值标准、职业道德及精神风貌。它是组织文化中最深层、最稳定的内容，是组织文化发挥作用的源泉。同时，它是组织文化建设的最终目标，也是最难达到的目标。精神层次的组织文化一定要通过员工的行为方式分析才可真正感受与把握。所以精神层次组织文化的形成，标志着组织员工的基本价值观的统一，组织文化就会自觉地在日常的组织行为中发挥作用。

物质层、制度层和精神层由外到内的分布就形成了组织文化的结构，它们是紧密联系，不可分割的；它们相互影响，相互作用。

组织文化的这三个层次，可以用下图来表示：

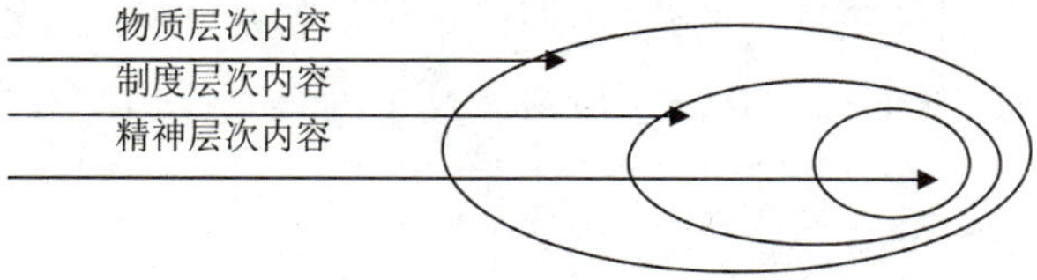

图 7—1　组织文化的层次结构

物质层、制度层、精神层由外到内的分布就形成了组织文化的结构，这三个层次是相互联系、相互作用的关系。具体表现如下：

1. 精神层决定了制度层和物质层

精神层是组织文化中相对稳定的层次，它的形成是受社会、政治、经济、文化以及本组织的实际情况所影响的，如世界经济状况的影响、组织管理理论的影响等。精神层一经形成，就处于比较稳定的状态。精神层是组织文化的决定因素，有什么样的精神层就有什么样的物质层。

2. 制度层是精神层和物质层的中介

精神层直接影响到制度层，并通过制度层进而影响到物质层，因此，制度层是精神层和物质层的中介。精神层对制度层的影响是最直接的。在推行或实施这些规章制度、行为准则的过程中，组织的领导和员工又会创造出一定的工作环境、文化设施等，从而形成独特的物质层。可见，精神层对物质层的影响是间接的。制度层的中介作用，使得许多卓越的组织家都非常重视制度层的建设，使它成为本组织的重要特色。

3. 物质层和制度层是精神层的体现

精神层虽然决定物质层和制度层，但隐藏在显性的内容后面，必须通过一定的表现形式来体现。就领导者和全体员工来说，他们的精神活动也付诸实践，因此，组织文化的物质层和制度层就是精神层的体现和实践。物质层和制度层以其外在的形式体现了组织文化的水平、规模和特色，体现了组织特有组织哲学、价值观念、道德规范等方面的内容。因此，当我们看到一个组织的工作环境、文化设施、规章制度，就可以想象出该组织的文化精髓。组织文化的物质层和制度层除了体现精神层的作用以外，还能直接影响员工的工作情绪，直接促进组织哲学、价值观念、道德规范的进一步成熟和定型。所以，许多成功的组织都十分重视组织文化中物质层和制度层的建设，明确组织的特征和标志，完善组织制度的建设和规范的形成，从而以文化的手段激发员工的自觉性，实现组织的目标。

二、组织文化的内容

从组织文化的形式看，其内容可以分为显性和隐性两大类。

1. 组织文化的显性内容

所谓显性内容是指那些以精神的物化产品和精神行为为表现形式的，人们通过视听器官能感受的，同时又符合组织文化实质的内容。它主要通过组织标志、工作环境、规章制度、组织目标、经营管理行为五个方面来体现。

(1)组织标志。是指以标志性的外化形态，来表示本组织的文化特色，并且和其他组织明显地区别开来的内容，包括厂牌、厂服、厂徽、厂旗、厂歌、商标、组织的标志性建筑等。

(2)工作环境。是指职工在组织中办公、生产、休息的场所，包括办公楼、厂房、俱乐部、图书馆等。

(3)规章制度。并非所有的规章制度都是组织文化的内容，只有那些激发职工积极性和自觉性的规章制度，才是组织文化的内容，其中最主要的就是民主管理制度。

(4)组织目标。任何一个组织的设立都有自己的目标体系，这些目标设立的正确与否，对组织的生存发展和组织文化的建立都有非常大的影响。

(5)经营管理行为。再好的组织哲学或价值观念，如果不能有效地付诸实施，就无法被职工接受，也就无法成为组织文化。组织在生产中以“质量第一”为核心的生产活动、在销售中以“顾客至上”为宗旨的推销活动、在组织内部以“建立良好的人际关系”为目标的公共关系活动等，都是组织哲学、价值观念、道德规范的具体实施，是它们的直接体现，也是这些精神活动取得成果的桥梁。

以上五个方面是组织文化的重要组成部分，但它们毕竟是精神的外化，还不是组织文化的根本内容，因此，我们必须进一步研究组织文化的隐性内容。

2. 组织文化的隐性内容

组织文化的隐性内容是组织文化的根本，是其最重要的部分，它直接表现为精神活动。组织文化的隐性内容包括组织经营哲学、价值观念、组织道德规范、组织精神、组织风气等几个方面。

(1)组织经营哲学。是一个组织全体员工所共有的对世界事物的一般看法。组织经营哲学是组织最高层次的文化，它主导、制约着组织文化其他内容的发展方向。从组织管理史角度看，组织经营哲学已经经历了“以物为中心”到“以人为中心”的转变。

(2)价值观念。是人们对客观事物和个人的评价活动在头脑中的反映，是对客观事物和人是否具有价值以及价值大小的总的看法和根本观点，包括组织存在的意义和目的、组织的各项规章制度的价值和作用、组织中人的各种行为和组织利益的关系等。

(3)道德规范。组织的道德规范是组织在长期的生产经营活动中形成的、人们自觉遵守的道德风气和习俗，包括是非的界限、善恶的标准和荣辱的观念等。

(4)组织精神。是指组织群体的共同心理定式和价值取向。它是组织的组织哲学、价值观念、道德规范的综合体现和高度概括，反映了全体员工的共同追求和共同认识。组织精神是组织员工在长期的生产经营活动中，在组织哲学、价值观念和道德规范的影响下形成的。

以上就是组织文化的四个主要隐性内容。除此之外，组织文化的隐性内容还包括组织的美学意识、组织心理、组织的管理思维方式等内容，这些都是我们在进行更深入的研究时要加以注意的。

第三节　组织文化建设

一、影响组织文化建设的因素

1. 经济体制状况

经济体制状况指经济制度的安排会直接影响到组织文化的状况，影响组织文化的经济制度主要是财产制度与资源配置方式。

2. 政治体制状况

政治体制状况指政治体制的安排会直接影响到组织文化,任何组织文化中都体现着一定的政治性,绝对超然的组织文化是不存在的。

3. 民族文化状况

民族文化是影响组织文化的重要因素之一,不同的民族有不同的文化。国外文化的流入,不论对社会还是对组织,都有两方面的影响,既有积极的影响,也有消极的影响。

4. 社会文化

组织是在社会文化环境中生存和发展的,组织的文化建设必然接受并服从它所在的环境的影响和要求。

5. 科学技术与生产力发展水平

科学技术与生产力发展水平是影响组织文化的重要因素。这两种因素推动着社会文化的进步,改变着人们的生活方式、交往方式和生产经营方式。从一定意义上说,科学技术和生产力水平是组织文化建设的决定因素,原因就在于这两者都是组织发展壮大的基础。

6. 行业技术经济特点

行业不同,其生产、经营的特点必然不同,该行业中的组织文化也必然带有明显的行业特征。例如,铁路运输业和航空运输业,在任何国家几乎都纪律严明,近似于军队一般。

7. 组织所在的地理位置

任何组织及其所属单位都占据一定的空间、位置。不同的空间位置承载着不同的社会环境、民族习俗、市场发达程度、生产力布局特征等有差别的组织存在条件,从而直接或间接地成为影响组织文化的重要因素。

8. 组织基本员工的特点

人是构成生产力的最活跃的因素，也是对组织文化具有决定性影响的因素。组织文化建设中要求考虑员工的特征，其实质是指要因人员队伍的具体情况而制宜，通过适当的思想、文化、道德教育或宣传工作，去引导、培养和提高组织全体员工的素质。

9. 组织的历史传统

任何一个组织，只要是经历了一定时期的成长、发展过程，都会使其成员形成种种约定俗成的价值观念、工作习惯和生活习惯，从而表现为组织传统。组织的历史传统是建设或更新组织文化时必须认真调研并严肃对待的因素。

10. 国际化状况

国际化状况是指一个国家的国际化程度会直接影响到组织文化的状况。一个国家的对外开放的程度越高，企业的组织文化所受的影响越大。

二、组织文化建设遵循的规律

组织文化的建设必须遵循相应的心理规律来进行，才能事半功倍。

1. 运用心理定式

人的心理活动具有定式规律。前面一个比较强烈的心理活动对于随后进行的心理活动的反应趋势有明显的影响。特别是对新的组织成员的培训，心理定式的作用十分突出。组织提倡什么，反对什么，组织所欣赏的干部、职工是什么样的，组织成员应该具备什么样的思想、感情和作风，刚刚录用的新成员急于找到这些答案。通过培训，使他们在这些基本问题上形成有利于组织的心理定式，对其今后的行为发挥指导和制约作用。

2. 重视心理强化

强化是使某种心理品质变得更加牢固的手段。所谓强化是指通过对一种行为的肯定或否定（奖励或惩罚），使该行为得到重复或制止的过程。使人的行为重复发生的称为正强化，制止人的行为重复发生的称为负强化。

将这种心理机制运用到组织文化建设上，就是及时表扬或奖励与组织文化相一致的思想和行为，及时批评或惩罚与组织文化相背离的思想和行为，使物质奖励或惩罚尽量成为组织精神的载体，使组织精神变成可见、可感的现实因素。许多企业、学校在这方面积累了丰富的经验。

3. 利用从众心理

从众是在群体影响下放弃个人意愿而与大家保持行为一致的心理行为。从众的前提是实际存在或想象存在的群体压力，它不同于行政压力，不具有直接的强制性或威胁性。一般来说，重视社会评价、社会舆论的人，情绪敏感、顾虑重重的人，文化水平较低的人，性格随和的人，以及独立性差的人，从众心理比较强。

在组织文化建设中，组织领导者应动员一切舆论工具，大力宣传组织文化，主动利用从众心理，促成组织成员行动上的一致。一旦这种行动一致的局面初步形成，对个别后进成员就构成一种心理压力，促使他们改变初衷，与大多数成员一致起来，进而实现组织文化建设所需要的舆论与行动的良性循环。

对于组织中存在的不正之风、不正确的舆论，则应采取措施坚决制止，防止消极从众行为的发生。

4. 培养认同心理

认同是指个体将自己和另一个对象视为等同，引为同类，从而产生彼此密不可分的整体性感觉。初步的认同处于认知层次上，较深入的认同进入情绪认同的层次，完全的认同则含有行动的成分。个体对他人、群体、组织的认同，使个体与这些对象融为一体，休戚与共。

为了建设优良的组织文化，组织的主要负责人取得全体成员的认同是十分必要的。这就要求他办事公正、作风正派、以身作则、真诚坦率、待人热情、关心职工、善于沟通，具有民主精神和奉献精神。只要这样做了，全体员工自然会把他视为良师益友，视为信得过、靠得住的“自家人”。员工对组织主要负责人的认同感一旦产生，就会心甘情愿地把他所倡导的价值观、行为规范，当做自己的价值观、行为规范，从而形成组织负责人所期望的组织文化。

此外，还应着重培养职工对组织的认同感。这就要求组织目标中应包含有众多的个人目标，使组织的利益与职工的个人利益紧密相连，并使职工正确地、深刻地认识到个人与组织利益的一致性，真正产生个人与组织利益与共、命运与共的感情。

对组织认同感的最高表现形式是对组织的光荣感和自豪感。当一个工人对自己是“首钢人”、“海尔人”充满自豪感情时，个人与组织荣辱与共、利害相关的感情已经根深蒂固了。从工作角度来看，领导者应善于把组织取得的优秀业绩、社会上反馈回来的良好评价、组织在公众心目中的良好形象，及时告诉组织成员，并通过厂歌大赛、校风学风评比，以及设计厂（校）标、厂（校）旗、厂（校）服等活动，激发广大成员的集体荣誉感和自豪感，从而使他们焕发出强烈的主人翁责任感。这是建设优秀组织文化的关键一环。

5. 激发模仿心理

模仿是指个人受到刺激后引起的一种按照别人行为的相似方式行动的倾向，它是社会生活中一种常见的人际互动现象。

不言而喻，模仿是形成良好组织文化的一种重要的心理机制，而榜样是模仿的前提和依据。组织中的英雄人物、模范人物，特别是组织的主要负责人，理所当然地应该成为组织文化的人格化代表。组织成员对他们由钦佩、爱戴到模仿的过程，也就是对组织文化的认同和实践的过程。

组织的主要负责人应该身先士卒，以自己的模范言行倡导优秀的组织文化。同时应该大力表彰劳动模范、先进工作者、五好标兵、三好学生、优秀共产党员，使他们的先进事迹及其体现的组织精神深入人心，在组织内掀起学先进、赶先进、超先进的热潮，这是组织文化建设的重要途径。当然，树标兵应实事求是，力戒拔高作假，否则将适得其反。

6. 化解挫折心理

在组织的运行过程中，组织成员之间的摩擦是不可避免的，上下级之间、同事之间总会出现一些矛盾和冲突。从组织成员个人来讲，总会碰到一些困难和挫折，这时，就会产生挫折心理。这种消极的心理状态，不利于个人积极性的提高，不利于职工的团结，不利于工作中的协作，不利于优良组织文化的形成。如何化解组织成员的挫折心理，也是组织文化建设中应该予以注意的问题。

在组织内部形成一种宽松的环境，使成员能畅所欲言，提出批评和建议，有恰当的渠道发泄不满，有“出气孔”可以随时“减压”，正确处理职工的挫折行为……这些均是化解成员挫折心理的有效方法。

日本松下电器公司下属的各个企业，都有被称为“出气室”的精神健康室。当一个牢骚满腹的职工走进“出气室”后，首先看到的是一排哈哈镜，逗人哈哈大笑一番之后，接着出现的是一个公司主要负责人的橡皮塑像，旁边放着几根木棍。如果来者怨气仍未消尽，可操起木棍，把“老板”痛打一顿。最后是恳谈室，室内职员以极其亲切的态度询问来者有什么不满或意见，耐心地倾听并加以疏导。应该说，松下公司的这些做法是用心良苦的。

三、组织文化建设的程序

1. 研究设立阶段

这个阶段要求对组织进行全面的了解，了解其历史及发展现状，然后根据组织的特点提出建设文化的可行性建议，经有关部门批准同意后，在全体员工之间进行宣传并征询他们对初步构想的意见，尽可能地在广大员工之间争取更多的支持，并动员广大员工都参与到组织文化的建设活动中来。

2. 实施强化阶段

组织文化建设正式确立后，就需要付诸实施，各个部门应根据其部门的性质及业务受理的不同范围，有意识地培养和鼓励本部门的员工形成特有的精神风貌和行为规范，并使其逐渐成为本部门所特有的组织文化。在组织当中长期形成的这种无形的“规矩”，对组织员工的行为有很好的约束和规范作用。

3. 跟踪反馈阶段

随着组织经营环境的变化，组织文化的内容也要适应这种变化。然而，现有的业已确立的组织文化是否能及时地迎合环境变化，不应该依靠组织管理者的主观判断，而要依靠基层实际情况的反应。因而，在经历过实施阶段后，需有意安排跟踪反馈，调查基层组织的真实反应，从而作出调整。

4. 分析评价阶段

这个阶段的主要任务是依据跟踪反馈的信息，将整个组织文化建设工作开展以来的工作成绩和存在的问题进行分析研讨，分析出更深层次的原因。比如对活动中的成功与失误进行分析，主要是看组织文化建设的目标和内容是否符合本组织的实际需要，各基层机构的风气、精神面貌是否体现了组织文化建设的宗旨等。

5. 确立巩固阶段

这个阶段主要是在分析评价的基础上，对组织文化建设在开展过程中出现的成功与失误进行适当的摒弃或弘扬。在组织活动中，对于实施较好并取得了一些成绩的组织文化，应当给予鼓励和支持，使其继续开展下去；而对于一些有违组织目标实现的组织文化则应当坚决地摒弃。

四、组织文化建设的方法

1. 榜样法

榜样法通过总结宣传先进模范人物事迹，对好人好事进行直接表扬，发挥党员、模范的带头作用，为广大员工提供直观学习的榜样。

2. 激励法

激励法分为两种：精神的和物质的。可以通过开展竞赛活动、攻克业务技术难关活动、提口号、提目标、评先进等方式进行精神激励。另外，还要给予适当的物质奖励，要物质激励与精神激励相结合。

3. 引导法

引导的方式主要是通过谈心活动、演讲比赛、达标活动、征文活动等，让员工明白自己与其他人之间的差距，并通过自我学习来缩短这个差距。

4. 教育法

教育的方式是通过定期举办讲座、报告会、总结研讨会等形式进行。参与的员工在郑重而热烈的讨论中，会认识到自身的许多优点和缺点，并通过聆听别人的讨论，认清自身的一些不足，从而加以完善。

5. 灌输法

即通过讲座、报告会、研讨会等宣传手段进行宣教活动，把组织想要建立的文化目标与内容直接灌输给职工。

6. 定向引导法

即有目的地举行各种活动，引导职工树立新的价值观念，并营造出新的价值观念的氛围。

第四节　跨文化管理

一、研究跨文化管理的意义

跨文化管理，指对具有不同文化背景的人、物、事进行管理。这里涉及一个企业跨国经营的经营环境问题，一般包括经济环境、政治环境、法律环境和社会文化环境，其中文化环境对跨国经营活动有重大影响，充分了解异域文化背景将有助于跨国经营企业生产经营活动的正常进行。

随着世界经济国际化的趋势，跨国经营活动在全球范围内飞速发展，因而对于跨国经营企业来说，跨文化研究具有重要的意义。首先，有利于吸收各国先进的管理理念和方法。其次，有利于进一步深化改革开放。再次，还有利于消除组织冲突。中国的企业管理也不例外。

二、文化差异对组织行为的影响

文化差异对组织行为有很大的影响，会影响到个人的个性，进而影响其工作行为。霍夫斯坦特认为四个因素对文化差异起着作用：权力差距、防止不确定性、个人主义与集体主义、男性化与女性化。以上四种文化指标或因素对于管理中的领导方式、组织结构和激励内容，都会产生巨大的影响。

1. 对领导方式的影响

对领导方式影响最大的因素，是“个人主义与集体主义”以及“接受权力差距的程度”。霍夫斯坦特认为：美国是个人主义最严重的国家，因此美国的领导理论以被领导者追求个人利益为基点。然而美国的领导理论并不适用于第三世界各国，因为这些国家属于集体主义社会，职工关心群体，希望从群体中得到保障，并且愿意以对群体的忠诚为酬报。霍夫斯坦特还认为，“接受权力差距的程度”直接影响到实现职工参与管理的情况。法国和比利时接受权力差距的程度很高，因此人民通常没有参与管理的要求，所以企业中很少看到有工人参与管理的情况；美国接受权力差距的程度处于中间状态，因此企业中存在参与管理的情况，但有一定的限度。

2. 对组织结构影响

对组织结构影响最大的因素，是“接受权力差距的程度”和“防止不肯定性的程度”。这是因为组织的主要功能，就是分配权力以及减少或防止经营中的不确定性。法国接受权力差距的程度较大，又迫切要求防止不肯定性，因此倾向于“金字塔”式的传统层次结构。德国虽然有较强的防止不肯定性的心理，但接受权力差距的程度较小，因此注重规章制度。美国、瑞士等国，接受权力差距的程度处于中间状态，因此在这类国家中，多样化的组织形式并存。

3. 对企业激励内容的影响

对企业激励内容影响最大的因素，是“个人主义与集体主义”、“防止不肯定性的迫切程度”和“男性化与女性化”。美国等国家的个人主义程度很高，所以这些国家的激励方法多从个人出发，以个人的自我实现和个人获得尊严作为激励的主要内容。第三世界国家与日本，是集体主义程度较高的国家，激励就需要着眼于个人与集体的关系，过分奖励个人往往行不通。美国倾向于男性化，所以适于把承担风险、进取获胜作为激励的内容。日本和法国虽然也倾向于男性化，但是防止不肯定性的心理较强，因此分配一种无危险、很安全的工作岗位就成了激励因素。

三、跨文化管理的方法

跨文化管理要坚持自我，实事求是，勇于创新。文化差异会影响组织行为，跨国经营企业在进行跨文化管理时，常常会使用以下几种方法：地方狭隘主义、种族中心主义、文化融洽法。文化融洽法是跨文化管理中最实用、最有效的方法。

1. 地方狭隘主义

地方狭隘主义具有一种信念：认为每个人都应该一致。如果组织具有这个信念，就既不能认识不同文化员工的潜力，还要设法使各人的态度、信仰和价值观均匀一致。因此这些组织又被称为单一文化观点。它们的每个管理功能都是为着生产均匀一致的意图,不可能欣赏文化差异的好处或者了解文化差异对组织影响的积极性。这种类型的管理者,所应用的组织哲学是“我们的做法就是唯一的做法”。

2. 种族中心主义

种族中心主义认为自己种族的文化和工作方法是优越的。种族中心主义的管理方法只是把文化差异看做根源。他们相信一切变革必须一面倒,由统治文化下的个体和群体建立一致的做法。

3. 文化融洽法

文化融洽法又称为文化协同作用法。它的哲学观点认为我们的方法和他们的方法客观上不相同,但是,彼此都不是天生比对方优越。唯一的管理方法是探讨它的好处和努力、积极影响有文化差异的组织成员,尽量吸取有利之处,减少不利之处。文化融洽法是跨文化管理中最实用、有效的方法。

四、跨文化管理的策略

跨国经营企业在进行跨文化管理时,必须掌握好策略。在经营管理中,坚持以本组织文化特色为主导,融入当地文化,尽可能地了解当地居民生活习惯、传统风俗和消费特点等,才能使企业在异域也能出色经营。这包括:专业知识和管理技巧;文化敏感性和沟通技巧;确认文化差异的影响。

1. 专业知识和管理技巧

管理人员应掌握专业知识并具备熟悉国内外环境的管理能力。促进国内企业提高竞争力,使其既能在国内的竞争环境中求生存,又能从国际环境收集信息,了解国外消费者的需要和爱好,通过技术优势打进国际市场。

2. 文化敏感性和沟通技巧

管理人员为了提高文化敏感性首先要控制本人的地方观点、民族中心思想,耐心了解来自不同文化背景员工的社会文化观点、价值观、生活方式、沟通习惯、语言表达和认识方式的差异。对于有些员工因认识引起误会或犯工作上的差错,管理人员应仔细找寻原因,耐心指导,以宽容态度增强员工的自信心,提高工作效率。

3. 正确认识文化差异对管理的有利与不利之处

管理人员从过去一种文化、一种语言的组织行为管理扩充到今天多元化文化、多种语言的组织行为管理，当然感觉有许多不便、不习惯之处。例如彼此观点不明朗，增加沟通上的复杂性和混乱性，集中意见困难，统一行动困难；不可能实施统一的人事管理和绩效考评标准。

文化差异实际上存在着许多有利于管理的地方。特别是在组织扩充业务时，能够收集多方面的新建议，增加选择机会；洞悉国外社会、文化、经济环境，有利于了解国际市场需求和更好地为外国顾客服务。因此，多元文化为管理增加了创造性，提高了灵活性和解决问题的技巧。

思考题：

1. 怎样理解组织文化建设中领导者的作用？
2. 跨文化管理需要注意哪些问题？
3. 组织文化的结构是什么？
4. 组织文化的内容有哪些？

案例分析：

百年迪斯尼

迪斯尼公司的董事长兼 CEO 迈克尔·艾斯纳曾经说过："有线电缆、电话线、计算机或卫星，且不论迪斯尼通过哪种途径来到你跟前，重要的是每个人将要与它面对面。"的确，迪斯尼这只超级大水母已把它的触角伸到了所有的传播信息媒介，几乎影响到世界每个角落的人。但正是这种过分浓厚的优势意识令迪斯尼公司自成立以来遭遇了几次危机，如今想来仍能让人想象到当时的惊心动魄。

第一回(1928 年) 始料未及后院起大火 因祸得福跳出米老鼠

1927 年，沃尔特·迪斯尼炮制出了一个颇受欢迎的卡通人物"幸运兔奥斯华"。1928 年 2 月，踌躇满志的迪斯尼带着太太莉莲搭火车赶到纽约，要与发行商查尔斯·米尼兹洽谈奥斯华卡通片的下一期合约，迪斯尼原本计划要提高价格卖出的，不料米尼兹却胸有成竹地告诉他一个残酷的事实：他已经高价买通所有奥斯华的幕后工作人员，照样可以继续推出奥斯华，而迪斯尼自己反而已无法拥有奥斯华了。年轻的迪斯尼惊讶得合不拢嘴，但同时不得不硬着头皮接受这次惨痛经历。这是沃尔特·迪斯尼公司自成立以来遭遇的第一次危机。

俗语说得好："塞翁失马，焉知非福。"迪斯尼纽约之行虽然是赔了夫人又折兵，但事情却在他搭乘回程火车时发生了戏剧性的转机。痛定思痛的迪斯尼突然迸发出要塑造另一个卡通人物——米老鼠的灵感,而正是这只老鼠让迪斯尼真正品尝到功成名就、名利双收的喜悦!而更重要的是迪斯尼也从这次危机中学会一定要拥有影片版权的教训,并于一年后首次利用米老鼠的版权费赚钱,接下来的10多年公司收入的1/10都是来自有偿转让卡通人物形象所得的版权费。

第二回(1984年) 墨守成规陷空前困局 力挽狂澜杀出新血路

像大多数公司的创建者一样,沃尔特·迪斯尼没能为自己的继承人——其女婿朗·米勒铺好道路,以致在他与哥哥罗伊·迪斯尼相继去世后,迪斯尼公司高层上演了沃尔特派与罗伊派的窝里斗。

1977年,罗伊的儿子小罗伊·E.迪斯尼在朗·米勒被指定为公司总裁的七个月后辞去了行政主管的职务。不过事情并未结束,当时负责掌管公司的朗·米勒等人选择了当创建者遗产保护者的角色,在客观上严重打击了公司员工创新进取的精神。公司利润因此直线下滑,由1980年的1.35亿美元收缩到1983年的9300万美元。比这些苍白的数字更糟的是曾代表着迪斯尼公司的创造性火花早已熄灭的事实:曾是好莱坞首屈一指的迪斯尼公司退居到二等制片商的位置,仅仅占有好莱坞票房收入的4%。

而更为严重的是迪斯尼公司陷入了纽约著名金融家索尔·斯坦伯格、厄温·杰克伯斯等人的收购网中。迪斯尼公司在内忧外患的重重打击下摇摇欲坠。1984年,小罗伊重返迪斯尼,重新发动一场与朗·米勒的权力争夺战。小罗伊在白斯集团董事长、迪斯尼公司最大的股东希德·白斯的帮助下不但让叔叔的基业渡过了合并危机,而且也实现了赶米勒下台的愿望。随后迪斯尼公司董事会一致通过,邀请具有杰出管理才能的迈克尔·艾斯纳和弗兰克·威尔斯入主迪斯尼,迪斯尼公司从此进入艾斯纳—威尔斯时代。

第三回(1994) 一死一走痛失两骁将 处变不惊高层大改组

20世纪90年代初,迪斯尼公司在巴黎斥资40亿美元修建的第四座主题公园和旅游地成了它自80年代前期晦暗时期以来最头疼的财政问题,这主要是由于迪斯尼主题公园受到法国当地居民的强烈反对以及公园有关管理人员错误评估了当地人的消费观念和习惯。

1993年,巴黎主题公园亏损8780万美元,令人觉得可怕的是,数字仍在不断地加大,不过,最棘手的还是40亿美元的贷款。在这千钧一发之际,艾斯纳和威尔斯决定对欧洲迪斯尼公司进行结构调整。欧洲迪斯尼公司最终利用这次喘息机会,步履蹒跚地渡过了债务难关。

然而,天有不测之风云,正当艾斯纳以为一切已将过去的时候,他的最默契的战友威尔斯却突然死于飞机失事。威尔斯的死令迪斯尼公司另一员骁将杰夫利·科兹恩伯格的地位成为焦点。

科兹恩伯格的离职对迪斯尼来说是重大损失。

有"回春妙手"之称的杰夫利·科兹恩伯格是迪斯尼公司的制片主管,1993年,他领导手下为公司创造了6.32亿美元的营业收入,不仅如此,迪斯尼公司的卡通片还进入了空前繁盛的时期,最叫座的卡通大片《狮子王》甚至创下了七亿余美元的票房纪录。科兹恩伯格简直把卡通片变成了一台印钞机。凭着这些功绩,再加上威尔斯的死,科兹恩伯格认为他有资格被提升为公司的第二号人物，但以艾斯纳为首的公司董事会却认为科兹恩伯格虽然是一位极有创造力的高级行政主管，但他的能力却不足以进入高级领导层。1994 年 8 月，也就是威尔斯逝世四个月后，艾斯纳突然宣布改组公司管理班子，架空了科兹恩伯格，稳定了公司内部的团结。悻悻的科兹恩伯格离职不到两个星期即宣布与超级明星导演斯蒂文·斯皮尔伯格及唱片界巨擘大卫·盖芬组建了一家名为“梦工厂”的电影制片公司，将筹集到的 20 亿美元用于进行电视节目、实景真人电影、动画片、唱片和电子游戏的制作和发行，向迪斯尼公司发起正面进攻。

第四回（2001 年）　进军网络遭遇滑铁卢　丢卒保车果断闭门户

2001 年 1 月 30 日，迪斯尼公司宣布将关闭旗下网站——美国第 4 大门户站点 Go. com，并裁员 400 人；4 月 25 日，迪斯尼公司决定关闭发布电影及电视方面消息的 Mrshow Siz. com 和音乐网站 Wallof Sound. com……种种迹象表明，迪斯尼公司由传统媒体向网络媒体转型的计划一再受挫。

这一切都与迪斯尼公司未能看清网络业的形势有关，Go. com 是迪斯尼公司为了与 Yahoo、excite. com 等门户网站竞争而开办的。2001 年 1 月正式开通时的确赶上了全球互联网的热潮。但是，作为一个后发的门户类型网站，Go. com 比起竞争对手，落后的时间几乎要用“年”来计算。时间的落后带来了市场占有、注册用户、浏览人次、网络销售等一系列的落后。所有的落后一开始都被网站的母公司迪斯尼浓厚的优势意识所掩盖，直到网站报告巨额亏损以前，才被一一曝光。迪斯尼过低估计了时间的延迟影响，过高估计了自己由传统媒体向网络媒体转型的成功可能性，这是一个致命伤。

（引自《南方都市报》2001 年 12 月 19 日）

讨论题：迪斯尼的组织文化的内容和特点是什么？该组织文化是如何帮助其取得成功的？

阅读导航：

张德：《企业文化建设》，清华大学出版社 2004 年 2 月版。

周三多、陈传明、鲁明泓：《管理学》，复旦大学出版社 2006 年版。

第八章
变革与创新

本章学习提要：

- 组织变革的定义
- 变革的动力与阻力
- 组织生命周期理论
- 组织变革的程序、模式及策略
- 管理创新基本含义
- 激励创新

变革，主要指的是组织变革；创新，则是指管理创新。组织变革与管理创新是当前管理理论及实践的重要内容。

任何组织都处于内外环境巨大变化之中，要在这个世界中生存，必须懂得变革与创新之道。

第一节　组织变革的基本理论内容

组织变革指组织面对内外环境的变化而进行改革和适应的过程。组织变革既有内部的因素又有外部的因素起作用。组织存在于一定环境中，追求一定的目标，在不断协调外部环境与内部条件之间关系的过程中实现自身变革。

一、组织变革的推动因素

从组织变革的定义中可以看出，影响组织变革的因素包括外部环境因素与内部条件两类。

外部环境因素。从宏观上讲，包括政治因素、经济因素、社会因素及科学技术因素等。国家的宏观经济政策的改变、产业结构的调整、科学技术发展引起的产品和工艺的变化、国民环保意识的提高、社会家庭结构的变化、通讯工具的改变等，都是引起组织作出调整的因素。

在市场竞争中，组织要关注各个方面，以便适应竞争的市场环境，比如顾客收入、价值观念偏好的变化，竞争者推出了新产品或产品增加了新功能，竞争者加强广告宣传、降低价格、改进服务等，人力资源、能源、资金、原材料供应的质量、数量及价格的变化，新工艺、新材料、新技术、新设备的出现等。

内部条件的变化。包括组织自身的成长、技术条件的变化、人员条件的变化及管理条件的变化等。任何一个组织都存在着使这个组织成长的因素，同时也存在着使这个组织衰败的因素。促使组织衰败的因素主要有：管理者与组织缺乏弹性、对外界环境的变化反应迟钝、决策缓慢、决策质量不高或无法作出决策；企业内部不协调，组织目标与个人目标、各部门之间目标存在分歧；人与人之间沟通不畅，摩擦冲突太多，指挥不灵；员工的价值观念、工作态度产生变化，工作效率不高，怠工、士气低落、不满与抱怨增加；新的领导者或原有领导者采用了新的思想观念，组织高层制定了新的战略和目标；员工队伍增加了新的成分，思想发生变化及组织成长的每个阶段所具有的特殊矛盾。这些因素对组织的发展都起到一定的破坏作用，因此，需要仔细地分析各种现象及行为的影响，采取适当的组织变革措施来消除不良影响。

除此之外，还要有强有力的领导者来推动。组织的内部管理人员、一些专家学者或咨询人员，都可以用他们的技能推动变革的发展。可以说不同的变革推动者，其效果是不同的，往往成为组织变革成败的关键因素。

二、组织变革的阻力

组织变革必然会遇到各种阻力，有时这种阻力小于动力，有时阻力可能大于动力。在组织变革中，我们绝不可以低估阻力对变革的破坏作用，它轻则增加变革成本、延长变革进程、减少变革成果，重则陷变革于失败的境地。组织变革阻力的来源包括以下几个方面：

(1)利益受损。任何变革都会带来利益分配的变化，意味着利益的重新分配，旧的利益分配平衡被打破，新的利益平衡格局有待建立，组织变革引起利益分配的不一致，带来了对组织变革的不同态度。一般来说，如果变革带来的预期收益，包括显性收益与隐性收益大于原来的收益，人们便会支持变革；否则，就会反对变革。在两者平衡的情况下，则采取中立态度。对于普通员工来说，即便变革成功可以分享到变革后公司增加的收益，但那是远期的、间接的，而变革所带来的成本是即时的、直接的，许多员工会感到缺乏安全感，而宁愿维持现状。

(2)缺乏了解。许多员工并不清楚公司为什么要变革、怎么变革，必然会对变革持漠然态度。在这种情况下，基层员工就会认为自己被孤立了，认为自己不为组织所认同，自己的价值被公司所轻视，不能得到公司的理解。

(3)惰性作用或习惯的作用。人们长期按照过去的工作方式工作，思维方式已经僵化，许多人不愿接受新的东西，宁愿保持过去的方式不变，对于组织来讲是存在这种情况的。习惯势力的存在根深蒂固，它会使人们自觉或不自觉地产生消极、固执、反对的心理，形成对变革的反抗力量。

(4)心理压力。利益的调整、不同观点的争议存在于整个组织变革的过程中，每一个参与或经历变革的人都能深刻地感受到。不习惯、反对派的声音、明争暗斗、争权夺利及其他一些问题都会造成心理压力。对过去的否定、对前景的担忧、其他人的看法，尤其由工作而影响到日常生活，心理压力增大，都会影响变革。

(5)评价差异。受到变革影响的人可能对形势的估计和变革的目标有不同的看法，从而对变革持有不同的态度。由此产生的阻力不一定是消极的，因为持有不同意见的观点也可以是正确的。当然这种评价差异往往导致对变革前景的不乐观，因而转化为其他的阻力因素。

(6)工作失误。工作失误可能引发员工对变革的反感。例如管理层的官僚作风，坚持自己错误的观点与做法，不尊重员工的意见而一意孤行等。

变革的阻力通过三种方式进行：一种是积极地阻挠变革的进行，他们公开发表意见，与变革者展开争论，有时可能掺杂着个人情感，表现出对抗性或攻击性的行为；一种则消极地阻挠变革，他们虽不公开表示反对，却采取不合作的态度，甚至采取扣押、延缓或封锁消息的方式；还有一种就是对组织变革漠不关心，他们的观点是变革也好，不变革也好，自己都不关心，只接受结果。这种态度看似不影响组织的变革，实则破坏组织变革的气氛，产生不良的影响。

组织变革有动力也有阻力，两种力量的此消彼长决定着变革的成败。变革的成功之道就是要采取措施增强变革的支持力量，减少甚至消除反对力量，努力化阻力为动力。

第二节　组织变革的模式、内容和策略

一、组织变革的模式

1. 三阶段变革模式

勒温认为组织变革应包括三个步骤：解冻、改变、再冻结。他特别重视组织变革过程中的人的心理机制，认为组织成员态度发展的一般过程及模式，反映着组织变革的基本过程。

(1) 解冻。指刺激组织成员去改变他们原来的态度，改变旧的习惯和传统，要促使组织成员认识到照旧的一套下去不能达到希望的结果。为此，要使组织成员感受到变革的迫切性，还要设法使旧的态度和行为消退掉。

(2) 改变。即指明改革的方向，实施变革，使组织成员形成新的态度和行为的过程。在这一阶段，认同和内化起着重要的作用。我们知道，学习一种新的观念或确立一种新的态度的最有效的方法之一就是看看其他人是怎么做的，并且把他们作为自己的榜样，这就是认同。选择榜样之后，同时多学习、模仿其态度和行为，并把态度和行为转化为自身内在的心理过程则是内化。通过认同和内化能有效地加速变革的进程。

(3)再冻结。指利用必要的强化方法使新的态度和行为方式固定下来，并使之持久化。为了确保变革效果的稳定性，要使组织成员有机会检验新的态度和新的行为是否符合自己的具体情况，还要使组织成员有机会检验与其有关系的其他人是否接受和肯定新的态度和行为。由于群体在强化一个人的态度和行为方面的作用是很大的，勒温认为变革计划也应包括那些组织成员所在的群体。群体成员彼此强化新的态度和行为，可以使个人的新态度和新行为保持得更为持久。

2. 识别模式

一个组织在什么条件或症候下要实行变革呢？管理心理学家西斯克认为，一般说来，有下列四个症候时，组织就到了非改革不可的时候了：

(1) 组织的决策太慢，无法把握良好的机会，效率低或常失误；

(2) 组织内部的意见沟通渠道被阻塞，正常的信息传递不灵或失真，进而造成人事纠纷等许多严重后果；

(3)组织的主要职能无效率，如不能完成生产任务、生产成本过高、产品质量不高、销售前景不良、财务状况恶化、人力素质太差、人际关系紧张、员工的积极性不高与工作绩效下降等；

(4)组织的产品、机构、管理与人员缺乏创新精神，组织的发展与成长停滞不前。

3. S-O-R 模式

这个模式把变革的动力作为刺激 S，组织内部诸要素作为中介 O，组织作出的变革措施作为反应 R 来表示组织变革过程中各种因素间的相互作用关系。如图 8—1 所示。

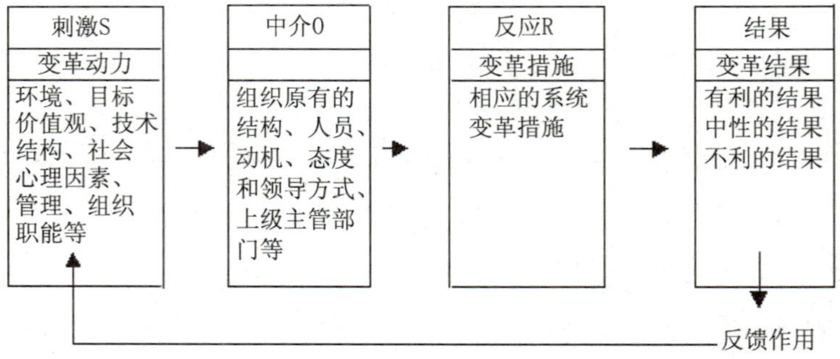

图 8—1　S-O-R 模式

4. 四变量模式

美国学者莱维特认为，组织变革的模式由四个变量构成，并形成特定的关系。

(1)结构。是指组织的权责体系、管理层次和幅度、沟通状况和工作流程等。

(2)任务。是指组织存在的使命。组织任务之间具有一定的层次关系和隶属关系。

(3)技术。是指组织为实现目标所采用的方法和手段。

(4)人员。是指达到组织目标的个体、群体、领导人员等。

其相互之间的关系如图 8－2 所示：

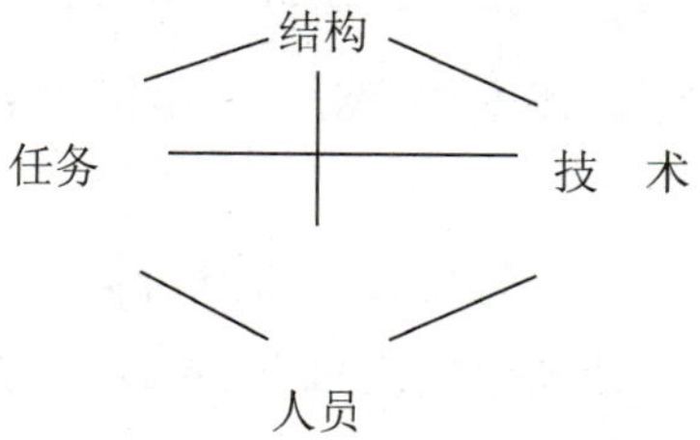

图 8－2　四变量模式

莱维特认为上述四个变量相互依赖，任何一个变量的改变都会引起其他一个或多个变量的改变，组织变革可以通过改变其中的任何一个变量或多个变量来进行。莱维特提出的这一模式，为制订组织变革的对策和方法提供了一个基本的框架。同时，也让我们认识到组织变革的复杂性，在进行组织变革时必须从整体、全局的角度把握住每一个变量可能对变革产生的影响。

5. 动因模式

组织变革的动因模式是从变革的内在动机与动因出发探讨组织变革的模式。它有四个阶段，即组织变革的原因、动机、选择和目标，如图8－3所示：

- 原因：内部动因；外部动因
- 动机：组织的成长动机；个人的成长动机
- 选择：目标选择；途径选择；方式选择；时机选择
- 目标：组织的协调发展；组织对环境的适应能力

图 8－3　动因模式

二、变革内容

1. 技术变革

一个组织的技术水平是指其把原料的投入转变成为产品的能力。现在是技术飞速发展的时代，因此，进行技术变革对于一个组织来说非常重要。技术变革有两层意思：

一是直接工作技术的改变，即由引进一种机器或引进一种人一机系统所引起的变革。直接工作技术的改变包括新机器、新设备、新工艺、新技术的引进和使用；挖掘潜力，进行技术改造；提高和改进产品质量；控制技术和生产进度等。

二是改革管理技术，包括采用现代化的信息收集和处理系统、现代化的监控处理系统、现代化的办公系统及文件（文字）处理系统、工程管理或程序管理的方法等。

2. 组织结构着手进行变革

从组织结构入手进行变革就是对一个单位内部的部分或整个组织结构着手进行改革。从组织结构着手的变革涉及的内容包括分权程度、管理幅度、协作方式、工作设计、工作进度等，也包括组织结构整体性的变革以及一些制度的革新。

3. 人事方面的变革

从人事方面着手进行改革，就是改变组织成员的态度评价准则、作风、行为以及人与人之间的关系。这种方法假定人是推动变革的主要力量。贯穿于这种方法中的一条线是组织成员之间的权力再分配。这种权力的再分配可以通过鼓励下级人员独立决策和开辟沟通意见的渠道来实现。

许多公司广泛采用的劳资计划斯坎伦计划即为这种方法的应用。这项计划着眼于：(1)发给每个组织成员的奖金必须与他们为改进公司的工作效率而付出的基本贡献成比例；(2)建立一个跨越组织等级的工作改进委员会，这项计划对管理人员与工人之间以及工人彼此之间的人事关系的性质产生了巨大的影响。

总之，这项计划鼓励下级人员承担更多的责任，与上级部门共同享有治理的职权。

三、组织变革策略

组织变革是一个系统工程，涉及方方面面的关系，因此必须讲究策略。组织变革的策略主要包括三个方面：变革方针的策略、变革方法的策略、应对阻力的策略。

变革的方针策略主要指：(1)积极慎重的方针。即要做好调查，做好宣传，积极推行。(2)综合治理的方针。即组织变革工作要和其他工作配合进行，这主要是指组织的任务变革、技术变革和人员变革。

组织变革的方法策略主要包括：(1)改良式的变革。这种变革方式主要是在原有的组织结构基础上修修补补，变动较小。它的优点是阻力较小，易于实施；缺点是缺乏总体规划，“头痛医头，脚痛医脚”，带有权宜之计的性质。(2)爆破式的变革。这种变革方式往往涉及公司组织结构重大的、以至根本性质的改变，且变革期限较短。一般来说，爆破式的变革适用于比较极端的情况，除非是非常时期，如公司经营状况严重恶化，否则一定要慎用这种变革方式，因为爆破式的变革会给公司带来非常大的冲击。(3)计划式的变革。这种变革方式是通过对企业组织结构的系统研究，制订出理想的改革方案，然后结合各个时期的工作重点，有步骤、有计划地加以实施。这种方式的优点是：有战略规划、适合公司组织长期发展的要求；组织结构的变革可以同人员培训、管理方法的改进同步进行；员工有较长时间的思想准备，阻力较小。为了有计划地进行组织变革，应该做到以下几点：专家诊断，制定长期规划，员工参加。

组织变革常常会遇到来自各个方面的抵制和反对。常见的抵制现象有：(1)生产量、销售量和经济效益持续下降；(2)消极怠工、办事拖拉、等待；(3)离职人数增加；(4)发生争吵与敌对行为，人事纠纷增多；(5)提出许多似是而非的反对变革的理由等。

组织变革阻力产生的原因在于人们害怕变革的风险，认为变革不符合公司的最佳利益或是害怕变革给自己的利益带来冲击。针对这些现象和原因，我们可以制定一些应对变革阻力的策略：(1)做好宣传，与员工进行沟通，广泛地听取员工的意见；(2)让员工参与制定组织变革的决策；(3)大力推行与组织变革相适应的人才培训计划，大胆起用具有开拓创新精神的人才；(4)采取优惠政策，妥善安排被精简人员的工作、生活和出路；(5)在必要的时候显示变革的果敢决心，并采取强硬措施。

罗宾斯在其《管理学》中对如何减少变革的压力提到了六种策略，包括教育与沟通、参与、促进与支持、谈判、操纵与合作、强制。[①]

□教育与沟通

与员工们沟通，帮助他们了解变革的缘由；

通过个别会谈、备忘录、小组讨论或报告会等教育员工；

这种策略适合在变革阻力来源于不良的沟通或误解时使用；

要求劳资双方相互信任和相互信赖。

□参与

吸收持反对意见者参与决策；

假定参与者能以其专长为决策作出有益的贡献；

参与能降低阻力、取得支持，同时提高变革决策的质量。

□促进与支持

提供一系列支持性措施，如员工心理咨询和治疗、新技能培训以及短期的付薪休假等；

需要时间，花费也较大。

□谈判

以某种有价值的东西来换取阻力的减少；

在阻力来自少数有影响力的任务时是必要的措施；

潜在的高成本，并可能面临其他变革反对者的勒索。

□操纵和合作

操纵是将努力转换到施加影响上，如有意扭曲某些事实、隐瞒具有破坏性的消息、制造不真实的耀眼等；

合作是介于操纵和参与之间的一种形式；

使用成本较低，也便于争取反对派的支持；

要是欺骗或利用的意图被察觉，将适得其反。

□强制

直接使用威胁或强制手段；

取得支持的花费低，也较容易；

可能是不合法的，即便合法的强制也容易被看成是一种暴力。

---

① [美]斯蒂芬·P. 罗宾斯、玛丽·库尔特著，孙健敏、黄卫伟、王凤彬、焦叔斌、杨军译：《管理学》，中国人民大学出版社 2004 年版，第 360 页。

从中我们可以看出，这六种策略是一个逐渐变化的过程，双方的对立逐渐增大。每一种策略都有其利弊，都有其自身的适用条件，具体选哪一种或哪几种策略，要根据实际情况来定。

第三节 管理创新

美国管理学大师德鲁克说："企业管理的根本任务只有两条：创新和营销。"[①]在社会化大生产不断发展、市场竞争日益激烈、知识经济已经日趋明显的今天，时代对管理者的素质提出了更高和更严峻的挑战。在当今时代进行有效而成功的管理，除了具有一定的技能之外，还必须具有全面的素质，它们包括政治与文化素质、身心素质、品德、知识、能力和基本业务素质等，其中最重要的素质是创新，创新是现代管理者素质的核心。

一、创新的概念

1. 创新概念的不同表述

创新是一个很宽泛的概念，各行各业都在用这个概念，尤其是我们国家在努力做一个创新型国家的时候，这个概念运用得更是普遍。

中文"创新"一词，出现较早，不过，词意与现代不同，主要是指制度方面的改革、变革、革新和改造，并不包括科学技术的创新。

虽然创新的概念提出不久，但是人类在历史长河中却不断地进行着创新活动，由此可见，创新行为已是人类社会的普遍现象。

20 世纪初，美籍奥地利经济学家 J. A. 熊彼特首次将"创新"视为经济增长的内生变量，他在《经济发展理论》(1912 年)一书中提出了"创新理论"，以后又在其他著作里加以应用和发展。1942 年，熊彼特的《资本主义、社会主义和民主主义》一书出版，标志着他的"创新理论"体系最后完成。熊彼特认为，"创新"就是建立一种新的生产要素组合的生产函数，新组合包括：(1)引入一种新产品或提供一种产品的新质量；(2)采用一种新的生产方式；(3)开辟一个新的市场；(4)

---

① 杨明刚主编：《现代实用管理学》，华东理工大学出版社 2005 年版，第 336 页。

获得一种原料或半成品的新的供给来源;(5)实行一种新的企业组织形式,例如建立一种垄断地位或打破垄断地位。熊彼特特别强调组织创新、管理创新、制度创新、社会创新和技术创新之间的联系。

《现代汉语词典》对"创新"的解释为:创新就是抛开旧的,创造新的。目前,学术界对创新的解释有:

> 创新就是创造出与现存事物不同的新东西,即新技术、新产品、新观念。
>
> 创新就是产生、接受并实现新的理想、新的产品、新的服务。
>
> 创新就是对现存事物进行某种创造性的改进。
>
> 创新就是对一个组织或相关环境的新变化的接受。
>
> 创新就是发明与开发的结合,创新=发明+开发。
>
> 创新就是人的创造性劳动及其价值的实现。
>
> 创新就是将新的观念和方法付诸实施,创造出与现存事物不同的新东西,从而改善现状。
>
> 创新是企业把已发明的科技成果运用到企业中去,形成新的生产能力。在对创新的不断实践过程中认识创新、理解创新,这样的创新才最具有生命力。①

"创新是指形成一种创造性思想并将其转换为有用的产品、服务或工作方法的过程。"②

"管理创新,是指在一定的社会组织,从管理的基本职能出发,适应经济和社会发展的需要,在科学的理论指导下,运用恰当方法,对各种管理资源进行创造性改革或重组,使组织管理工作处于动态协调和良性发展之中的活动。"③

"管理创新,是创造一种新的更有效的资源整合模式,它既可以是新的有效的整合资源以达到企业目标和责任的全过程式管理,也可以是新的具体资源整合及目标制定等方面的细节管理。"④

芮明杰认为,创新概念至少可以包括下列五种情况:提出新经营思路并加以

---

① 刘兴培主编:《管理学原理》,清华大学出版社 2004 年版,第 314 页。

② [美]斯蒂芬·P. 罗宾斯、玛丽·库尔特著,孙健敏、黄卫伟、王凤彬、焦叔斌、杨军译:《管理学》,中国人民大学出版社 2004 年版,第 368 页。

③ 张创新主编:《现代管理学概论》(修订版),清华大学出版社 2005 年版,第 351 页。

④ 杨明刚主编:《现代实用管理学》(第 2 版),华东理工大学出版社 2005 年版,第 338 页。

有效实施；创设新组织机构并使之有效运转；提出新管理方式与方法；设计新的管理模式；进行一项制度的创新。[①]

“管理创新首先是一种思想及这种思想指导下的实践，是一种原则以及在这种原则指导下的具体活动，是管理的一种基本职能。”[②]

基于以上考虑，管理创新就是组织把关于有效管理的创造性想法转化为实践并取得效果的过程。

2. 管理创新的特征

管理创新的特征表现为以下四个方面：

(1)复杂性。管理本身就是一个非常复杂的过程，管理系统具有复杂的机构，包含许多不同的部门、机构和不同素质、专业的人员；管理具有复杂的功能，体现在政治、经济、社会、教育、文化等多方面。管理创新包括管理理论、理念、文化等精神层的创新，还包括组织结构、政策设置等制度层的创新，包括技术与方式方法等操作层的创新。这些创新既密切联系，又相互影响、相互作用，构成了一个具有一定功能效应的多层次的关系复杂的创新系统。

(2)持续性。创新是一种动态的活动，而组织是一个不断与外界环境进行物质、能量和信息交换的动态开放系统。由于现代组织活动的内外环境具有许多不确定性因素和不完全信息，因此管理活动的轨迹不应只是一种简单的重复，而应该是一种超越自身不断进行“常调、微调、柔调”的创造性过程。任何新的东西都会变成旧的，管理创新也不例外，因此管理创新必须不断推进。

(3)风险性。管理创新是一个过程，在这过程中存在着失败的风险。管理创新是把创造性的想法加以运用的过程，是否有效还需要实践的证明，甚至是长期的证明，这些都是管理创新风险性的表现。

(4)效益性。管理创新的目的体现在降低成本或提高产出上，给消费者带来更高更好的价值与满足感。创新活动源于社会实践，又向社会提供新的贡献，这正是创新的主要为涵。

3. 管理创新的类型

管理创新的类型从不同的角度可以分为不同的类型。

---

① 芮明杰主编：《管理学》(第 2 版)，上海人民出版社 2005 年版，第 25 页。

② 周三多、陈传明、鲁明泓：《管理学》，复旦大学出版社 2006 年版，第 627 页。

第一，从创新的规模以及创新对系统的影响程度来考察，可以分为整体创新和局部创新。

整体创新是由全体组织成员共同参与、涉及整个组织各方面的创新，而局部创新是在组织的个别部门、组织运行的个别环节进行的创新。

第二，从创新与环境的关系来分析，可以分为积极攻击型创新和消极防御型创新。积极攻击型创新是组织在观察外部世界运动的过程中，敏锐地预测到未来环境可能提供的某种有利机会，从而主动地调整组织的战略和技术，积极地开发和利用这种机会，谋求组织的发展。消极防御型创新是指由于外部环境的变化对组织的存在和运行造成了某种程度的威胁，为了避免由此造成的组织损失扩大，组织在内部展开的局部或全局性调整。

第三，从创新的组织程度上来看，可分为自发创新和有组织的创新。自发创新是指由组织成员自发进行的创新活动，有组织的创新则是在组织的统一领导和规划下进行的创新。有组织的创新容易得到其他部门以及组织领导的支持、配合和协作，减少变革过程中的阻力，进而取得成功。自发创新通常是局部的、小范围的，并且极有可能遭到保守势力的反对和扼杀而失败。同时由于缺乏组织，自发创新的进程、程度和影响都难以控制，这会使创新成果充满不确定性。

第四，根据不同的创新主体，我们还可以分为企业管理创新和政府管理创新。企业管理创新是运用新思想、新技术、新方法和新思维创造一种新的和更有效的系统资源整合模式，是企业根据市场和社会的变化，重新整合人才、资本、科技等要素，以开拓市场和适应市场，满足市场需求，同时达到自身效益和社会责任双重目标的过程。政府管理创新，就是对原有的行政管理模式，如机构设置、职能配置和运行机制以及政府人力资源开发等进行自我超越，弃旧创新，彻底改变行政意识和行政方式，树立新型行政作风，构建依法行政模式，实现政府行政管理制度的不断完善和发展，以推动经济和社会事业的快速发展。

另外，从管理的职能角度来讲，应该还包括管理计划、组织、领导、控制等的创新。

二、管理创新的内容

组织在运行中的创新涉及许多方面，为了便于分析，我们以社会经济生活中大量存在的企业组织为主来介绍创新的内容。

(一)管理理念与理论创新

管理的发展历史就是管理思想的发展创新史,没有管理理念、理想的创新就没有管理实践的创新。理论与实践的关系决定了理论必须永不停止地创新。科学理论的普遍陈述形式,是对实践的科学抽象。它反映了特定对象领域中事物的普遍性和必然性的内在联系。人类社会发展的历史表明,创新是一个民族进步的灵魂,是一个国家兴旺发达的不竭动力。管理的创新或者其他的任何创新,都来自于理论的创新,理论创新是一个中心环节,是实践创新的先导和指南。

管理理念是管理者或管理组织在一定哲学思想的支配下,由现实条件决定的经营管理思想的感性知识和理性知识构成的综合体。一定的管理理念总是指向一定的经营管理问题,它既可以是企业战略目标的指向或依据,也可以是一定的价值原则,还可以是一种方法论,但它必定要受一定社会的政治、经济、文化的深刻影响,而且总是在一定的哲学思想指导之下产生和发展。因此,特定的管理理念体现或者设在管理的各项活动中,并制约着企业的战略及其他实现方式。

理论创新是一项十分艰难的科学活动。凡是严格意义上的科学理论,都有它存在的依据和合理性。要创新理论,就不可避免地要面对原有理论的存在。因此,理论创新,一是需要有马克思主义者的大无畏的开拓精神,需要有冲破教条主义和形而上学的勇气,需要有打破旧有思想和传统惯性的胆略;二是需要实事求是的科学精神,根据实践中出现的新情况、新问题,仔细研究原有理论的合理因素,以及它的“保护带”和“硬核”之不合时宜的关键所在,用创造性的、更合理的理论来修正它、发展它。这就是所谓的“扬弃”。

(二)制度创新

1.组织结构创新

企业系统的正常运行,既要求具有符合企业及其环境特点的运行制度,又要求具有与之相应的运行载体,即合理的组织形式。企业制度创新必然要求组织形式的变革和发展,其目的在于更合理地组织员工,提高管理劳动的效率。

组织结构是各管理部门之间,特别是不同层次的管理部门之间的关系形态,它涉及诸如组织设计、职权分配、分权化程度和职务层次等内容。

从组织理论的角度来考虑,企业系统是由不同的成员担任的不同职务和岗位的结合体。这个结合体可以从结构和机构这两个不同层次去考察。所谓机构是指企业在构建组织时，根据一定的标准，将那些类似的或与实现统一目标有密切关系的职务或岗位归并到一起，形成不同的管理部门。它主要涉及管理劳动的横向分工的问题，即把对企业生产经营业务的管理活动分成不同部门的任务。而结构则与各管理部门之间、特别是与不同层次的管理部门之间的关系有关，它主要涉及管理劳动的纵向分工问题，即所谓的集权和分权（管理权力的集中或分散）问题。不同的机构设置，要求不同的结构形式。组织机构完全相同，但机构之间的关系不一样，也会形成不同的结构形式。由于机构设置和结构的形成要受到企业活动的内容、特点、规模、环境等因素的影响，因此，不同的企业有不同的组织形式，同一企业在不同时期，随着经营活动的变化，也要求组织的机构和结构不断调整。

发达国家的现代企业为对付变化多端的环境和市场需求，纷纷着手于企业管理组织结构的重新设计与构造。这种创新或发展趋势主要体现在以下方面：

一是扁平化。扁平化是指管理层次的减少和管理幅度的扩大，由于宽的管理幅度比窄的管理幅度更有效率，所以组织结构越来越趋向于扁平化，扁平化的组织正在逐步取代层级式的组织结构。

二是网络化。员工间是非正规网络关系的随机组合，而非传统等级制度排列。组织网络化突破了层级组织的纵向一体化的局限性，正朝着由小型、自主和创新的经济单元构成的以横向一体化为特征的网络式方向发展。

三是多极化。当前组织出现的一个明显趋势是下授决策权，即从集权走向分权。这是与力求使组织具有灵活性和快速反应能力的努力相一致的。特别是在大型组织中，低层管理者通常比高层管理者更熟悉他们的工作领域，因此由他们来处理相应的问题会更有效。

四是虚拟化。组织虚拟化趋势的主要表现形式是虚拟组织。虚拟组织是指靠信息技术手段，将供应商、顾客甚至竞争对手等独立企业连接而成的网络，目的是互享对方的技术，分担成本以及市场渗透。通常虚拟公司是看不到的公司，所以有人又称其为“影子公司”。它也是一种无边界的组织形式。

五是智能化。管理者所面对的环境正在发生前所未有的变革，信息化和经济的全球化使已有的管理原则都不再适用了。传统的组织被能够快速学习与响应的组织所替代，这种组织就是学习型组织。

六是国际化。随着全球经济一体化，国际竞争越来越激烈，组织的国际化趋势越来越明显，跨国公司得到迅速发展。

七是零时化。企业竞争和经营环境的变化，促使企业的竞争模式从基于价格的竞争向基于质量、品种的竞争转移，现在转移到基于时间的竞争。

2. 管理制度创新

制度是组织运行的主要原则规定。企业制度主要包括产权制度、经营制度和管理制度三个方面的内容。

产权制度是决定企业其他制度的根本性制度，它规定着企业最重要的生产要素的所有者对企业的权力、利益和责任。不同的时期，企业各种生产要素的相对重要性是不一样的。在主流经济学的分析中，生产资料是企业生产的首要因素，因此，产权制度主要指企业生产资料的所有制。目前存在的相互对立的两大生产资料所有制（私有制和公有制）在实践中都不是纯粹的。私有制正越来越多地渗入“共有”的成分，被“效率问题”所困扰的公有制则正或多或少地添加了“个人所有”的因素。

经营制度是有关经营权的归属及其行使条件、范围、限制等的原则规定。它表明企业的经营方式，确定谁是经营者，谁来组织企业生产资料的占有权、使用权和处置权的行使，谁来确定企业的生产方向、生产内容、生产形式，谁来保证企业生产资料的完整性及增殖，由谁来向企业生产资料的所有者负责以及负什么责任。经营制度的创新方向应是不断寻求企业生产资料最有效利用的方式。

管理制度是行使经营权、组织企业日常经营的各种具体规则的总称，包括对材料、设备、人员及资金等各种要素的取得和使用的规定。在管理制度的众多内容中，分配制度是极重要的内容之一。分配制度的创新在于不断地追求和实现报酬与贡献的更高层次上的平衡。

（三）管理方法及技术创新

从宏观的角度讲，管理方法创新就是把企业作为一个整体来实施，提出新经营思路并加以有效实施，设计新的管理模式。从微观的角度来讲，也包括一些具体的管理技术及操作方法的创新与运用。

1. 管理目标的创新

企业是在一定的经济环境中从事经营活动的，特定的环境要求企业按照特定的方式提供特定的产品。当环境发生变化，企业的生产方向、经营目标以及企业在生产过程中与其他社会经济组织的关系就要进行相应的调整。我国的社会主义工业企业，在高度集权的经济体制背景下，必须严格按照国家的计划要求来组织内部的活动。经济体制改革以来，企业同国家和市场的关系发生了变化，企业必须通过其自身的活动来谋求生存和发展。因此，在新的经济背景中，企业的目标必须调整为“通过满足社会需要来获取利润”。至于企业在各个时期的具体的经营目标，则更需要适时地根据市场环境和消费需求的特点及变化趋势加以整合，每一次调整都是一种创新。

2. 管理方法的创新

(1)全面质量管理。就是“通过全体员工的参与，改进流程、产品、服务和公司文化，以达到生产百分之百合格的产品，实现客户满意，从而获取竞争优势和长期成功”。作为一种管理思想，全面质量管理并没有一套统一的工作模式，因各国、各企业情况不同，贯彻全面质量管理的方法和效果各不相同。

(2)知识管理。是网络新经济时代的新兴管理思潮与方法，管理学者德鲁克早在 1965 年即预言：“知识将取代土地、劳动、资本与机器设备，成为最重要的生产因素。”

简单概括来说，知识管理就是利用组织智力或知识资产创造价值的过程。最普遍的是，在公司的雇员、部门、甚至与其他公司一起努力设计最好方案过程中创造和共享知识价值。

(3)要素组合方法的创新。利用一定的方式将不同的生产要素加以组合，是形成产品的先决条件。要素的组合包括生产工艺和生产过程的时空组织两个方面。

生产工艺是劳动者利用劳动手段加工劳动对象的方法，包括工艺的过程、工艺配方、工艺参数等内容。工艺创新既要根据新设备的要求，改变原材料、半成品的加工方法，也要求在不改变现有设备的前提下，不断研究和改进操作技术和生产方法，以求使现有设备得到更充分的利用，使现有材料得到更合理的加工。工艺创新与设备创新是相互促进的，设备的更新要求工艺方法作出相应的调整，而工艺方法的不断完善又必然促进设备的改造和更新。

生产过程组织包括设备、工艺装备、在制品以及劳动在空间上的布置和时间上的组合。各生产要素在时空上的组合，不仅影响在制品、设备、工艺装备的占用数量，从而影响生产成本，而且影响产品的生产周期。因此，企业应不断地研究和采用更合理的空间布置和时间组合方式，以提高劳动生产率，缩短生产周期，从而在不增加要素投入的前提下，提高要素的利用效率。20 世纪最伟大的企业生产组织创新，莫过于美国的福特将泰罗的科学管理原理与汽车生产实践相结合而产生的流水生产线。流水线的问世引起了企业生产率的革命。

思考题：

1. 组织变革的动力与阻力有哪些?
2. 如何消除变革的阻力因素?
3. 你个人如何理解创新和管理创新?
4. 试从传媒领域搜寻一个管理创新的案例。
5. 如何进行管理创新?

案例分析：

关于2005年中国报刊发行界的创新报告

2005年是我国报刊传媒发展史上十分重要的一年，作为报刊经营的核心业务，报刊发行面临更大的挑战。但在激烈的竞争中，各家报刊社各出奇招，各显神通，演绎了一幅波澜壮阔的报刊发行竞争图。报刊社、政府和民间团体三股力量的交互博弈使我国报刊发行的格局显得十分复杂而又分外靓丽。本文将对2005年度我国报刊发行界的创新之处加以总结和归纳，为我国报刊发行界探寻正确的发展道路提供一些思路。

1.《东南快报》"租报发行"新概念

今年4月19日，福建《东南快报》率先推出"租报"发行策略，即读者只需交纳48元的定金，报纸免费送到家，月底由报社派发行员回收旧报并承诺：发行员上门回收旧报时统一着装、自带鞋套，倡导更加人性化的细节服务。该发行策略推出后的几天时间里，市民一度把它当做一件"稀奇事"奔走相告，《东南快报》八条发行热线天天爆满，电话订单连创新高。

三天过后，《东南快报》的竞争对手《海峡都市报》迅速模仿跟进，宣布启动的"45元看一年"活动，引入"租报"的崭新发行理念和形式，打出"最佳品质、最低价格、最优服务"的响亮口号。这次活动刚刚推出，就在福州城引发强烈反响。活动第一天，该报分布在大街小巷的订报摊上订报的读者甚至排起了长队。仅4月22日至30日，该报发行部就收订24857份，其中新订单接近2万份。此外，2005年8月，《河南商报》也推出了类似的"零元发行，旧报挥手"策略，发行量也有一定的提升。

当前，国内报纸已进入名副其实的"厚报"时代，卖一年旧报所得的价钱跟一份报纸的订阅价已经没有多大的差距。如果再加上订阅报纸的赠品的价值，两者之间的差价基本上没有了。与其苦苦劝说读者掏腰包订阅，不如租报更容易扩展订户。同时，旧报纸留在读者家里也派不上用场，租报这种崭新的发行模式，省去了订户处理废旧报纸的麻烦，读者也满意。在世界报刊发行史上，租报发行确属我国首创，也确实能够在一定程度上提升报纸发行量。但租报发行也有一些问题。其一，发行员必须每个月上门收回报纸，大大增加了工作量。这种工作量的增加，意味着每一位发行员，要在做好日常订报、收报工作的前提下，每个月花费大约 10 天的时间，挨家挨户回收废旧报纸。回收废旧报纸绝对不是件轻松的活：每个发行员都必须学会用秤、看秤，学会调整秤头和秤杆，如果订户提供的报纸达不到回收要求，还会引起一些麻烦与纠纷。其二，"租报发行"仍然属于价格战的一种，租报发行的结果是报纸发行价格的进一步下降，无疑使本来竞争已经十分激烈的发行市场更加充满了血腥味。租报发行导致报纸经营成本的大幅度上扬，也预示着报社将承担更大的市场风险。

2. 中央党报开启发行破冰之旅，《人民日报》首开自主发行实验

中央级党报在我国肩负着特殊的政治使命，其发行量也比较大，但一直被迫采用单一的邮发渠道。邮政投递时效性差，且错漏等现象频频发生。党报发行服务水平长期得不到提高，已经成为制约党报发展的关键因素。在社会主义市场经济快速发展的条件下，中央党报也意识到：党报发行必须进市场！2004 年中央领导首次对中央党报发行作出重要批示："存量靠行政，增量靠市场。"在这一政策的推动下，2005 年，《人民日报》在天津市委托天津日报社发行，标志着中央党报正式拉开了自主发行改革的序幕。

中央党报今后将采取委托发行和多渠道发行的模式，自主地在全国各地寻找优秀的发行代理商，邮局将只是众多发行商中的一个，平等地参与报刊发行的市场竞争。这标志着在我国采用了 50 多年的"统一邮发"模式将正式退出历史舞台。中央党报是我国"统一邮发"体制留下的最后一块堡垒，因而《人民日报》自主发行实验具有十分重要的战略意义。可以说，中央党报自主发行改革是邮局实行报刊发行提速的重要原因。

（来源：慧聪网　　作者：吴锋）

讨论题：

1. 请结合案例谈谈你对管理创新的认识。

2. 管理创新有哪些注意事项？

阅读导航：

[美]斯蒂芬·P. 罗宾斯、玛丽·库尔特著，孙健敏、黄卫伟、王凤彬、焦叔斌、杨军译：《管理学》，中国人民大学出版社 2004 年版。

[美]理查德·达夫特著，李维安等译：《组织理论与设计精要》，机械工业出版社 2003 年版。

[美]彼得·F. 德鲁克著，张炜译：《创新与创业精神》，上海人民出版社、上海社会科学院出版社 2005 年 3 月版。

参考文献

[美]斯蒂芬·P. 罗宾斯、玛丽·库尔特著，孙健敏、黄卫伟、王凤彬、焦叔斌、杨军译：《管理学》，中国人民大学出版社 2004 年版。

[美]哈罗德·孔茨，黄砥石等译：《管理学》，中国社会科学出版社 2002 年版。

[美]理查德·L. 达夫特，韩经纶、韦福祥等译：《管理学》，机械工业出版社 2003 年版。

[美]琼斯、乔治等，郑风田、赵淑芳译：《当代管理学》(第 3 版)，人民邮电出版社 2005 年版。

李晓光、杨文士编著：《管理学原理》(第 2 版)，中国人民大学出版社 2004 年版。

李景平：《现代管理学》，西安交通大学出版社 2001 年版。

周三多、陈传明等编著：《管理学原理》，南京大学出版社 2006 年版。

芮明杰主编：《管理学：现代的观点》，上海人民出版社 2005 年版。

张作俭主编：《管理方法与技巧》，科学技术文献出版社 2004 年版。

金观涛：《管理就是决策》，中国商业出版社 2004 年版。

成君忆：《像园丁那样管理》，中信出版社 2006 年版。

韩岫岚、王绪君主编：《管理学基础》，经济科学出版社 1999 年版。

舒天戈、荣运德编著：《领导智谋书——卓越领导术》，中国言实出版社 2004 年版。

郭笑文、赵涛编著：《管理学》，经济科学出版社 2002 年版。

孙成志等主编：《管理学》，东北财经大学出版社 2001 年版。

杨文士、张雁主编：《管理学原理》，中国人民大学出版社 1994 年版。

王凤彬、李东编著：《管理学》，中国人民大学出版社 2000 年版。

刘兴倍主编：《管理学原理》，清华大学出版社 2004 年版。

吴照云等编著:《管理学》,经济管理出版社 2003 年版。

郭跃进:《管理学》,经济管理出版社 2003 年版。

王利平编著:《管理学原理》,中国人民大学出版社 2000 年版。

王德中主编:《管理学》,西南财经大学出版社 2001 年版。

孙班军、陈晔主编:《管理学》,科学出版社 2005 年 8 月版。

戴文标主编:《管理学》,上海人民出版社 2003 年版。

徐光华、暴丽艳主编:《管理学》,清华大学出版社 2004 年版。

王春利、李大伟主编:《管理学基础》,首都经济贸易大学出版社 2001 年版。

王荣科、吴元其编著:《管理学概论》,中国商业出版社 2001 年版。

后　记

第一次萌生编写此书的想法始于 2005 年，那一年我系本科生开设“管理学”课程，在讲课的过程中，我们感到需要一本适合应用型人才培养的管理学教材。2006 年初在学院的支持和鼓励下，我们开始筹划此书。

宋香云教授，朱长春、陈建华、姜东旭老师参加了此书的编写工作。经过一年半的努力，我们多方查找资料，几经讨论，多方征求意见，最后完成此书。

本书共计八章，编写情况如下：

宋香云	第一章	管理概论
	第二章	管理学的形成与发展
朱长春	第三章	计划
	第四章	组织
陈建华	第五章	领导
	第六章	控制
姜东旭	第七章	组织文化
	第八章	变革与创新

在撰写的过程中，笔者既立足于自己的思考体会，也参考和吸收了国内外管理教材、理论研究的最新成果，特在书末列出主要的参考书目，以示对学者们的劳动及出版社的尊重和感激。

本书的撰写得到了中国传媒大学出版社的支持，特此感谢。本书在写作过程，难免有疏漏和不足之处，还请各位批评指正，不吝赐教。

宋香云

于中国传媒大学南广学院

2007 年 11 月

图书在版编目(CIP)数据

管理学原理/宋香云等编著．—北京：中国传媒大学出版社，2008.8

ISBN 978-7-81127-151-5

Ⅰ．管…　Ⅱ．宋…　Ⅲ．管理学—电视大学—教材　Ⅳ．C93

中国版本图书馆CIP数据核字(2008)第120123号

管理学原理

编　　著	宋香云　陈建华　姜东旭　朱长春
责任编辑	雁　来
责任印制	曹　辉
封面设计	王洪亮
出 版 人	蔡　翔
出版发行	中国传媒大学出版社(原北京广播学院出版社)
社　　址	北京市朝阳区定福庄东街1号　　邮编：100024
电　　话	65450532或65450528　　传真：010-65779405
网　　址	http://www.cucp.com.cn
经　　销	新华书店总店北京发行所
印　　刷	北京中科印刷有限公司
开　　本	730×988毫米　1/16
印　　张	15
版　　次	2008年9月第1版　2011年3月第2次印刷

ISBN 978-7-81127-151-5/C·151　　定价：29.80元